창세기 대홍수의 증거들

큰 깊음의 샘들이 터지며

편역 **이병수**

서울대학교 수의과대학 및 보건대학원 졸업
서울대학교 수의학 박사, 경인여자대학 교수
한국창조과학회 이사, IT사역위원장
안양제일교회 집사

창세기 대홍수의 증거들

큰 깊음의 샘들이 터지며

초판 1쇄 인쇄 2012년 5월 5일
초판 1쇄 발행 2012년 5월 10일
–
옮긴이 한국창조과학회 이병수
펴낸이 이방원
편 집 김명희 · 안효희 · 조환열 · 강윤경
디자인 박선옥 · 손경화
마케팅 최성수
–
펴낸곳 세창미디어
출판신고 1998년 1월 12일 제300-1998-3호
주소 120-050 서울시 서대문구 냉천동 182 냉천빌딩 4층
전화 02-723-8660
팩스 02-720-4579
이메일 sc1992@empal.com
홈페이지 http://www.scpc.co.kr
–
ISBN 978 89-5586-145-7 03230

이 도서의 국립중앙도서관 출판시도서목록(CIP)은 e-CIP 홈페이지(http://www.nl.go.kr/ecip)와
국가자료공동목록시스템(http://www.nl.go.kr/kolisnet)에서 이용하실 수 있습니다.
(CIP제어번호: CIP2012002041)

창세기 대홍수의 증거들

큰 깊음의
샘들이 터지며

한국창조과학회 | 이병수 편역

세창미디어

진화론과 자유주의 신학이 만연한 이 시대에 한국창조과학회는 진화론의 허구성과 성경에 기록된 그대로 하나님이 천지만물을 6일 동안에 창조하셨으며, 노아 홍수는 전 지구적 홍수였음을 힘껏 외쳐 왔다.

진화론을 받치고 있는 가장 중요한 기둥의 하나는 진화에 필요한 수십억 년이라는 긴 연대이며, 이 긴 연대는 동일과정설이 또한 받치고 있다. 바로 이 동일과정설과 진화론이 현대과학을 장악하게 되면서 창세기에 기록된 전 지구적 홍수는 신화나 인간들이 지어낸 이야기 정도로 전락하게 되었다. 이런 시점에 노아 홍수는 전 지구적 홍수로, 수많은 화석들과 두터운 퇴적 지층들을 만들어낸 엄청난 대격변이었음을 증언하는 『큰 깊음의 샘들이 터지며』의 출간은 큰 의미가 있다고 생각한다.

노아 홍수는 창조-진화 논쟁과 연대문제에 있어서 과학적 논란의 중심에 있는 주제이다. 노아 홍수가 전 지구적인 역사적 사실이었음이 과학적으로 증명된다면, 동일과정설은 붕괴되고 결국 수억 수천만 년에 걸쳐 형성되어 온 것으로 믿고 있는 고생대·중생대·신생대 같은 지층의 구분도 사라지게 될 것이다. 그렇게 되면 자연스럽게 각 지층을 대표하며 단계적으로 진화된 것으로 주장되고 있는 지질주상도가 붕괴되면서 진화론은 그 기초가 무너지게 될 것이다. 그리고 창세기의 기록은 신화가 아니라 진정한 인류의 역사였음이 다시 한 번 확증되는 것이다. 이 책이 진화론의 영향으로 하나님의 말씀을 확신하지 못하고 방황하는 많은 사람들에게 큰 도움이 되길 기도한다.

2012년 5월
한국창조과학회 회장 이웅상

창세기에는 하나님이 전 지구적 대홍수로 죄악 된 이 세상을 심판하셨다고 기록되어 있습니다. 그러나 많은 사람들이 성경에 기록된 노아의 홍수를 신화나 과장된 이야기로 여기고 있습니다. 그 이유는 퇴적지층의 형성에 수억 수천만 년이 걸렸다는 진화론적 동일과정설 때문입니다. 성경은 하나님의 말씀을 기록한 책이므로, 성경의 기록은 사실일 수밖에 없습니다. 최근 밝혀진 지질학적 화석학적 증거들도 노아의 홍수가 전 지구적 홍수였음을 증거하고 있습니다. 이 책을 통해 다시 한번 성경의 기록이 진실임을 확인하시고, 성경을 더욱 사랑하실 수 있기를 소망합니다.

- 한동대학교 총장 김영길

과학은 하나님이 인간에게 주신 지성의 도구이다. 그러므로 과학은 하나님이 행하신 일들의 법칙을 알아가는 것이다. 그런데 현대의 과학은 하나님의 존재와 성경의 기록들을 부정하는 교만 가운데 있다. 금번에 하나님을 믿고 성경의 진리성을 확신하는 과학자들이 창세기 대홍수의 증거들을 과학적으로 증명하여 진화론이 허구이며 성경의 기록이 사실임을 증거하는 책을 편찬하였다. 편역한 이병수 교수는 본교회의 신실한 집사로 교회에서도 귀한 사역을 감당하고 있다. 이 책이 그릇된 학문에 사로잡힌 사람들에게 하나님의 존재와 성경의 역사성을 알게 하는 계기가 되길 바란다.

- 안양제일교회 담임목사 홍성욱

추천사

진화론과 창조론은 진위는 특정한 부류의 주장이 아니라 과학적이고 논리적인 근거를 바탕으로 해야 한다. 과거 전 지구적인 홍수가 있었다는 것은 지층과 화석의 증거를 통해 확인되고 있다. 이것은 창세기 기록의 정확성을 입증할 뿐만 아니라, 현대 지질학의 근간인 동일과정설의 붕괴를 의미한다. 일반적으로 언급되는 수억 년의 지질시대는 과학적 근거가 없는 시나리오이며, 지층 속 화석들은 진화의 증거가 아니라 지구의 격변기에 매몰된 생명체의 증거이다. 이 책은 진화론적 패러다임 속에 살아가는 현대인들에게 신선한 충격을 던져주고 있다. 진화론의 가설을 사실로 받아들여 진화론이 참이라는 신념을 가진 분이나 창조론의 과학적 근거를 찾는 분들은 열린 마음으로 이 책을 읽어보기를 추천한다.

– 서울대학교 에너지자원공학과 교수 최종근

큰 깊음의 샘들이 터지며 하늘의 창들이 열려 시작된 노아의 홍수는 과학자로서 새롭고 진지한 패러다임을 품도록 한 놀라운 성경의 사건이다. 시스템 사고에 바탕을 둔 저자의 섬세한 관찰과 진지함, 그리고 날카로운 통찰력은 대홍수를 통한 하나님의 섭리를 다시 돌아보는 겸손한 묵상의 자리로 우리를 초대한다. 이 책을 통해서 독자들이 지구가 어떻게 여기까지 왔고 또 어디를 향해 가는지에 대한 세계관과 "다스리고 지키라"고 하신 하나님의 말씀(창세기 2:15)을 준행하는 성실한 청지기의 삶에 눈을 뜨는 새로운 계기가 되기를 바란다. "진리를 직면하지 못하는 비겁함으로부터, 일부만의 진리에 만족하는 게으름으로부터, 진리를 다 안다고 하는 오만함으로부터, 선하신 주님, 우리를 구하소서!"

– 서울대학교 복잡계과학연구실 교수 김준

오늘날 성경을 기록된 그대로 믿는 크리스천이 된다는 것은 쉬운 일이 아니다. 왜냐하면 지난 150여 년 동안 과학계는 진화론에 완전히 점령당해 대학, 박물관, 교과서, 잡지, 뉴스 등 모든 기관과 매체들은 동식물들은 장구한 기간 동안 돌연변이와 자연선택에 의해서 진화되었고, 퇴적지층 속 화석들은 진화를 증거하고 있으며, 고생대, 중생대, 신생대와 같은 지질주상도 상의 지질시대를 지구의 진정한 역사로서 선전해 왔기 때문이다.

진화론이 과학계의 전면에 등장한 이후, 성경 창세기에 기록된 전 지구적인 홍수는 진화론자들과 무신론자들의 수많은 조롱과 비난을 받아 왔다. 지금으로부터 불과 4,500여 년 전인 노아의 시대에 1년여의 기간 동안 지속된 전 지구적 홍수가 있었다는 성경 기록이 사실이라면, 이것은 진화론적 지질학, 생물학, 화석학, 고고학, 인류학 … 등에서 패러다임의 변화를 초래하는 충격적인 사건이 되는 것이다. 왜냐하면, 전 지구적 홍수는 현대지질학의 기초인 동일과정설을 붕괴시키는 것이며, 퇴적지층과 화석 등에 부여된 수억 수천만 년이라는 장구한 시간이 허구임을 가리키는 것이기 때문이다.

최근 들어 하나님의 창조, 전 지구적 홍수, 젊은 우주와 젊은 지구를 가리키는 증거들이 도처에서 부수히 발견되고 있다. 성경의 기록이 사실이라는 수많은 증거들이 산처럼 쌓여가고 있는 중이다. 과학과 성경 사이에 모순은 없으며, 과학적 발견이 있을 때면 언제나 성경의 기록이 옳았음으로 귀결되는 것이다. 성경은 천지를 창조하셨고, 심판하셨으며, 목격하셨던 분의 증언이기 때문이다.

이번에 출간하게 된 『큰 깊음의 샘들이 터지며』는 저희 한국창조과학회와 협력하고 있는 ICR(Institute for Creation Research), AiG(Answers in Genesis) 등의 글들 중에서 지난 10여 년 동안 학회 홈페이지(www.creation.or.kr)에 번역하여 게재되었던 3,000여 편의 글들 중 노아 홍수와 관련된 글들을 묶은 것이다. 이 책은 성경에 기록된 그대로 전 지구적 홍수가 실제로 발생했었음을 가리키는 지질학적, 화석학적 증거들을 다루고 있다. 각 글에 대한 참고문헌 및 관련 자료들을 찾아보려면 각 글 끝에 기재된 웹주소로 들어가면 찾아볼 수 있다.

한국창조과학회 창립 30주년을 맞이하여 발간된 『정확 무오한 성경』 과 『엿새 동안에』에 이어, 이 책의 출판을 허락하신 하나님께 먼저 감사 드리며 이 책을 올려드린다. 그동안 진화론에 무릎을 꿇지 아니하고, 하나님이 엿새 동안에 천지만물을 창조하셨으며, 노아 홍수는 전 지구적 홍수였음을 힘써 외쳐 왔던 한국창조과학회의 모든 회원님들과, 그동안 학회를 이끌어오셨던 김영길, 송만석, 이웅상, 정계헌 회장님들, 지부장님들, 이사님들, 간사님들, 회원님들, 그리고 저희 학회를 기도와 물질로 후원해 주셨던 많은 목사님들과 성도님들께 감사드리는 바이다. 특별히 자료 번역에 도움을 주신 대구지부 길소희 간사님과 IT 사역위원님들에게 감사를 드린다.

발간되는 책을 통해 성경의 권위가 회복되며, 성경을 기록된 그대로 믿어 왔던 크리스천들과 수많은 교회들에게 커다란 기쁨이 될 수 있기를, 그리고 진화론적 패러다임 안에 갇혀 있는 과학계와 교육계에 커다란 변화가 일어날 수 있는 계기가 될 수 있기를 소망해 본다.

2012년 5월
이 병 수

I

창세기에 기록된
전 지구적 대홍수

01 크리스천들은 왜 한 번의 전 지구적인 대홍수를 믿어야 하는가?

"노아가 육백 세 되던 해 둘째 달 곧 그 달 열이렛날이라 그 날에 큰 깊음의 샘들이 터지며 하늘의 창문들이 열려 사십 주야를 비가 땅에 쏟아졌더라"(창 7:11~12)

성경에 기록된 노아의 홍수에 대한 믿음은 크게 두 가지로 나뉘어져 왔다. 한편의 사람들은 노아의 홍수는 신화이거나 지역적 홍수에 불과했던 사건이라고 말한다. 이들은 거의 대부분 진화론자들이고, 수십억 년의 지구 연대를 믿는 창조론자들도 포함되어 있다. 이러한 사람들은 모두 고생대, 중생대, 신생대와 같은 소위 '지질시대'라는 것을 지구의 역사로 받아들이고 있다. 그러나 한 번의 전 지구적인 대홍수가 있었다면, 그것은 지질시대들에 대한 모든 증거들을 파괴해버릴 것이라는 것을 그들도 인정하고 있다. 지질시대 개념과 전 지구적 대홍수 개념은 논리적으로 양립될 수 없다.

반면에 '젊은 지구 창조론자'들은 성경의 노아 홍수 사건을 기록된 그대로 사실로서 받아들인다. 노아의 홍수는 전 지구를 뒤덮었던 대홍수였을 뿐만 아니라, 거대한 지판들의 이동, 산들의 융기, 화산들의 맹렬한 분출 등을 포함하는, 지구 지각과 지형을 완전히 뒤바꿔 버린 대격변적 사건으로 받아들이는 것이다.

이러한 견해를 지지하는 사람들은 비과학적이고 무식한 종교적 열심가로 자주 조롱거리가 되곤 한다. 그래서 확립된 진화론 체계를 따라가며, 노아 홍수를 무시해버리고, 수억 년의 지질시대들을 받아들이는 것이 사람들에게 훨씬 더 안락한 직장과 경제적 보상을 받을 수 있는 길이 되고 있다. 그러나 진화론적 지질시대를 찬성할 수 없는 압도적인 증거들이 존재한다.

성경적 이유

노아의 홍수를 전 지구적 대홍수로 믿어야 하는 많은 성경적 이유들을 간단히 요약하면 다음과 같다.

1. 예수 그리스도는 구약성경의 전 지구적인 대홍수 기록을 믿으셨다. 홍수 이전 사람들에 대해 말씀하시면서, "홍수가 나서 그들을 다 멸하기까지 깨닫지 못하였으니 인자의 임함도 이와 같으리라"(마 24:39)라고 하셨다. 예수님은 노아 홍수를 역사적 사실로서 믿으셨던 것이다. 그러므로 예수님을 믿고 따르겠다고 신앙고백을 한 크리스천들은 당연히 예수님이 믿으셨던 것을 믿어야할 것이다.

2. 사도 베드로도 전 지구적 홍수가 일어났었음을 믿고 있었다. "이는 하늘이 옛적부터 있는 것과 땅이 물에서 나와 물로 성립된 것도 하나님의 말씀으로 된 것을 그들이 일부러 잊으려 함이로다 이로 말미암아 그 때

에 세상은 물이 넘침(overflow, 그리스어로 katakluzo)으로 멸망하였으되"(벧후 3:5~6)라고 말씀하고 있다. 베드로는 또한 "옛 세상을 용서하지 아니하시고 오직 의를 전파하는 노아와 그 일곱 식구를 보존하시고 경건하지 아니한 자들의 세상에 홍수(kataklusmos)를 내리셨으며"(벧후 2:5)라고 말씀하고 있다. 히브리어로 기록된 구약 성경과 그리스어로 기록된 신약 성경은 모두 노아의 홍수를 표현할 때, 일상적인 홍수(flood)와는 다른 단어인 히브리어로 '맙불(mabbool)', 그리스어로 '카타쿨루스모스(kataklusmos, cataclysm, 격변)'를 사용하고 있다. 신약성경에서 사용된 katakluzo와 kataklusmos라는 단어는 노아의 홍수를 지칭할 때만 사용되고 있다.

3. 구약성경의 홍수에 대한 기록은 분명히 전 지구적 규모의 한 번의 홍수였음을 가리키고 있다. "물이 땅에 더욱 넘치매 천하의 높은 산이 다 잠겼더니 물이 불어서 십오 규빗이나 오르니 산들이 잠긴지라"(창 7:19~20). 천하의 모든 높은 산들은 최소 수면 6m 아래에 있었다. 중동지방의 가장 높은 산을 덮었던 홍수가 지구의 나머지 지역에 영향을 미치지 않았을 것이라고 생각하는 것은 불합리하다. 게다가 물은 계속해서 다섯 달 동안 산들을 덮고 있었다(창 7:18~24, 8:1~5). 그리고 이 산들에는 노아의 방주가 도착했던 아라랏 산도 포함되어 있었음에 틀림없다. 이것은 노아의 홍수가 결코 지역적 홍수가 아니었음을 가리키고 있는 것이다.

4. "땅 위에 움직이는 생물이 다 죽었으니 곧 새와 가축과 들짐승과 땅에 기는 모든 것과 모든 사람이라 육지에 있어 그 코에 생명의 기운의 숨이 있는 것은 다 죽었더라"(창 7:21~22). 성경은 분명히 모든 움직이는 생물과

사람이 다 죽었으며, 오직 노아의 가족만이 살아 남았고, 그래서 오늘날 살고 있는 모든 사람들은 노아 가족의 후손임을 가르치고 있다(창 9:1). 노아와 그의 아들들은 홍수 이후의 세상에서 동물들의 생명을 보존하기 위해서 거대한 방주를 만들어야만 했다. 노아 방주는 사람과 동물들의 멸종을 막기 위해 필요했다.

만약 노아 홍수가 단순히 지역적 홍수였다면, 하나님은 노아 가족들을 안전한 지역으로 내보내셨을 것이다. 하나님은 홍수가 시작되기 120년 전에 노아에게 경고하셨다. 확실히, 노아와 그의 가족들은 그 기간 동안 상당히 먼 지역으로 이동할 수 있었을 것이다. 또한, 만약 홍수가 지역적 홍수였다면, 방주는 불필요하게 너무 크다. 현대에 금속으로 만들어진 선박이 건조되기 전까지, 노아의 방주는 일찍이 건조된 배중에서 가장 큰 배였다. 방주는 지구상의 호흡을 하는 모든 육상동물 종류(kind, 오늘날의 분류로 과나 아과에 해당)들의 쌍을 수용할 정도로 컸다.

또한 노아는 40일이 아닌 1년 이상 방주에서 머물러 있었다(창 8:14). 지역적 홍수였다면, 53주는 방주 안에서 머물기에 너무 긴 기간이었다. 이들이 방주에 머문 것은 땅이 마르지 않았기 때문이었다. 홍수의 수위는 4개월 동안 낮아졌지만, 비둘기는 여전히 발붙일 곳을 찾지 못했다(창 8:9). 지역적 홍수였다면, 비둘기가 마른 땅을 발견하지 못하는 상황은 적절해 보이지 않는다. 그러나 전 지구적 홍수였다면 이러한 상황은 적절해 보인다.

5. 전 지구는 철저하게 파괴되었다. 하나님은 "…내가 그들을 땅(the earth)과 멸하리라"(창 6:13)라고 말씀하셨다. 홍수가 전 지구적 규모였음은 창세기 6~9장에서만 30번 이상 언급되고 있다. 이사야 54:9절

에서 하나님께서는 "…내가 다시는 노아의 홍수로 땅 위에 범람하지 못하게 하리라 맹세한 것 같이…"라고 말씀하셨다. 베드로는 하나님께서 세상을 창조하셨고, 전 지구적 홍수로 파괴하셨으며, 마지막 날에는 불로써 다시 파괴될 것이라는 전 지구적인 경고를 분명하게 전달하고 있다(벧후 3:5~7). 베드로는 확실히 지구상의 어떤 일부 지역만 불에 의해서 파괴될 것을 의미하지 않았다. 홍수가 전 지구적이었던 것처럼, 마지막 날의 심판도 전 지구적인 것이 될 것이다.

6. 하나님께서는 "내가 너희와 언약을 세우리니 다시는 모든 생물을 홍수로 멸하지 아니할 것이라 땅을 멸할 홍수가 다시 있지 아니하리라"(창 9:11)라고 약속하셨다. 노아 홍수가 전 지구적 홍수였기 때문에 하나님은 4,500여 년 동안 약속을 지켜오고 계시는 것이다. 노아 홍수가 지역적 홍수였다고 말하는 크리스천들은 결과적으로 하나님을 거짓말쟁이로 만들어버리는 것이다. 왜냐하면 그러한 지역적 홍수들은 매 년마다 발생하고 있기 때문이다.

성경은 노아의 홍수는 전 지구적이었고, 노아의 방주에 있는 것들을 제외하고, 호흡을 하는 모든 육상동물들과 모든 사람들은 죽었다고 가르치고 있다. 홍수가 전 지구적인 규모였음을 성경의 기록보다 어떻게 더 이상 분명하게 표현할 수 있겠는가? 만약 노아의 홍수가 지역적 홍수였다면, 성경은 그 규모에 대한 기록에서 너무도 많은 오류를 범하고 있는 것이다.

과학적 이유

주로 퇴적암으로 구성되어 있는 지표면은 한 번의 전 지구적 대홍수가 역사적 사실이었음을 강력하게 증거하고 있다. 초기 지질학자들(스테노, 우드워드 등)도 이것을 가르쳤다. 그러나 대부분의 현대 지질학자들은 지구의 지각은 수십억 년에 걸쳐서 서서히 형성되어 왔다고 주장하고 있다. 이제 다음의 사실들을 숙고해보자.

1. 높은 산의 정상 근처에서 발견되는 퇴적암과 바다생물 화석들은 전 세계의 모든 산들이 과거 한때 물속에 잠겨 있었다는 것을 가리키고 있다. 심지어 대부분의 화산들에서 베개용암(pillow lava, 물속에서 분출하여 급속히 냉각된 용암)을 볼 수 있는데, 이것은 이들이 물속에서 형성되었음을 가리키는 것이다.

2. 지표면의 대부분은 사암, 세일, 석회암 등과 같은 퇴적암으로 구성되어 있다. 이것들은 거의 모든 경우 다양한 근원으로부터 물에 의해서 운반된 후 퇴적된 것들로, 물 아래에서 형성된 것들이다.

3. 퇴적층에 배정된 지질시대는 지층 안에 들어 있는 화석으로부터 추론된다. 그러나 화석들은 보존되기 위해서 통상적으로 빠르게 매몰되어야 하고, 압착되어야 한다. 그러므로 (화석을 가지고 있는) 모든 퇴적층들은 빠르게 때로는 격변적으로 형성된 것으로 보이며, 오늘날 많은 지질학자들이 이러한 관점으로 점점 돌아서고 있는 중이다.

4. 지질주상도에서 퇴적층들의 형성은 전 지구적인 연속성을 갖고 있는 것으로 알려져 있고, 그리고 각 지층 단위들은 빠르게 형성되었기 때문에, 전체 지질주상도는 "그 때에 세상은 물이 넘침으로 멸망하였으되"(벧후 3:6)라는 말씀의 지질학적 결과처럼 연속적이고 빠른 퇴적의 결과물로 여겨진다.

5. 또한 너무도 광대하게 펼쳐져 있는 퇴적지층들, 여러 형태의 암석들, 광물과 금속들, 지층암석 속에서 발견되는 석탄과 석유, 다양한 지층 구조(습곡, 단층, 드러스트 등), 부드러운 동안 변형된 퇴적암 등의 수많은 모습들은 지질주상도 내의 여러 지질시대 동안에 걸쳐 무차별적으로 발생되어 있다. 그러므로 모든 외관상의 모습으로부터 그 지층들은 근본적으로 모두 비슷한 시기에 같이 형성되었음을 가리키고 있다.

6. 퇴적층에 들어있는 화석들의 순서는 합리적인 기준으로 구분되지 않는다. 왜냐하면 화석생물이 살았던 시기를 추정하는 데 기준이 되는 지질시대는 화석으로 추정되었기 때문이다. 즉, 화석은 그들이 발견된 지층의 연대에 의해서 결정되고, 반대로 지층의 연대는 그 속에서 발견되는 화석에 의해서 결정되고 있다. 이것은 악명높은 '순환논법(circular reasoning)'이라는 것이다. 이것은 궁극적으로 "모든 것은 윤회한다"는 고대의 철학에 그 뿌리를 두고 있다. 화석은 여러 시대에 걸친 생물들의 진화를 나타내고 있는 것이 아니라, 한 시대에 걸친 생물들의 파멸을 나타내고 있는 것이다. 그리고 실제적으로 각 지층에 파묻혀진 화석들의 '순서'는 파묻혀질 당시 생물들이 살고 있던 생태학적 서식지를 나타내고 있는 것이다.

7. 전 세계 수백의 민족과 종족들의 전설 속에서 창세기 홍수와 유사한 대홍수가 발견된다는 사실은 이들 종족들이 격변 속에서 살아남은 한 가계로부터 기원되었다는 확고한 증거이다.

무신론자나 범신론자들이 지구 역사에서 창조와 대홍수를 무시하고, 진화와 장구한 연대로 해석해야만 하는 이유는 이해될 수 있다. 그들이 하나님의 창조와 성경 기록을 거부하기로 결정한 이상, 그들에게 다른 선택이 없기 때문이다. 그러나 하나님과 그의 말씀을 믿는 사람들이 왜 이러한 사실들을 거부하는 것인지는 도무지 이해하기 어렵다. 성경은 전 지구적인 대홍수에 의한 파멸을 명백하고 분명하게 말씀하고 있다. 그리고 건전한 과학적 증거들은 이것을 지지하고 있다. 이러한 견해는 고생대 중생대 신생대와 같은 수억 년의 장구한 지질시대들이 결코 존재하지 않았음을 의미하는 것이다. 그러나 아직도 너무도 많은 크리스천들이 이러한 견해를 지지하려고 하지 않는다. 마지막 때에 이것은 가장 슬픈 일이기도 하다.

〈Henry M. Morris, http://www.creation.or.kr/library/itemview.asp?no=2094〉

아래에서부터 쏟아져 나온 물

다른 홍수와 달리 전 지구를 뒤덮었던 노아의 홍수는 "(모든) 큰 깊음의 샘들(all the fountains of the great deep)"(창 7:11)이 터지면서 시작되었다. 이 것은 전 세계적으로 지구의 지각이 갈라지고, 물, 증기, 용암과 같은 지하 의 물질들이 맹렬하게 뿜어져 나왔다는 것을 의미한다. 지구 내부로부터 의 새로운 증거는 이러한 전 지구적인 스케일의 시나리오에 흥미를 더해 주고 있다.

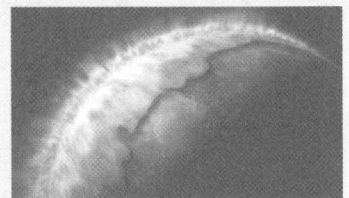

과학자들은 지구의 뜨거운 내부는 매우 건조할 것이라고 오랫동안 생 각해 왔다. 왜냐하면, 열은 물을 증 발시켜 제거했을 것으로 생각했기 때문이었다. 그러나 New Scientist 지(1997. 8. 30)의 보고에 의하면, 어 떤 광물들은 지하 깊은 곳에서의 엄청난 열과 압력에도 불구하고 상당량 의 물을 저장할 수 있다는 것이다. 지구 내부에는 용융되어 있는 핵과 딱 딱한 지각 사이에 한 부분인 맨틀이 있는데, 위쪽 맨틀과 아래쪽 맨틀 사 이에 명백히 '전이 지역'이 있으며, 이제 그것은 '흠뻑 젖어 있다'고 기술하 고 있었다. 또한 2007년에도 지구 내부를 관통해 전달된 약 60만 건의 지 진파 진동기록을 분석한 후, 지구 내부의 깊숙한 곳에 거대한 '바다'가 존 재한다는 연구 결과가 나왔다(Ⅷ. 02. '지구 맨틀 속에 들어 있는 물' 참조).

게다가 뜨겁고 젖은 용암은 뜨겁고 마른 용암보다 훨씬 불안정하다. 이 러한 새로운 정보는 대대적인 화산 분출로 인한 수십만 km²의 용암지대 들이 왜 생겨났는지를 설명할 수도 있다. 오늘날에도 화산 분출물의 70% 이상이 물이며, 대부분은 증기 형태라는 것이 흥미롭다.

그렇다면 얼마나 많은 물이 맨틀에 저장되어 있을까? 평가들은 다양한데, 현재 지구의 대양에 있는 모든 물의 10배에서 30배 정도의 양이 저장되어 있을 것이라는 것이다!

우리는 물이 한때 150일 동안이나 큰 깊음의 샘으로부터 터져 나와 전 세계가 물에 잠겼다는 것을 성경의 기록을 통해 알고 있다. 그 사건 이후에도, 아직도 지구 내부에는 막대한 양의 물들이 저장되어 있다는 것이다. 지구의 뜨거운 내부에 있는 물들의 존재는 극적인 행동을 일으킬 수 있었고, 이것은 다시 한번 성경의 기록이 신화가 아니라 역사적 사실이며, 실제 있었던 물리적 사건에 대한 정확한 기록이었음을 가리키고 있는 것이다.

〈Alexander Williams, http://www.creation.or.kr/library/itemview.asp?no=2032〉

○ ● ○

노아 홍수를 일으킨 물은 어디로 갔는가?

노아 홍수 동안에 전 지구는 홍수 물에 의해 뒤덮였다. 그렇다면 한 가지 질문이 생겨난다. 홍수 후에 그 물들은 모두 어디로 가버렸는가? 라는 것이다. 빙하와 빙상들이 모두 녹는다 하더라도 해수면은 단지 70m 정도 상승할 뿐이다. 그러나 에베레스트 산은 해발 8,848m이다.

우주에서 볼 수 있는 지구의 사진처럼 행성 지구의 대부분은 물로 뒤덮여 있다. 물은 지구에 이미 충분히 있다. 오늘날 대륙이 물로 뒤덮여 있지 않는 이유는 지구 표면이 고르지 않기 때문이다. 대양저는 낮고, 대류은 높다. 몇몇 산들은 매우 높고, 몇몇 해구들은 매우 깊다. 그러나 이러한 예외들은 지구 표면에서 큰 비율을 차지하지 않는다. 만약 대륙의 흙들을 바다로 메워 지구의 표면을 평탄하게 만든다면, 지구는 약 3km 정도 깊이의 물에 잠길 만큼 지구에는 물이 풍부하다.

성경에 언급되어 있는 구절처럼(시 104:8), 노아 홍수 동안에 대양저와 대륙들이 수직적으로 움직였다. 노아 홍수 후반기에 지구 지각의 많은 부분들은 가라앉았다. 물은 대륙으로부터 물러가서, 새로 생겨난 깊어진 대양 분지에 모이게 되었다. 이 시기에 지구 지각판들의 격변적 이동은 히말라야를 포함한 새로운 산맥들을 융기시켰다. 따라서 노아 홍수를 일으킨 모든 물은 어디로 갔는가? 라는 질문에 대한 대답은 간단하다. 그 물은 바다에 있는 것이다.

〈Tas Walker〉

02 새로운 종교개혁이 필요한 시기인가?

　이 세상을 한번 둘러보라. 우리의 문화나 교회나 새로운 개혁이 필요하다는 것은 명백해 보인다. 우리는 우리의 절대적인 권위로서 성경으로 되돌아가야만 한다. 진화론, 자유주의, 영지주의, 몰몬교, 이슬람, 뉴에이지, 낙태, 동성애, 노아의 홍수, 지구와 우주의 나이 등과 같은 것들은 궁극적으로 모두 같은 이슈들에 대한 전투이다.

　고린도후서 11:3절에서 사도 바울은 성령의 영감하에서 우리에게 일찍부터 있어 왔던 위험에 관하여 경고하고 있었다. "뱀이 그 간계로 하와를 미혹한 것 같이 너희 마음이 그리스도를 향하는 진실함과 깨끗함에서 떠나 부패할까 두려워하노라"(고후 11:3). 바울은 사탄이 하와에게 했던 것과 본질적으로 똑같은 방법을 우리에게 계속 사용할 것이라는 것을 크리스천들에게 경고하고 있었다. 즉, 사탄은 그리스도와 그의 말씀을 순전히 믿고 따르는 사람들을 유혹할 것이라는 것이다.

　이것을 더 잘 이해하기 위하여, 우리는 창세기 3:1절로 돌아갈 필요가 있다. "그런데 뱀은 여호와 하나님이 지으신 들짐승 중에 가장 간교하니라 뱀이 여자에게 물어 이르되 하나님이 참으로 너희에게 동산 모든 나무의 열매를 먹지 말라 하시더냐"(창 3:1).

태초부터 전투는 하나님 말씀의 권위에 관한 것이었다. 최초의 여성 하와와 그녀의 말을 따른 아담은 하나님의 말씀을 의심케 하는 뱀의 유혹에 넘어갔다. 아담과 하와는 진실을 결정하는 데에 있어서 그들의 인간적인 이성에 의존했다. 아담은 인류의 조상이었기 때문에, 그의 반란은 전체 인류를 죄로 몰아넣었다. 그의 모든 후손들은 하나님의 말씀을 거역한 죄를 본질적으로 상속받게 되었고, 하나님 말씀 대신에 인간의 이성을 그들의 절대 권위로 받아들였다.

하나님의 말씀에 대항하는 이러한 전투는 인류 역사의 모든 시대들에서 극명하게 드러난 채 지속되어 왔다. 바울은 명백한 하나님의 말씀을 의심했던 회의론자들을 언제나 직면했었다. 초기 기독교 시대에 기독교인들은 사람 자신이 신이라고 가르쳤던 영지주의를 포함하여 성경의 권위에 대한 여러 도전들과 싸웠다. 진화론, 공룡의 연대, 방사성 동위원소 연대측정과 같은 현대의 이슈들은 하나님의 말씀에 대한 오래된 공격의 새로운 형태일 뿐이다.

인간의 이성이 하나님의 말씀을 대체했다. 그리고 타협이 교회 안으로 스며들어왔다. 다시 하나님의 말씀에 대한 권위로 돌아가는 교회의 개혁이 필요한 시기가 되었다. 16세기에 죄가 용서되고 연옥의 고통에서 벗어난다는 교회의 면죄부 판매는 하나님의 말씀 위에 인간의 생각을 올려놓는 최절정의 사건이었다. 수도사 마틴 루터는 면죄부 판매에 도전하면서, 비텐베르크 교회의 정문에 95개 조항을 게시했다. 이 행동은 궁극적으로 교회 위에 성경의 권위를 두어야 한다는 것이었다. 그리고 본질적으로 종교개혁이 시작되었다.

많은 사람들이 이 개혁운동에 연합했다. 새로운 인쇄기로 성경과 책자들이 인쇄되었고, 성경적 진리가 널리 퍼져 나감으로써, 서구 세계는 극적으로 변화되었다. 사실 최근 수십 년 전까지도 서구 세계의 많은 부분들은 아직도 종교개혁에 의한 영향을 받아서, 하나님의 말씀을 하나님의 말씀으로 여기고 있었다.

그러나 하나님의 말씀에 대한 전투는 끝나지 않았다. 일련의 사람들과 사건들은 종교개혁의 긍정적인 결과들을 원상태로 되돌려 놓으려 시도했다. 그러한 공격 뒤에는 인간의 이성을 가장 중요한 것으로 만들려는, 그리고 하나님 말씀의 권위로부터 사람들을 멀어지게 하려는 계략이 들어 있었다. 그것은 뱀이 하와를 유혹했던 창세기 3:1절에 대한 또 다른 발현이었다.

18세기와 19세기에 성경에 대한 공격은 강렬해졌다. 동일과정설의 등장에 의한 장구한 지구의 나이에 관한 새로운 추정과 진화론은 성경의 정확성에 대한 의구심을 불러일으켰다. 예수님의 빌라도 법정 이후로 인류 역사에서 가장 유명한 재판으로, 그리고 세상 문화에 가장 결정적인 영향을 미쳤던 재판이었다고 말해지는 '스코프스 재판(일명 원숭이 재판)'에서 핵심적인 이슈들이 드러났다.

사실 1925년의 스코프스 재판은 흔히 알고 있는 것처럼 진화론 교육에 관한 것이 아니었다. 그 재판은 기독교 전체를 법정에 세우려는 미국자유시민연맹(ACLU)의 치밀하게 계산된 책략이었다. 기소자측의 윌리암 제닝스 브라이언이 훌륭했던 기독교인이며 정치가였지만, 그의 기독교 신앙은 창세기에 관한 하나님의 말씀 위에 견고히 서 있지 않았다. 예를 들면, 그는 가인의 아내에 관한 질문에 대답할 수 없었다. 그리고 지구의 나이가 매우 오래될 수도 있다는 가능성을 받아들였다.

그 재판은 기독교계와 미국 사회에 하나의 커다란 상징적 전환점이 되었다. 전 세계의 언론매체들은 기독교인은 성경(창세기)을 하나님이 하신 말씀으로 생각하지 않고 있으며, 그것을 적절히 방어할 수도 없어 보인다고 보도했다.

하나님의 말씀 위에 견고히 서는 것에 대한 교회의 실패는 수많은 사람들에게 황폐함을 가져다 주었다. 한 예로 한때 유명한 복음전도자였던 찰스 템플턴이 있다. 그는 신학교에 있을 동안에, 수십억 년의 지구 나이를 포함하는 진화론적 시간 틀을 믿도록 교육받았다. 이것은 결국 하나님의 말씀을 거부하도록 그를 이끌었다.

창세기 1~11장의 성경적 권위에 대한 타협은 교회를 너무도 약하게 만들어서, 성경이 이 세상에 대해 더 이상 이전과 같은 영향을 주지 못하도록 만들었다. 이것은 인간의 이성이 교회 내로 침입하여 하나님의 말씀을 옆으로 밀어놓도록 했기 때문에 발생했다.

오늘날 새로운 개혁이 요구된다. 교회가 하나님의 말씀을 신뢰하고 그 위에 견고히 설 수 있도록 하는 새로운 세대의 개혁자들을 필요로 하는 시기가 되었다. 성경적 창조과학 사역은 오류 많은 인간의 이론들을 파하고, 전적으로 성경 위에 확고히 설 수 있도록 하는 일들을 해오고 있다.

이제 믿는 자들이 창세기 1~11장을 교회의 문 앞에, 그리고 대학과 박물관과 같은 이 세상의 세속적 건물들의 문 앞에 게시하고 목소리를 내야 할 시기이다. 우리는 성경을 하나님의 말씀으로 붙잡고 나아갈 필요가 있다. 그리고 그리스도를 향하는 진실함과 정결함으로 되돌아갈 필요가 있다. 그때에 우리는 하나님 말씀이 사람들을 변화시키며, 세상 문화에 영향을 끼치는 것을 볼 수 있을 것이다.

〈Ken Ham, http://www.creation.or.kr/library/itemview.asp?no=4495〉

스코프스 재판

일명 '원숭이 재판'이라고 불리는 '스코프스 재판(Scopes Trial)'은 진화론과 창조론 사이에서 역사적으로 가장 유명한 전투 중 하나였다. 1925년 미국 테네시 주 데이톤에서, 공립학교 교사 존 스코프스는 테네시 주에서는 가르치는 것이 금지되어 있었던 진화론을 가르침으로써 법정에 서게 되었다. 이로 인한 법정에서의 싸움은 서로의 입장을 옹호하는 두 명의 거장들의 싸움으로 이어지게 되었다. 창조론을 대변했던 사람은 민주당 대통령 후보를 했던 윌리암 제닝스 브라이언이었고, 진화론을 대변했던 사람은 변호사이며 이성주의자였던 클러렌스 대로우였다.

증언석에서 기독교인으로 서 있었던 브라이언은, 가인의 아내는 누구인가라는 대로우의 질문에 대답하지 못했다. 그리고 그는 6일 창조를 믿고 있지 않으며, 수백 수천만 년의 지구 나이를 받아들이고 있음을 인정했다. 그때 대로우는 자신이 승리했음을 알았다. 왜냐하면, 전 세계의 청중들 앞에서 기독교인은 성경의 역사를 방어할 수 없다는 것과, 성경을 기록된 말씀 그대로(6일 창조) 받아들이지 않고, 세상적인 가르침(오래된 연대)을 인정하도록 했기 때문이었다. 따라서 브라이언은 고의는 아니었지만 성경의 권위를 손상시켰고, 세속적 철학이 문화와 교육계에 널리 퍼지도록 하는 길을 닦았던 것이다.

슬프게도 오늘날 대부분의 기독교인들도 브라이언처럼, 성경의 말씀을 기록된 그대로 믿기를 거부하고 세상적인 가르침을 받아들이고 있다. 스코프스 재판에서 진화의 증거로 제시되었던 흔적기관, 헤켈의 배아, 자바인, 필트다운인, 네브라스카인 등은 사기이거나 그 허구성이 밝혀졌지만, 이들 가짜 증거들로 인해 진화론은 과학적인 것으로 위장되었고, 대대적으로 홍보되었으며, 기독교 신앙의 쇠퇴와 함께 과학, 교육,

문화, 예술, 사회, 종교 등 모든 분야에서 막강한 영향력을 끼치게 되었던 것이다.

〈Ken Ham, http://www.creation.or.kr/library/itemview.asp?no=2061〉

03
한 번의
전 지구적인 대홍수에 대한
대중적 개념

16세기 초 과학자들은 하나의 딜레마에 직면했었다. 그것은 화석(fossil)은 어떻게 기원되었는가? 라는 것이었다. 전통적으로 수 세기 동안 산꼭대기에서 발견되는 바다조개 화석은 창세기 홍수에 기인한 것으로 생각되고 있었다. 반면에 당시 유럽의 르네상스를 일으키고 있던 아리스토텔레스주의 또는 신플라톤주의와 같은 이교도 철학은 화석은 그 위치의 암석 내부에서 불가사의하게 형성되는 것이라는(자연발생설과 유사한) 매우 통속적인 해석을 하고 있었다. 어느쪽이 사실이었는가? 화석과 살아 있는 바다생물들 사이의 형태학적 유사성은 너무도 뛰어나서 이들 사이의 관계를 부정하기 힘들었다. 그러나 전 지구적 홍수 모델은 저항을 받았다. 그 이유는 무엇이었을까?

과학사가인 마틴 루드윅은 그의 책「화석의 의미: 고생물학 역사에 있어서 에피소드들」에서, 창세기 홍수는 화석들을 설명하는 데에 실패해 왔다는 것이다. 가장 어려운 문제는 이것이었다. 즉, 창세기 홍수는 바다생물 화석들을 대륙 위로 휩쓸어 올리기에 불충분한 사건이었으며, 더군다나 생물학적으로 점점 밝혀지고 있는 수많은 동물 종(species)들을 모두 방주에 태우기에 부적절한 것으로 보였고, 모든 산들을 덮을 만한 엄청난 양의 물이 어디에서 왔으며, 이들 물들은 도대체 어디로 사라졌는가 하는 점은 홍수모델에 있어서 가장 치명적인 문제점이었다는 것이다. 따라서 루드윅에 따르면, '한 번의 전 지구적 홍수에 대한 대중적 개념'은 실제로 그 가능성이 시도되었으나, 부족함이 발견되었다는 것이다.

유일한 합리적인 대안은 성경의 홍수 기록과 아리스토텔레스의 자연주의적 철학을 조화시켜 타협하는 것이었다. 바꾸어 말하면, 노아의 홍수는 여러 차례 있었던 지역적 홍수들 중 단지 하나였다는 것이다. 그래서 "자연 지형에서 발생되는 지속적이고 점진적인 느린 변화"는 지형의 광대한 변화를 설명하는 유일한 수단이 되었다. 바다는 장구한 시간에 걸쳐서 천천히 올라갔고 천천히 내려갔다는 것이다. 이러한 식으로 노아 홍수의 의미를 퇴색시키는 것은 지구 역사에 있어서 하나님의 주권을 부인하는 것과 동등한 것이었다.

루드윅의 문제점들은 정말로 극복될 수 없는 것들인가? 나는 모든 큰 깊음의 샘들이 터져 대양지각들이 갈라지며 시작된 노아의 홍수가 수 주 만에 모든 산들을 덮었다는 기록이 대륙 위에 바다생물 화석들을 설명하는 데에 논리적으로 불충분하다는 생각에 동의할 수 없다. 육상에 거주하며 코에 생명의 기운의 숨이 있는(창 7:22) 알려진 모든 종류(kind, baramin)의 생물들이 거대한 노아 방주에 다 탈 수 없었을 것이라는 데에도 동의할 수 없다. 홍수 동안 전 지구를 덮을만한 물의 출처와 사라짐에 대해서 의문을 가지는 사람들은, 지구는 물이 풍부한 행성으로 대양의 깊은 해구들은 가장 높은 산들보다 더 깊다는 것을 기억할 필요가 있다. 단지 태평양 해저의 습곡 하나만으로도 쉽게 지구는 물로 범람될 수 있다. 성경에 기록된 홍수는 이것보다 훨씬 더 격렬했던 판구조운동과 관련되어 있었다.

이것으로부터 몇 가지 교훈을 얻을 수 있다. 첫째, 하나님은 결코 사람들에게 터무니없는 사실을 믿도록 요구하시지 않는다는 것이다. 둘째, 이교도 철학이 16세기에 그랬던 것처럼, 21세기에도 사람들을 미혹하고 있다는 것이다. 그리고 과학은 그것에 의해서 고통당하고 있는 것이다. 셋째, 창세기 홍수는 여러 이론들 가운데 당당히 서 있을 수 있다는 것이다.

〈William A. Hoesch, http://www.creation.or.kr/library/itemview.asp?no=3813〉

어떻게 노아의 방주에
수많은 생물 종들을 다 태울 수 있었는가?

성경 비판가들은 세계에는 백만 종(species) 이상의 동물들이 있는데, 어떻게 노아의 방주에 이 많은 동물들을 타 태울 수 있었는가 라며 조롱하곤 한다. 그러나 이들 종들의 대부분은 물에서 사는 동물이라 방주에 탈 필요가 없다. 그러한 동물들은 대략 21,000종의 물고기, 1,700종의 피낭동물, 600종의 극피동물, 107,000종의 연체동물, 10,000종의 강장동물, 5,000종의 해면동물, 30,000종의 원생동물과 단세포생물 등이다. 또한 포유동물 중 고래나 바다표범과 같은 일부 동물들은 물에 사는 동물이다. 양서류도 모두 다 방주에 태울 필요가 없으며, 악어와 바다거북 같은 파충류도 그러하다. 또한 838,000종의 절지동물 중 바다가재, 새우, 게 등과 같은 대부분의 동물들이 바다에서 사는 동물이다. 그리고 곤충들은 매우 크기가 작아 방주에 탔다 하더라도 적은 공간을 차지했을 것이고, 35,000 종의 벌레들과 같이 방주 밖에서도 살아남을 수 있다. 사실 곤충과 벌레들은 홍수시 떠다니는 거대한 나무 매트들에 붙어서, 또는 알이나 유충상태로 충분히 생존할 수 있다(VI. 02. '세인트 헬렌 산의 폭발로 밝혀진 사실들' 참조).

사실 곤충과 벌레는 방주에 타지 않았던 것으로 보인다. 성경 창세기 7:22절에 나오는 "코에(through nostrils) 생명의 기운의 숨이 있는 것"에 곤충은 해당되지 않기 때문이다. 왜냐하면 곤충은 코로 숨을 쉬는 동물이 아니기 때문이다. 또한 성경 창세기 6:19, 7:8~23, 8:17절에 나오는 "땅에 기는" 것들로 번역된 "creeping thing(remes)"은 성경의 다른 부분에서 사용된 예를 살펴볼 때 벌레보다 파충류일 가능성이 높다.

또 하나 창세기에서 말하는 '종류(kinds)'의 개념이 오늘날의 종(species)의 개념과는 다를 수 있다. 많은 연구자들은 이 종류는 오늘날의 분류학상의 과(family) 또는 아과(subfamily)에 해당할 것으로 추정하고 있으며, 후대에 수많은 속(genera)과 종(species)들을 만들어 냈을 것으로 생각하고 있다. 이 경우라면 매우 적은 수의 동물들이 방주에 승선했을 수도 있다.

〈John Woodmorappe, http://www.creation.or.kr/library/itemview.asp?no=721〉

II

창세기 대홍수의
6가지 주요 지질학적 증거들

크리스천들을 포함하여 많은 사람들은 왜 창세기 홍수에 대한 지질학적 증거를 볼 수 없다고 하는가? 그것은 대개 "현재는 과거를 아는 열쇠이다"라고 하는 진화론 사상에 빠져 있기 때문이다. 그들은 오늘날의 지질학적 진행과정들이 매우 느리게 일어나기 때문에, 지구의 두터운 퇴적 지층들과 암석층들이 형성되는 데 수억 수천만 년이 걸렸다고 믿고 있다.

그러나 창세기의 홍수가 실제로 일어났다면 우리는 어떠한 증거들을 찾을 수 있을까? 우리가 창세기 7, 8장을 읽어보면, (모든) 큰 깊음의 샘들이 터졌고, 하늘의 창문들이 열렸으며, 150일 동안 지구의 내부로부터 물이 솟아올랐다고 기록되어 있다. 거기다가 40주야 동안 격렬하게 비가 쏟아져 내렸다. 의심의 여지없이 모든 높은 언덕들과 산들이 다 잠겼다. 이는 전 지구적으로 온 땅이 물바다가 되었다는 뜻이다. 땅 위에 코로 숨을 쉬는 모든 생물들은 물속에 잠겨 멸망했던 것이다.

"이로 말미암아 그때 세상은 물의 넘침으로 멸망하였으되"(벧후 3:6).

그러므로 어떤 증거들을 찾을 수 있을까? 전 지구에 걸친 암석지층들 속에서 홍수물에 의해서 급격히 퇴적된 모래, 진흙, 석회암에 의해 화석화된 수십억의 죽은 동식물들을 찾아낼 것을 기대하지 않겠는가? 물론이다! 그것이 바로 정확히 우리가 보고 있는 그것이다! 창세기 7, 8장의 대홍수 기록에 기초해서, 창세기 홍수를 입증하는 6가지의 핵심적인 지질학적 증거들이 있다.

01 높은 산들과 내륙 깊숙한 곳에서 발견되는 바다생물 화석들

"물이 땅에 더욱 넘치매 천하의 높은 산이 다 잠겼더니"(창 7:19)

　과거 한때 전 지구를 뒤덮은 거대한 홍수가 있었다. 그 홍수는 모든 곳에 흔적을 남겼다. 그 사실을 증거하는 수많은 과학적 사실들이 있다. 진화론자들은 창세기에 기록된 것처럼 전 지구적 홍수가 발생했다는 사실을 인정하기를 원치 않는다. 진화론자들은 만물이 처음 창조할 때와 같이 그냥 있다고 말한다(벧후 3:4). 그들은 이것을 '동일과정설'이라고 부른다. 그들은 과거에 엄청난 물에 의한 격변은 없었다고 말한다. 그러나 세계적으로 수많은 증거들은 엄청난 대홍수가 있었음을 증거하고 있다.

　바다생물 화석들이 해수면보다 훨씬 높은 곳의 암석지층에서 발견되고 있다. 이것은 하나님의 말씀인 성경이 진실이라는 하나의 증거이다. 만일 창세기 7, 8장에 묘사된 바와 같이 전 지구적 홍수가 실제로 일어났었다면, 어떤 증거들이 발견될 것으로 예상되겠는가? 이제 그 첫 번째 증거를 자세히 살펴보기로 하자.

　창세기 7:19~24절의 "물이 땅에 더욱 넘치매 천하의 높은 산이 다 잠겼더니… 육지에 있어 그 코에 생명의 기운의 숨이 있는 것은 다 죽었더라… 지면의 모든 생물들을 쓸어버리시니 곧 사람과 가축과 기는 것과 공중의 새까지라… 물이 백오십 일을 땅에 넘쳤더라"라는 기록을 읽는다면, 위의 질문에 대한 답은 분명해진다. 모래와 진흙과 석회 속에 급격히 매몰되고 화석화된 수십억의 죽은 동물과 식물들로 가득 찬 퇴적암 지층들이 모든 대륙들에서 발견될 것으로 예상되지 않겠는가? 당연하다. 그리고 그것이 바로 우리가 발견하고 있는 것이다.

해수면보다 높은 곳에서 발견되는 바다생물 화석들

오늘날 모든 대륙의 해수면보다 높은 곳의 암석층에서 바다생물 화석이 발견된다는 것은 지질학자들 사이에서도 논란의 여지가 없다. 예컨대 그랜드 캐년의 대부분의 암석층에서 해양성 생물 화석들이 발견된다. 여기에는 오늘날 해발 약 2,130~2,440m에 위치한 그랜드 캐년의 가장자리에 노출되어 있는 최상부 지층인 카이밥 석회암층도 포함된다. 퇴적지층의 꼭대기에 위치해 있지만, 이 석회암층은 북부 애리조나(그리고 그 너머까지)를 휩쓴 석회 퇴적물을 함유하고 있던 대양의 물밑에서 퇴적되었음에 틀림없다.

그랜드 캐년에 노출되어 있는 다른 암석층들도 많은 양의 바다생물 화석들을 포함하고 있다. 가장 좋은 예는 레드월 석회암층인데, 여기에는 흔히 화석 완족류(대합조개 같은 생물), 산호, 이끼벌레류, 바다나리(해백합), 이매패(조개 종류), 복족류(바다 달팽이), 삼엽충, 두족류(오징어, 낙지 등), 그리고 심지어 물고기 이빨 화석까지도 포함되어 있다.

이런 바다생물 화석들은 석회암 지층 내에서 아무렇게나 흩어져서 발견된다. 예를 들면 바다나리는 살아 있을 때 그들의 '줄기'들을 만들기 위해서 서로 위쪽으로 쌓여 있지만, 화석에서는 완전히 분리된 채 그들의 원주(columnals)들과 함께 발견된다. 따라서 이들 바다생물들은 격변적으로 파괴되었고, 이 석회퇴적물 속에 급격히 매몰되었던 것이다.

네팔의 히말라야 산맥 고지대에 있는 석회암층에서 암모나이트 화석이 발견된다. 어떻게 바다생물 화석들이 해발 수천 미터 높이에서 발견되는 것일까?

바다생물 화석들은 높이가 8,000m를 넘는 세계에서 가장 높은 산맥인 히말라야의 고지대에서도 발견된다. 예를 들어 암모나이트 화석이 네팔의 히말라야 산맥 고지대에 있는 석회암층에서 발견된다. 지질학자들은 바닷물이 이런 바다생물 화석을 이 석회암층에 매몰시켰음에 틀림없다는데 동의한다. 그렇다면 이런 해양성 퇴적암 지층이 어떻게 히말라야의 높은 곳까지 있게 되었는가?

히말라야 산맥과 지구의 다른 산맥을 이루고 있는 암석지층들은 산맥이 형성되기 이전 대홍수 동안에 퇴적되었다는 사실을 기억해야만 한다. 사실 이들 산맥은 대홍수 말기에 있었던 지각운동에 의

아라랏산 부근에서 발견되는 베개용암(물속에서 분출하여 빠르게 냉각된 용암)과 바다생물(조개) 화석들

해서 현재의 고도로 융기되었다. 시편 104편 6~8절에 "물이 산들 위로 솟아올랐으나… 산은 오르고 골짜기는 내려갔나이다"라고 기록되어 있는데, 이것은 홍수가 끝날 즈음에 대규모적인 지층의 융기와 침강, 그에 동반한 침식이 있었음을 묘사하는 것일 수 있다.

가능성 있는 유일한 설명

이 현상에 대한 가능성 있는 유일한 설명은 과거 한때 바닷물이 대륙 위로 넘쳐 밀려왔었다는 것이다.

대륙들이 오늘날의 해수면 아래로 가라앉을 수 있었을까? 그래서 바닷물이 육지 위로 밀려 올라왔을 수 있었을까? 아니다! 대륙은 대륙 아래의 맨틀에 있는 암석이나 대양저를 이루고 있는 암석보다 가벼운 저밀도의 암석으로 이루어져 있다. 사실 육지는 자동적으로 융기하려는 경향이 있다. 따라서 대륙은 맨틀 위에 대양저 암석 바로 위에 '떠 있는' 형상이다. 이것은 오늘날의 대륙이 깊은 대양저에 비하여 그렇게 높은 표고를 가지고 있는지를, 그리고 해분들은 왜 그렇게 많은 물을 담고 있을 수 있는지를 설명해 준다.

그래서 어떻게 바다가 대륙을 뒤덮을 수 있었는가를 설명하기 위해서는 하나의 방법이 있어야만 한다. 해수면이 상승했어야 했다. 그래서 바닷물이 대륙 위로 밀려들어가 홍수를 일으켰던 것이다. 무엇이 그런 일의 발생 원인이었을까? 해수면이 상승하기 위해서는 두 가지의 메커니즘이 있어야만 했다.

첫째는 바다에 물이 더해져서 증가되어야만 한다. 둘째는 대양저 자체가 융기하는 것이다. 과학자들은 현재 남북극 빙하들과 빙상들의 녹아내림에 대해 모리터링하고 있다. 왜냐하면 바다에 추가되어 더해진 물이 해수면 상승을 유발하여, 해안 지역의 침수를 일으킬 것이기 때문이다.

성경은 바다에 더해진 물의 근원을 언급하고 있다. 창세기 7:11절에 홍수가 시작됐을 때, "그 날에 (모든) 큰 깊음의 샘들이 터지며(all the fountains of the great deep)"라고 쓰여 있다. 바꾸어 말하면 온 지구에 걸쳐서 지각들이 갈라졌고, 지구 내부로부터 엄청난 양의 물들이 분수처럼 터져 나왔다는 것이다. 또한 창세기 7:24~8:2절을 통해 이 샘들은 150일 동안이나 열려 있었음을 알 수 있다. 의심할 여지없이 바닷물의 양은 물이 대륙 위로 범람할 만큼 증가되었다.

둘째로, 대양저 자체가 융기했다면, 그것은 효과적으로 해수면을 '상승시켰을' 것이다. 성경은 이 융기하는 대양저의 한 근원을 제시하고 있다. 그것은 용융된 암석이다.

창세기 7:11절에 언급된 지구 지각의 격변적 파열은 지구 내부로부터 엄청난 양의 물들을 분출하게 했을 뿐만 아니라, 많은 양의 용융된 암석(용암)들도 방출하게 했다. 대양저는 뜨거운 용암들로 효과적으로 교체되었을 것이다. 이들 뜨거운 용암들은 원래의 대양저 암석보다 저밀도이기 때문에, 두께가 확장되도록 했을 것이고, 그래서 새로운 대양저는 1,100m 이상 해수면을 높이면서 사실상 융기했을 것이다. 왜냐하면 오늘날의 산맥들은 아직 형성되지 않았고, 홍수 이전의 구릉과 산들은 오늘날의 산들만큼 높지 않았을 것이기 때문이다. 따라서 1,100m 이상의 해수면 상승은 홍수 이전의 대륙 표면을 바닷물로 범람시켜 침수시키기에 충분했을 것이다.

대홍수 말에 이르러 용융된 암석들이 식고 대양저가 가라앉았을 때, 해수면은 내려가고, 대륙을 덮고 있던 물은 새로 생긴 더 깊은 해양분지로 빠져 나갔다. 앞에서 지적했던 대로 시편 104:8절의 묘사처럼, 홍수의 끝 무렵에 산들은 솟아올랐고, 홍수 물들은 내려간 골짜기들로 배수되었고, 새로운 땅들의 표면이 나타났다. 이것은 오늘날의 산맥들이 아주 최근에 현재의 높이로 융기했다는 수많은 증거들과 일치한다.

결 론

해발 수천 미터 위의 암석지층에서 발견되는 바다생물과 식물의 화석들은, 한때 대륙 위를 범람했던 바닷물이 퇴적되면서 운반했던 수십억의 바다생물들을 파묻어버렸던 격변적 사건에 대한 무언의 증거물인 것이다. 이것이 어떻게 수십억의 바다생물들이 모든 대륙의 암석지층에 묻혀 있는가에 대한 설명이다.

하나님께서 우리에게 말씀해주신 성경에 그렇게 기록되어 있기 때문에, 우리는 대격변이었던 창세기 대홍수가 역사적으로 실제로 일어났던 사건이었음을 안다. 이제 우리는 성경이 일관되게 분명히 가르치고 있는 사실을 지지하는 설득력 있는 증거들을 보고 있는 것이다.

⟨Andrew Snelling, http://www.creation.or.kr/library/itemview.asp?no=4275⟩

안데스산맥 4,000m 고지대에서
발견된 거대한 굴 화석들

거대한 굴(어떤 것은 크기가 3.5m, 무게가 300kg나 됨) 화석들 500여 개가 페루의 수도 리마 남동쪽 약 400km 부근에 있는 후안카벨리카 주의 해발 고도 4,000m의 안데스 산맥 고지대에서 발견되었다.

진화론적 시간 틀에 의하면, 이 굴들은 2억 년 전의 중생대 쥐라기에 살았는데, 그 때 이후 남아메리카 판이 태평양 아래의 판과 충돌하면서 위쪽으로 힘을 받아 천천히 대양으로부터 안데스 산맥이 들려 올려질 때 올려졌다는 것이다. 그러나 이러한 오랜 세월 동안에 점진적으로 융기됐다는 시나리오는 한 중요한 문제에 봉착하게 된다. 그것은 융기되는 속도보다 침식되는 속도가 더 크다는 것이다. 그러므로 침식으로 인해 융기는 일어날 수 없었다. 침식률에 의하면 안데스 산맥(해발 4,000m)은 5600만 년 이내에 침식되었어야 한다. 그러나 진화론자들은 안데스 산맥의 꼭대기에 있는 이 굴들이 2억 년 전의 것이라고 주장하고 있다! 간단히 생각해 보아도 안데스 산맥이 그렇게 오래되었다면, 그 화석들은 침식에 의해 사라지고 그곳에 존재할 수 없다.

그리고 이러한 오랜 시간에 대한 수수께끼는 안데스 산맥에만 해당하는 것이 아니다. 바다생물 화석들이 전 세계의 높은 산들의 암석 지층 도처에서 발견되고 있다. 그러나 진화론적 연대는 암석 지층의 침식률과는 상관없이, 실제와는 도저히 조화될 수 없는 장구한 연대로 이러한 산들의 연대를 추정하고 있는 것이다.

⟨David Catchpoole, http://www.creation.or.kr/library/itemview.asp?no=1517⟩

02

묘지로 뒤덮인 세상 :
전 세계의 화석무덤들은
전 지구적 대홍수를 증거한다

"지면의 모든 생물을 쓸어버리시니 곧 사람과 가축과 기는 것과 공중의
새까지라…"(창 7:23)

전 세계 암석층에서 발견되는 화석무덤(fossil graveyards)들은 전
지구적 대홍수의 증거이다. 만약 창세기 7장과 8장에 묘사된 것처럼
창세기 홍수가 정말로 일어나 천하에 높은 산들이 다 물에 잠겼고,
땅에서 코로 호흡하는 모든 생물체가 물에 휩쓸려 죽었다면, 어떤
증거를 찾을 것이 기대되겠는가?

전 지구적으로 모래, 진흙, 석회에 급격히 파묻혀서 화석화된 수
십억의 동물과 식물들을 포함하고 있는 퇴적층들이 발견될 것이 기
대되지 않겠는가? 당연히 그럴 것이고, 바로 그것이 우리가 발견하
고 있는 것이다. 게다가 대홍수의 격변적인 지질학적 활동이 홍수가
끝나고 쇠퇴되었을지라도, 계속해서 뒤이어 일어난 소규모의 격변
들이 여전히 지역적으로 화석들을 함유한 퇴적층들을 만들었을 것
이다.

전 세계의 묘지들

무수하게 많은 수십억의 동식물 화석들이 광대한 '묘지들' 내에서 발견된다. 그곳에서 동식물들은 엄청난 규모로 급격히 파묻혔음에 틀림없다. 종종 동식물 화석들은 세밀한 부분까지 섬세하게 보존되어 있다.

예를 들면, 그랜드 캐년의 레드월 석회암층 내에 2m 두께의 지층에는 긴 격벽의 껍질을 가진 나우틸로이드(nautiloids)들이 다른 바다 생물들과 함께 화석화된 채로 무수히 발견된다. 이러한 화석무덤은 적어도 30,000km²의 지역을 뒤덮고 있으며, 북부의 애리조나 주를 가로질러 남부의 네바다 주까지 290km나 뻗어 있다. 이 오징어 같은 화석은 작고 어린 나우틸로이드에서부터 크고 늙은 부류까지 크기가 모두 다르다.

이처럼 광대한 화석무덤을 형성하려면, 초당 5m(18km/h) 이상의 속도로 걸쭉한 스프 같은 슬러리 상태로 흐르는 100km³의 석회, 모래, 실트가 이 살아 있던 거대한 나우틸로이드 집단을 격변적으로 매몰시켜 파묻어야만 한다.

프랑스 몽소레민의 한 화석무덤에는 수십만의 바다생물들이 양서류, 거미, 전갈, 노래기, 곤충, 파충류와 함께 묻혀 있다. 400종 이상의 생물종들 10만 개 이상의 화석 표본들이 시카고 부근의 메이존 크릭 지역의 석탄층과 관련된 세일층으로부터 발굴되었다. 이 극적인 화석묘지에는 종종 연부까지 섬세하게 보존된 해파리, 연체동물, 갑각류, 물고기들과 함께 양치류, 곤충, 전갈, 사지동물들이 포함되어있다.

미국 콜로라도 주 플로리전트에는 매우 다양한 곤충, 담수 연체

미국 유타주 국립공룡유적지 내의 쿼리방 문센터에 있는 70m 벽에는 1,000여 개가 넘는 공룡 뼈들이 대합조개와 포유류와 함께 무더기로 묻혀 있다.

동물, 물고기, 새, 수백 종의 식물(견과류와 꽃들을 포함해서)들이 함께 묻혀 있다. 벌과 새들이 그렇게 잘 보존되기 위해서는 급격히 묻혀야만 했다.

악어, 물고기들(1~2m 길이의 개복치, 강꼬치류, 청어, 동갈치 등), 새, 거북이, 포유동물, 연체동물, 갑각류, 많은 다양한 곤충, 그리고 종려잎(2~2.5m 길이)들이 와이오밍의 광대한 그린리버층에 함께 묻혀 있다.

이와 같은 많은 경우에 어떻게 바다생물과 육상생물이 함께 묻혀서 발견되는지에 주목하라! 전 지구적이고 격변적인 대홍수에 의해서 대양의 바닷물이 대륙 위로 급습하지 않았다면, 어떻게 이러한 일이 일어날 수 있었겠는가?

호주 태즈메이니아 섬의 북쪽 해안에 있는 한 화석지에는 산호, 이끼벌레류, 이매패, 복족류 같은 바다생물 수천 개가 이빨 고래와 유대류 주머니쥐와 더불어 부서진 상태로 함께 묻혀 있다. 고래와 주머니쥐는 함께 살지 않으므로, 오직 물로 인한 격변만이 그것들을 함께 묻었을 것이다! 영국의 백악층에 커다란 암모나이트들과 다른 바다생물들이 파묻히기 위해서는 수십 조의 극히 미세한 바다생물들이 그것들을 격변적으로 묻어야만 했다. 이와 같은 지층들은 또한 미국 중서부뿐만 아니라, 유럽을 가로질러 중동까지 이르러 전 지구적 규모의 화석무덤을 형성하고 있다. 덧붙여서, 남극대륙을 포함해서 모든 대륙을 가로질러 발견되는 석탄층 내에는 7조톤 이상의 식물들이 묻혀 있다.

섬세한 보존 상태

격변적인 대홍수 상황 아래에서 많은 생물체들은 앞에서 서술한 대로 매우 빠르게 묻혀서 화석화되었기 때문에 섬세하게 보존되었다. 많은 물고기들은 너무도 빨리, 사실상 살아 있는 채로 묻혔기 때문에, 심지어 지느러미와 눈구멍의 세밀한 부분조차도 보존되었다. 많은 삼엽충들은 너무나 섬세하게 보존되어 있어서, 심지어 눈에 있는 복합렌즈 연구에 여전히 이용될 수 있을 정도이다.

호주 남부 1,040km² 이상을 뒤덮고 있는 사암층 내에서 화석화된 해파리들이 발견되었다. 연약한 몸체를 가진 바다생물이 사암층 내에 섬세한 상태로 보존되어 있었던 것이다. 해파리와 같이 부드러운

일부 물고기는 너무나 급격히 묻혀서 지느러미와 눈구멍의 세밀한 부분도 보존되었다.

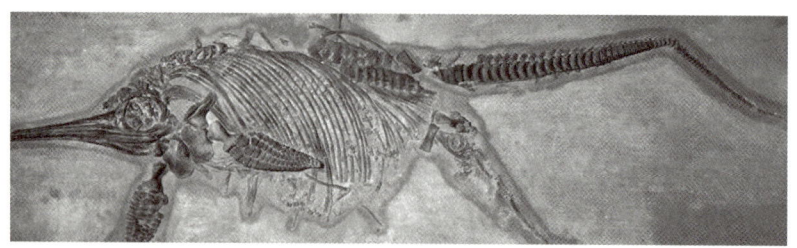

해양 파충류인 이 암컷 어룡은 새끼를 낳는 순간에 화석이 되어 발견되었다.

몸체를 가진 생물체가 오늘날 해변으로 밀려 올라올 때 어떠한 일이 일어나는지를 생각해 보라. 그것들은 부드러운 '젤리'로만 이루어져 있기 때문에, 햇빛에 녹고, 또한 해변 위로 밀려와 부서지는 파도에 의하여 파괴된다. 이러한 사실에 근거해서, 섬세하게 보존된 부드러운 몸체를 가진 바다생물은 하루 이내에 묻혔어야만 했다고 발견자들은 결론내렸다!

일부 물고기는 지질 기록 내에서 산 채로 너무도 빨리 묻혀버렸는데, 자신들의 마지막 식사를 먹는 도중에 화석이 되었다. 그리고 약 1.8m 길이의 어룡(ichthyosaur)은 새끼를 낳는 순간에 화석이 되어 발견되었다! 이 커다란 생물은 새끼를 낳다가 도망갈 시간도 없이 바로 어미와 새끼가 석회질 흙의 격변적 '사태'에 묻혀서 '순간적으로 고정'되었던 것이다.

결론

이것들은 현재 지질학 문헌들에서 충분히 입증된, 전 지구적으로 발견되는 수백 개의 화석무덤들 중의 단지 몇 가지일 뿐이다. 대부분의 경우 섬세하게 보존된 수십억의 무수한 동식물 화석들을 포함하고 있는 이러한 화석묘지들은 전 지구적 규모로 물에 의한 대격변이 있었으며, 그 여파로 대홍수 이전에 살았던 동식물들이 급격하게 매몰되었음을 증거하고 있는 것이다. 종종 이러한 화석묘지들에는 바다생물과 육상생물들이 뒤섞여 있어서, 전 지구적 대격변을 일으킨 홍수물이 바다와 대륙을 모두 휩쓸었음을 가리키고 있다.

우리가 대홍수에 대한 성경 기록을 다시 읽고, 어떤 증거들이 예상될 것인지를 묻는다면 그 답은 명백하다. 바로 전 세계적으로 물에 의해 퇴적된 퇴적암 내에 파묻혀 있는 수십억의 동물과 식물들일 것이다. 그리고 그것이 바로 우리가 발견하는 것이다. 전 지구적이었고 대격변적이었던 창세기 대홍수와 그것의 여파는 하나님께서 지구 역사에 대한 그분의 기록에서 말씀하셨던 것처럼 역사적으로 실제로 일어났던 사건이었던 것이다.

〈Andrew Snelling, http://www.creation.or.kr/library/itemview.asp?no=4235〉

지층형성에 관한 두 이론

격변설(대홍수설, Catastrophism)　　현재의 지층과 화석, 지표면의 모양은 과거에 일어난 전 지구적 규모의 대홍수와 화산폭발, 지층의 융기와 침강과 같은 대격변에 의해 단기간 동안에 갑작스럽게 형성되었다는 이론이다. 그러므로 지층 속에서 발견되는 화석은 진화계열과는 아무런 관계가 없으며, 단지 홍수 때 매몰되었던 순서에 불과하고, 지층은 수억 년의 장구한 세월에 걸쳐서 생성된 것이 아니라, 매우 짧은 기간 안에 생성되었다고 주장한다.

동일과정설(균일설, Uniformitarianism)　　1790~1830년 영국의 허튼, 라이엘, 스미스 등에 의해 기초가 세워진 이론으로, "현재는 과거를 아는 열쇠이다"라는 기치 아래, 오늘날과 같은 느린 퇴적과 침식과정이 과거에도 동일한 율로 있었고, 이러한 점진적인 과정에 의해서 지층은 수억 년의 장구한 세월에 의해 형성되었다고 주장한다. 제임스 허튼은 1788년 「지구 이론」이란 책을 통해 동일과정설이라는 이론을 제시하여 무한한 지질연대 개념을 도입하였다. 뒤를 이어 등장한 찰스 라이엘은 「지질학의 원리」라는 책을 발간하면서 동일과정설을 보편화하기에 이른다. 그는 지층형성에 관한 대격변설을 기독교인들의 이론으로 격하시켰던 것이다.

　1859년 찰스 다윈이 「종의 기원」을 발표하면서 진화론이 본격 등장하게 된다. 진화론은 당시의 인본주의자, 공산주의자, 무신론자, 제국주의자들의 열렬한 지지를 받으며, 과학사의 전면에 나타나게 되었다. 신은 없으며 모든 생물은 우연히 만들어졌고, 약육강식과 적자생존의 법칙 속에 살아간다는 진화론은 그들에게 투쟁, 혁명, 인종차별, 패권주의 등의 정당성을 합리화하기 위한 이론적 근거를 제공하게 되었다.

다윈의 성공후 라이엘의 동일과정설도 갑자기 인정받기 시작했다. 왜냐하면 다윈의 진화론이 성립하기 위해서는 반드시 장구한 시간이 필요했던 것이다. 다윈은 자주 "진화하는 데 필요한 시간을 라이엘이 제공해 주었다"며 그에게 진 빚을 인정하였다. 이후 지질학에서 지층형성의 이론으로 주류를 이루던 한 번의 대홍수에 의한 대격변설은 지역적 홍수에 의한 주기적 격변설로 대치되었고, 시간이 지나면서 동일과정설로 완전히 대치되면서, 지질학 분야는 진화론자들에게 완전히 점령당해 버렸던 것이다. 19세기 이전까지 대부분의 과학자들은 지구의 나이가 창조론과 대격변설에 의해 매우 짧았다고 믿었다. 동일과정설이 등장하면서 지구의 나이는 갑자기 수십억 년으로 나이를 먹게 되었던 것이다.

03 대륙을 횡단하는 퇴적 지층들 : 빠르게 쌓인 퇴적 지층들이 광대한 지역에 걸쳐 확장되어 있다

"…내가 다시는 사람으로 말미암아 땅을 저주하지 아니하리니…"(창 8:21)

광대한 지역에 걸쳐서 분포하는 퇴적층들이 모든 대륙에서 발견된다. 이들 퇴적층의 많은 수가 대륙을 횡단하여 추적될 수 있다. 그리고 심지어 어떤 지층은 대륙을 건너서도 추적될 수 있다. 더군다나 지질학자들이 이들 퇴적층들을 자세히 살펴보았을 때, 그 지층들은 매우 빠르게 퇴적되었다는 증거들을 가지고 있었다.

미국 애리조나 북부의 그랜드 캐년에 노출되어 있는 퇴적층들을 살펴보자. 이들 연속된 지층들은 미국의 그 지역에서만 유일하게 있는 것이 아니다. 지질학자들은 50년 이상 동안 이들 지층들이 북아메리카 대륙을 횡단하여 추적될 수 있는 6개의 거대 층연속체(매우 두텁고 뚜렷한 퇴적층들의 연속체)들에 속한다는 것을 확인해오고 있다.

그랜드 캐년의 가장 아래에 있는 퇴적지층은 소크(Sauk) 거대 층연속체에 속하는 타핏 사암층(Tapeats Sandstone)이다. 그 지층과 그것에 상응하는 지층(같은 구성 물질들을 가지는)들은 미국의 대부분 지역을 뒤덮고 있다. 도대체 어느 정도의 수력학적 힘이 대륙의 광대

한 지역을 그렇게 연속적으로 퇴적시킬 수 있었는지 잘 상상이 되지 않는다. 그 층연속체들의 기저부에는 폭풍들에 의하여 퇴적된 거대한 거력들과 모래층이 쌓여 있다. 이러한 증거들은 모두 대대적인 수력학적 힘이 미 대륙의 전 지역을 횡단하면서 빠르고 격렬하게 이들 퇴적층을 퇴적시켰다는 것을 가리키고 있다. 느리고 점진적인 현대의 동일과정설적 과정은 이러한 증거들을 설명할 수 없다. 그러나 대격변이었던 전 지구적 창세기 홍수는 이러한 증거들을 매우 잘 설명할 수 있다.

그랜드 캐년에 있는 또 하나의 지층은 초기 석탄기(미시시피기)의 레드월 석회암층이다. 이 지층은 북아메리카의 카스카스키아 거대 층연속체에 속한다. 그래서 똑같은 석회암층이 멀리 테네시 주와 펜실베이니아 주까지 북아메리카를 가로질러 여러 장소들에서 나타난다. 이 석회암 지층은 또한 지층 순서에서도 정확히 같은 위치에서 나타난다. 그리고 그 지층은 정확히 똑같은 화석과 똑같은 특징을 가지고 있다.

불행하게도, 이 석회암 지층은 다른 지역에 있을 때, 서로 다른 이름이 붙여져 내려왔다. 왜냐하면 지질학자들은 오직

북미대륙을 횡단하며 광대한 지역에 퇴적되어 있는 타핏 사암층. 그림에서 밝은 색 부분. 그랜드 캐년의 바닥 지층인 두께 38~98m의 타핏 사암층은 물속 모래 흐름에 의해 형성되었음이 밝혀졌다. 이러한 광대한 지역에 모래를 분류하여 퇴적시킬 수 있는 물의 흐름은 초거대한 규모였음이 분명하다.

국소적으로 그들이 활동했던 지역의 지층만을 보았었기 때문이었다. 그들은 다른 지질학자들이 다른 지역에서 본질적으로 동일한 석회암 지층을 연구하고 있었다는 것을 깨닫지 못했다. 더욱 주목할만한 것은, 동일한 석탄기 석회암 지층이 수천 킬로미터나 동쪽으로 떨어져 있는 영국에서도 정확히 똑같은 화석과 똑같은 특징을 가지고 나타난다는 것이다.

백악층들

영국 남부의 백악층(Chalk Beds)은 잘 알려져 있다. 왜냐하면 그것들은 도버해협의 해안을 따라 백색절벽(white cliffs)으로 나타나있기 때문이다. 이들 백악기의 백악층은 영국을 횡단하여 서부 지역에서도 추적되고, 다시 북아일랜드에서 나타난다. 반대 방향으로 이것과 동일한 백악층이 프랑스, 네덜란드, 독일, 폴란드, 스칸디나비아 남부, 터키와 같은 유럽의 다른 지역들, 그리고 중동의 이스라엘과 이집트, 심지어 멀리 카자흐스탄에서도 발견된다.

영국 남부에서 보여지는 백악층은 프랑스, 독일, 폴란드, 그리고 멀리 중동지역에서도 추적될 수 있다.

놀랍게도 이들과 똑같은 화석과 특유의 똑같은 위 아래 지층을 가지는 백악층이 미국 중서부(북쪽으로 네브라스카 주로부터 남쪽으로 텍사스 주까지)에서도 발견된다. 그 백악층은 또한 호주 대륙 서부의 퍼스 분지에서도 나타난다.

석탄층들

또 하나의 모습으로 석탄층을 살펴보자. 북반구에서 미국 동부와 중서부에 있는 진화론적 연대로 석탄기 후기(펜실베이니아기)의 석탄층은 영국과 유럽에 있는 석탄층과 동일하며 같은 식물 화석들을 포함하고 있다. 그 석탄층은 미국 텍사스 주로부터 구소련의 카스피해의 도네츠 분지 북부까지 지구 둘레의 거의 반이나 확장되어 있다. 남반구에서 같은 페름기의 석탄층들이 호주, 남극대륙, 인도, 남아프리카, 심지어 남아메리카 등에서도 발견된다! 이 석탄층은 대륙을 건너서 같은 종류의 식물화석들을 공유하고 있다.

빠른 퇴적의 증거들

담황색의 코코니노 사암층은 그랜드 캐년의 절벽에서 매우 독특하다. 그 지층은 평균 96m의 두께로 미국의 몇 개의 주들을 가로질러 적어도 518,000km²의 지역을 뒤덮고 있다. 코코니노 사암층에 퇴적되어 있는 모래의 양은 적어도 41,700km³(1만 입방마일)이나 된다.

코코니노 사암층은 또한 '사층리(cross bedding)'라고 불리는 물리

그랜드 캐년에 있는 코코니노 사암
층은 '사층리'라고 불리는 경사를 이
루며 쌓인 사암층들을 가지고 있다.
이들 사층리는 홍수 동안 물의 흐름
에 의해서 만들어진 모래 파도의 잔
존물로 밝혀졌다.

적 모습을 가지고 있다. 대부분의 사암층들은 수평적으로 퇴적되어
있는 반면에, 이들 사층리는 분명히 눈으로 볼 수 있는 경사진 층을
가지고 있다. 이들 사층리는 모래를 퇴적시킨(모래 언덕처럼 보이나 물
아래에서 퇴적됨) 물 흐름에 의해서 만들어진 모래 파도의 잔존물이
다. 시속 4.8~8km로 흘렀던 거대한 물이 18m 높이의 모래 파도를
만들며 광대한 모래 판 같은 코코니노 사암층을 퇴적시켰다는 것이
입증되었다. 이러한 속도라면 전체 코코니노 사암층(전체 41,682km³)
은 단지 며칠 만에도 퇴적될 수 있었을 것이다!

호주 대륙 중부의 에어즈록(Ayers Rock, 울루루)은 굵은 모래 입자

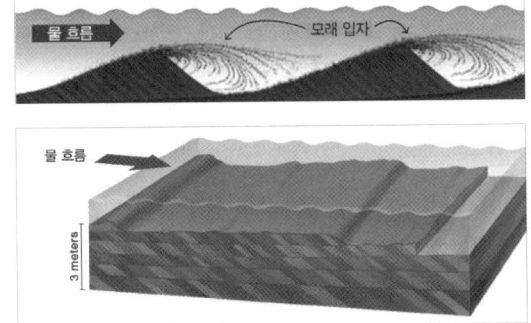

강하고 빠르게 흐르는 물 흐름은 모래
파도 또는 모래언덕(사구)들처럼 모래들
을 대양저를 가로지르며 이동시켰다(위).
물속 모래 입자들은 휩쓸려서 언덕 마
루를 넘어 측면에 떨어지며, 앞쪽으로
끌려가는 가장자리 위로 경사진 모래층
들을 만드는 것이다. 따라서 그 언덕들
은 서로 서로 겹쳐서 나아가면서, 내부
적으로 경사진 모래층(사층리)들을 쌓아
놓게 되는 것이다(아래).

호주 대륙 중부에 있는 에어즈록(울루루)은 거친 모래 입자들로 된 사암층이 거의 수직인 80° 정도의 경사로 놓여 있다. 현미경 하에서 보면(우), 모래 입자들에 있는 특유의 광물들은 뾰족하게 모가 나 있는 상태로 서로 다른 크기를 나타내고 있다. 이 모습은 모래 입자들이 매끄럽게 마모될 시간을 갖지 못한 채 빠르게 운송되었고 빠르게 퇴적되었음을 암시한다.

들로 된 사암층으로 이루어져 있다. 이 사암층은 거의 수직인 대략 80° 정도로 경사져 있다. 에어즈록에 노출되어 있고 주변 사막모래 아래에서 발견되는 이 사암층의 전체 두께는 5,500~6,100m이다. 모래 입자들 내의 광물들은 독특해서, 그것들의 가장 가까운 출처는 적어도 100km나 멀리 떨어져 있다.

현미경 조사에 의하면, 모래 입자들은 모가 나 있으며, 서로 다른 크기를 가지는 것으로 나타난다. 광물들 중의 하나는 장석으로 불리는 것으로, 그것은 사암에서 보통과는 다르게 여전히 신선한 것으로 나타난다. 이러한 모습들은 비교적 풍화되기 쉬운 장석 입자들이 풍화되기 전에, 또는 둥글게 마모되기 전에, 또는 크기별로 균일하게 분류되기 전에 이 모든 모래들이 매우 빠르게 운반되었고 빠르게 퇴적되었음을 암시한다.

그래서 저탁류(turbidity currents, 혼탁류)로서 알려진 스프같은 걸쭉한 퇴적물의 혼합물이 물속 바닥에서 시속 113km의 속도로 적어도 100km를 여행하며 5~6km 두께의 이 모든 모래들을 운반했음에 틀림없다. 에어즈록 사암층은 단시간 내에 퇴적될 수 있었다. 이것은 진화론적 동일과정설을 거부하며, 창세기의 전 지구적 홍수와 일치 되는 것이다.

분명히 보이는 하나님의 심판

거대한 대륙을 횡단하며 확장되어 있는 퇴적 지층들은 과거 한때 물들이 대륙을 뒤덮었다는 확실한 증거이다.

전 지구적인 노아의 홍수는 격변적으로 모든 대륙들을 쓸어버렸 을 것이기 때문에(창세기 7~8장에 기록된 것처럼), 대륙을 횡단하여 전 세계의 광대한 지역에 화석들을 함유한 퇴적 지층들을 빠르게 퇴적 시켰을 것이 예상된다. 그리고 정확히 그것이 우리가 발견하고 있는 것이다. 지구의 역사에 대한 진실된 목격자로서 하나님이 우리에게 말씀하셨던 것처럼, 이러한 증거들은 노아의 홍수가 전 지구적 대격 변으로서, 역사적으로 실제로 발생했던 사건이었음을 강력히 웅변 하고 있는 것이다.

〈Andrew Snelling, http://www.creation.or.kr/library/itemview.asp?no=4473〉

지질학적 편협성

지질학자들은 매우 편협적이고 지역적인 시각을 가지는 경향이 있다. 한 발 뒤로 물러나서 전체적인 시각에서 퇴적암석 기록을 바라보지 않는다. 그들이 그렇게 한다면, 놀라운 장면들이 출현할 것이다. 예를 들면, 그랜드 캐년의 바닥 부분에 연속적으로 잘 놓여 있는 3개의 지층 그룹인 톤토 그룹을 숙고하여 보라. 지구상에서 가장 웅대한 노출 중 하나인 이들 3지층은 타핏 사암층, 브라이트엔젤 셰일층, 무아브 석회암층으로 이루어져 있는데, 이들은 그랜드 캐년에서 거의 320km에 걸쳐서 그 옆모습을 드러내고 있다.

타핏 사암층은 고생대 최초의 엄청난 '해침'의 부분으로 북미대륙 위로 밀려왔던 거친 모래 입자들이 퇴적된 것이라는 데에 지질학자들 대부분은 동의한다. 후에 모래 알갱이들은 교결되어 사암으로 암석화되었다. 전형적으로 수백 피트 두께의 타핏 사암층은 아래쪽에 자갈과 굵은 모래들로부터 위쪽으로 미세한 모래들로 이행되어(점이층) 가고 있다. 타핏 사암층 기저부의 퇴적 입자들 사이에는 대륙이 물로 뒤덮였을 때 굴러왔음에 분명한 직경 9m에 이르는 커다란 돌들이 존재한다.

그런데 타핏 사암층이라고 불리는 이 암석 지층은 그랜드 캐년에만 제한적으로 있는 것이 아니다. 타핏 사암층과 동일한 암석 지층이 유타주 중부에서는 틴틱 규암으로서 알려져 있다. 유타주 북동부에서 그것은 로도르 규암층이고, 와이오밍 주와 몬태나 주에서는 플랫헤드 사암층이다. 콜로라도 주에서 그것은 사와치 사암층이고, 사우스다코타 주에서는 데드우드 규암층이다. 중서부에서 그것은 세닌트 시몬 사암층이고, 오자크에서는 라모트 사암층이고, 뉴욕 주 북부에서는 포츠담 사암층으로 불려진다. 이러한 다양한 이름들 때문에 그것이 하나의 연속된 거대한 사암층이라는 사실이 감춰지고 있다. 북동부의 포츠담 사암층은 믿을 수 없을 정도로 애리조나 주의 타핏 사암층과 유사하다!

그랜드 캐년의 타핏 사암층 위로 연속해서 놓여 있는 것은 철이 풍부한 녹색의 브라이트엔젤 셰일층과 얇은 층상의 미사로 이루어진 무아브 석회암층이다. 이들 암석은 소위 '캄브리아기 폭발'로 불려지는 생물 화석들을 함유하고 있다. 이들 중 가장 유명한 것은 삼엽충이다. 그랜드 캐년에서 톤토 그룹으로 불리는 이 연속된 세 지층의 두께는 240~390m에 이른다. 또한 톤토 그룹과 놀랍도록 유사한 지층들이 북아메리카의 많은 지역을 가로질러서 발견되고, 캐나다, 그린란드 동부, 스코틀랜드, 호주대륙 남부에 광범위하게 존재함이 보고되고 있다.

0.1mm 두께의 복사용지를 취해서 이 두께가 0.6km에서 1km 길이에 해당한다고 생각하고, 북미대륙 전체를 가로지르는 길이를 이 비율로 환산해서 잘라 보라. 그러면 당신은 이 3개의 지층들이 얼마나 얇게 북미대륙을 가로지르고 있음을 알 수 있을 것이다. 이러한 지층들의 존재를 충분히 설명할 수 있는 지질학적 과정들이 필요하다. 창세기 홍수는 이에 대한 설명으로 충분하다.

〈William Hoesch, http://www.creation.or.kr/library/itemview.asp?no=3948〉

04 대륙을 가로질러
운반된 모래들

"물이 백오십 일을 땅에 넘쳤더라"(창 7:24)

지구 도처에는 두터운 사암층들이 발견된다. 그 모래는 어디에서
왔는가? 증거들은 지구를 휩쓸었던 물에 의해서 대륙을 가로질러 운
반되었음을 가리킨다.

먼 거리로 운반되었던 퇴적물

앞에서 우리는 급격하게 파묻혀진 식물과 동물 화석들을 포함하
는 퇴적지층들이 광대한 지역들을 가로질러 확장되어 있으며, 자주
해수면보다 높은 위치에서 발견된다는 증거들을 살펴보았다. 오늘
날의 세계에서 대륙을 가로지르며 화석들이 풍부한 퇴적지층을 만
드는 그 어떠한 느리고 점진적인 지질학적 과정은 없다. 비록 진화
지질학자들이 인정하기 괴롭더라도, 대양의 물이 대륙으로 넘쳐흘
렀던 전 지구적인 홍수만이 이것을 만들 수 있었다.

이제 홍수물이 대륙을 휩쓸고 광대한 지역을 가로지르며 빠르게 퇴적물을 퇴적시킬 때, 이들 퇴적물은 먼 거리를 운반되었을 것임에 틀림없다는 것이 논리적인 결론이다. 바꾸어 말하면, 지층에 있는 퇴적물들은 매우 멀리 떨어져 있는 출처 근원으로부터 운반되어 왔음에 틀림없다는 것이다. 그리고 우리가 발견하고 있는 증거가 정확히 그것이다.

예를 들면, 앞에서 그랜드 캐년의 절벽에서 장엄하게 보이는 코코니노 사암층을 논했었다. 그 지층은 평균 두께가 96m로, 적어도 518,000km²의 지역을 뒤덮고 있으며, 41,700km³의 엄청난 양의 모래로 이루어져 있다. 이 막대한 량의 모래는 도대체 어디에서 왔는가?

모래 입자들은 순수한 석영(자연적 유리 광물)으로 되어 있다. 이것이 코코니노 사암층이 그러한 독특한 담황색을 띠는 이유이다. 바로 아래는 현저하게 다른 실트암과 셰일(혈암)로 구성되어 있는 적갈색의 허밋 셰일층이다. 코코니노 사암층을 구성하는 모래는 바로 아래에 놓여 있는 허밋 셰일층으로부터 유래할 수 없었다.

코코니노 사암층에 있는 모래 파도의 경사진 잔존물들은 남쪽을 가리키고 있다. 이것은 모래를 퇴적시킨 물이 북쪽으로부터 흘러왔음을 가리킨다. 또 다른 단서는 코코니노 사암층은 유타 주의 북쪽 지역에서 제로에 이르도록 얇아진다. 그러나 허밋층은 유타 주를 너머 멀리까지 확장되어 있다. 따라서 코코니노 사암층의 순수한 석영 모래는 적갈색의 허밋층 너머의 훨씬 더 북쪽의 출처 근원으로부터 왔음에 틀림없다.

그랜드 캐년에는 매우 먼 곳으로부터 이동해왔음에 틀림없는 또 다른 일련의 사암층들이 있다. 그것은 허밋층과 레드월 석회암층 사

그랜드 캐년의 코코니노 사암층(Coconino Sandstone, 좌)과 유타주 남부의 나바조 사암층(Navajo Sandstone, 우)

이에 있는 수파이 층군 내의 사암층들이다. 이 사암층들에서 모래 파도의 잔존물은 남동쪽을 향하고 있다. 따라서 모래 입자들은 북쪽과 서쪽에 있는 한 출처 근원으로부터 흐르는 물에 의해서 운반되어 퇴적되었음에 틀림없다. 그러나 그랜드 캐년의 서쪽과 북쪽으로 수파이 층군 아래에는 오직 레드월 석회암층만이 발견된다. 따라서 근처에는 이들 사암층 석영 모래들에 대한 출처 근원이 없다. 그러므로 수파이 층군의 모래 입자들은 믿을 수 없도록 먼 거리를 출처 근원으로부터 이동해왔음에 틀림없다는 결론에 도달하는 것이다.

대륙을 횡단하여 운반된 다른 퇴적물들

지층 순서에서 더 높은 곳에 있는 세 번째 사암층은 하나의 단서를 제공해주고 있다. 그 지층은 자이온 국립공원에서 장엄한 메사(mesa, 꼭대기는 평탄하고 주위는 가파른 사면으로 된 돌출된 지형)들과 절벽들로 잘 보여지는 유타주 남부의 나바조 사암층이다. 이 나바조 사암층은 그랜드 캐년의 가장자리 암석을 형성하고 있는 카이밥 석회암층 위에 놓여 있다. 그랜드 캐년의 사암들처럼, 이 사암도 매우 순수한 석영 모래들로 이루어져 있어서 뚜렷하게 빛나는 흰색을 띠고 있으며, 또한 모래 파도의 잔존물을 포함하고 있다.

이 사암층 내에서 광물 지르콘의 입자들이 발견되는데, 지르콘은 대개 방사성 우라늄을 포함하기 때문에, 그것의 출처 근원을 추적하는 것은 비교적 쉽다. 우라늄-납 방사성동위원소 연대측정 방법을 사용한 이들 지르콘 입자들의 연대측정 결과에 의하면, 나바조 사암층의 모래 입자들은 펜실베이니아와 뉴욕의 애팔래치아 산맥과 캐나다에 있는 훨씬 더 북쪽의 산들로부터 운반되어 왔다고 추정되었다. 만약 이것이 사실이라면, 모래 입자들은 북아메리카 대륙을 가로질러 대략 2,000km를 운반되어 왔던 것이다.

이러한 '발견'은 느리고-점진적인 지질과정을 믿고 있는 전통적인 동일과정설적 지질학자들에게 하나의 딜레마가 되고 있다. 왜냐하면 북아메리카 대륙을 가로지르며 수백만 년 동안 모래를(다른 퇴적물은 없고 오직 모래만) 운반할 수 있는 알려진 퇴적물 운반시스템은

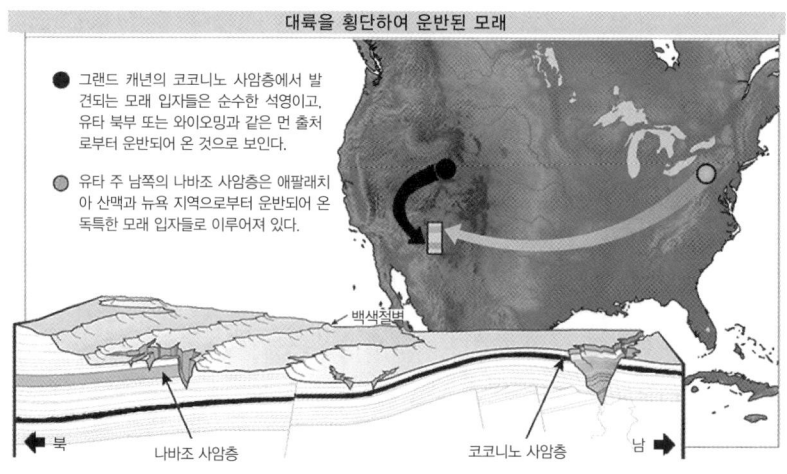

대륙을 횡단하여 운반된 모래

● 그랜드 캐년의 코코니노 사암층에서 발견되는 모래 입자들은 순수한 석영이고, 유타 북부 또는 와이오밍과 같은 먼 출처로부터 운반되어 온 것으로 보인다.

○ 유타 주 남쪽의 나바조 사암층은 애팔래치아 산맥과 뉴욕 지역으로부터 운반되어 온 독특한 모래 입자들로 이루어져 있다.

백색절벽

북   나바조 사암층   코코니노 사암층   남

없기 때문이다. 그 모래를 운반한 물은 심지어 대륙보다 더 넓은 지역 위를 흘렀음에 틀림없다. 동일과정설적 지질학자들이 할 수 있는 일이란 어떤 알려지지 않은 대륙횡단 하천계가 그 일을 했음에 틀림없었을 것이라고 단지 추정하는 것뿐이다. 그러나 그들의 지구 역사에 대한 믿음 체계하에서도, 한 하천이 수백만 년 동안 유지되며 흐른다는 것은 불가능하다.

그러나 물이 한쪽 방향으로 흘렀다는 증거들은 압도적이다. 북아메리카 대륙 도처의 15,615곳들로부터 수집된 50만 개 이상의 물 흐름 방향의 지표들에 대한 측정이 전체 지질기록에 대해서 얻어졌다. 증거들은 물들이 소위 말해지는 고생대 기간 내내 전체 대륙을 가로질러 동쪽과 북동쪽으로부터 서쪽과 남서쪽으로 퇴적물을 운반했음을 가리키고 있었다. 이 일반적인 패턴은 중생대 기간에도 계속된다. 그리고 이 시기에 나바조 사암층이 퇴적되었다. 어떻게 물이 수억 년 동안 시종일관 한쪽 방향으로만 북미 대륙을 가로질러 흐를 수 있단 말인가? 이것은 절대적으로 불가능하다!

논리적이고 가능성 있는 유일한 설명은 오로지 전 지구적이었고 대격변적이었던 창세기 홍수이다. 몇 개월간 지속된 전 지구적인 대양 물의 흐름은 그러한 북아메리카 대륙을 가로질러 대륙을 두터운 퇴적층들로 뒤덮을 수 있는 막대한 량의 퇴적물들을 운반할 수 있었을 것이다.

지질기록에는 아래 지층에 놓인 암석들의 지역적 침식으로부터 발생하지 않은 퇴적물들의 많은 사례들을 가지고 있다. 오히려 퇴적물들은 매우 먼 거리를, 몇몇 경우에는 대륙을 횡단하여 운반되어 왔음에 틀림없다. 이것은 이들 퇴적지층들에 들어 있는 물 흐름 방향을 알려주는 지표들에 의해서 확인된다. 물 흐름은 시종일관 단일 방향으로 흘렀음을 보여준다. 그러나 가정되는 대륙횡단 하천계는 수억 년 동안 그렇게 작동될 수 없다. 대신에 단지 수개월 동안 지속 되었던 전 지구적 홍수만이 대륙들을 가로질러 운반된 막대한 양의 퇴적물을 설명할 수 있는 것이다.

창세기 7~8장에서, 성경은 물들이 전 지구를 뒤덮었던, 그리고 전 대륙들을 가로질러 휩쓸어버렸던 대격변적인 전 지구적 홍수를 기 록하고 있다. 이들 홍수물은 막대한 침식을 일으켰을 것이고, 전 대 륙을 횡단하여 운반했을 것이며, 광대한 지역에 걸쳐서 퇴적층들을 퇴적시켰을 것이다. 그리고 오늘날 우리는 북미 대륙에서 정확히 이 것을 보고 있는 것이다. 그래서 노아 홍수의 증거가 없다고 주장하 는 것은 변명의 여지가 없는 것이다. 하나님이 성경을 통해서 우리 에게 말씀하셨던 것처럼, 대격변적이었던 전 지구적 창세기 홍수는 지구의 역사에서 실제로 일어났던 사건이었던 것이다.

〈Andrew Snelling, http://www.creation.or.kr/library/itemview.asp?no=4490〉

진흙 퇴적 실험은
오랜 지질학적 신념을 뒤엎어버렸다

Science 지(2007. 12. 14)에 게재된 한 연구는 일반 통념과는 반대로, 진 흙(mud)이 빠르게 흐르는 물에서 퇴적될 수 있음을 보고했다. 쉬버 등은 특별하게 설계된 실험 장비들을 사용하여, 진흙 크기의 물질들이 이전에 생각했던 것보다 훨씬 빠른 유속하에서도 퇴적하는 것을 보여주었다.

지구과학자들은 100년 이상 동안이나 진흙은 잔잔한 물에서 오랜 시간에 걸쳐 퇴적되었을 것이라고 추정해 왔다. 오래된 지구 연대를 믿는 과학자들은 일 년 정도의 노아 홍수가 대부분의 퇴적지층들을 퇴적시켰다는 창조론자의 주장을 비난해 왔다. 그들의 주된 논거 중의 하나는 이암(mudstone)에 대해 널리 알려진 잘못된 신념에 의해서였다.

예를 들면, 미국의 헤이몬드 지층은 1.6km의 두께로 넓은 지역에 분포하며, 30,000개 이상의 혈암과 사암들이 교대되는 얇은 층리들을 포함하고 있다. 한 지질학자는 이렇게 말했다. "셰일은 치밀하게 다져진 점토로 되어 있다. 점토는 물속에서 오랜 시간에 걸쳐 침전된 극히 미세한 입자들로 구성되어 있다. 사나운 물결은 입자들을 계속 떠다니도록 만들었을 것이고, 따라서 점토는 잔잔한 물속에서만 오직 가라앉았을 것이다."

그리고 그는 성경의 전 지구적 대홍수를 비난하기 위해 다음과 같은 잘못된 개념을 사용하고 있었다. "대홍수가 어떻게 얇은 모래층들을 만들고, 그것을 넓은 지역 위에 퇴적시켰겠는가? 그리고 얇은 점토층들 모두를 조용한 가운데 침전시켰겠는가? 한 층을 단지 몇 분 안에 침전시켰단 말인가? 그리고 그 모든 과정을 15,000번이나 반복했는가? 단지 1년이라는 기간은 존재하는 수많은 점토층과 이암층들이 조용히 가라앉는 데 필요한 충분한 시간이 될 수 없다."

그러나 2007년의 이 연구는 앞에서의 주장을 완전히 뒤집고 있었다. 빠르게 흐르는 물에서 진흙이 퇴적될 수 있다는 사실은, 모든 이암층들이 아마도 며칠이나 몇 시간 안에 격변적 퇴적에 의해 형성될 수 있었음을 의미하는 것이다.

⟨Tas Walker, http://www.creation.or.kr/library/itemview.asp?no=4363⟩

05 느리고 점진적인 침식은 없었다 : 평탄하게 이어진 지층 경계면들은 장구한 시간 간격을 거부한다

"대답하여 이르시되 내가 너희에게 말하노니 만일 이 사람들이 침묵하면 돌들이 소리 지르리라 하시니라"(눅 19:40)

오늘날 우리는 주변 모든 곳에서 풍화와 침식이 일어나고 있음을 보고 있다. 그러나 수백 수천만 년이 걸렸다는 지층 암석들 사이에 이러한 증거가 있는가? 전혀 없다.

우리는 자주 간과하고 있는 암석 지층들 사이의 경계면 모습에 대해 좀더 자세히 살펴볼 필요가 있다. 만약 퇴적 지층들이 한 차례의 전 지구적인 홍수에 의해서 퇴적되었다면, 지층들은 무엇처럼 보여야만 할까?

오늘날 현대지질학의 주된 견해는 동일과정설적 견해로서, 지구 상에 있는 화석을 함유하고 있는 두터운 지층들은 느리고 점진적인 과정들로 생겨난 것이라고 설명한다. 이들 느리고 점진적인 지질학적 과정들은 연속된 퇴적 지층들을 모두 퇴적시키는 데에 수억 년을 필요로 했을 것이라는 것이다. 더군다나 이 유행하고 있는 견해에 의하면, 지구의 지표면은 느리게 일어난 풍화와 침식 작용으로 점차적으로 깎아서 오늘날의 언덕과 계곡들과 같은 지형들을 남겨 놓았다는 것이다.

그러나 이 견해는 커다란 문제점을 가지고 있다. 만약 화석들을 함유하는 지층들이 퇴적되는 데에 수억 년이 걸렸다면, 퇴적된 지층들 사이에는 풍화와 침식이 일어난 풍부한 사례들이 발견될 수 있어야만 할 것이다. 많은 퇴적 지층들 사이의 경계면은 풍화된 표면을 가진 채로 울퉁불퉁 이어져 있어야만 한다. 수백만 년의 풍화와 침식은 각 퇴적을 뒤따라 일어나지 않았겠는가?

한편, 창세기 7~8장에 기술된 격변적인 전 지구적 홍수는 매우 다른 어떤 것을 예상할 수 있게 한다. 화석을 함유한 대부분의 퇴적지층들은 단지 일 년 정도의 기간 동안에 퇴적되었을 것이다. 그러한 대격변적 상황하에서, 지표면이 침식에 노출되었다 할지라도, 그러한 침식은 빠르고 광범위하게 일어났을 것이고(판상침식으로 불림), 평탄하고 매끄러운 표면을 남겨 놓았을 것이다. 그러한 빠르고 광범위한 침식은 오늘날 우리들이 관측하고 있는 느리게 일어나는 국소적인 지형학적 유물(언덕이나 동산)들을 만들지 않았을 것이다. 그래서 만약 화석을 함유하고 있는 두터운 퇴적지층의 원인이 창세기 홍수였다면, 지층들 사이의 경계면에는 오랜 세월에 의한 침식의 증거가 전혀 없을 것이 예상될 것이다.

그러면 어떤 증거들이 발견되고 있을까? 몇몇 퇴적 지층들 사이의 경계면에서 매우 빠른 침식의 증거들이 발견되고 있다. 그리고 다른 대부분의 퇴적지층 경계면들은 평탄하고, 단조로우며, 어떠한 침식의 증거도 없이 칼날처럼 이어져 있다. 이것은 어떠한 장구한 시간도 흐르지 않았음을 가리키는 것으로서, 전 지구적인 대격변이었던 노아 홍수 동안에 예상될 수 있는 것이다.

미국 유타주의 콜로라도 강 계곡에서 보이는 지층들 사이에는 여러 시간 간격들이 존재한다. 아래쪽 화살표는 2천만 년의 시간 간격을 추정하고 있고, 위쪽 화살표는 1천만 년의 시간 간격이 존재하는 것으로 추정하고 있다. 그러나 놀랍게도 그 접촉면들은 어떠한 침식의 흔적 없이 매우 평탄하게 이어져있다. 후자의 간격은 미국 남서부의 250,000km²에 걸쳐서 이루어져 있다.

그랜드 캐년의 사례

미국 남서부에 있는 그랜드 캐년은 창세기 홍수 동안에 퇴적된 것과 일치되는 지층 경계면들에 대한 수많은 예들을 제공하고 있다. 여기에서는 단지 네 가지만을 다룰 것이다. 이것들은 다른 모든 것들보다도 전형적인 지층 경계면을 가지고 있다. 이들은 타핏 사암층, 레드월 석회암층, 허밋 셰일층, 코코니노 사암층의 경계면들이다.

타핏 사암층 아래

타핏 사암층 아래의 지층은 빠르게 침식되었고, 광범위하게 평탄하게 깎여 있다. 우리는 이러한 침식이 거대한 규모로 일어났었다는 것을 알고 있다. 왜냐하면 그랜드 캐년의 한쪽 끝에서부터 다른 쪽 끝까지 그 영향에 의해 평탄하게 놓여 있는 것을 확인할 수 있기 때문이다. 이러한 대대적인 침식은 아래에 놓여 있는 여러 다른 암석층들(화강암, 변성암, 경사진 퇴적지층들)에도 영향을 미쳤다.

이 거대한 규모의 침식이 빠르게 일어났다는 두 가지의 증거가 있다. 첫째, 경계면 아래에 어떠한 풍화작용의 증거도 볼 수 없다. 만약 풍화작용이 있었다면, 토양을 볼 수 있을 것이 예상된다. 그러나 토양을 볼 수 없다. 둘째, 경계면 위의 타핏 사암층에는 '폭풍층'으로 알려진 지층 특징들과 거력(boulder)들이 발견된다. 폭풍층들은 허리케인과 같은 폭풍에 의해서만 만들어지는 독특한 내부 특징들을 갖고 있는 모래층들이다. 거력들과 폭풍층들은 느리게 퇴적될 때 발생되는 것이 아니다.

레드월 석회암층 아래

레드월 석회암층 아래에 있는 무아브 석회암층은 몇몇 국소적 장소들에서 수로들을 형성하면서 빠르게 침식되었다. 이들 수로들은 후에 석회 모래로 채워졌고, 템플뷰트 석회암층을 형성했다. 이들 극히 드문 사례들 외에 무아브 석회암층과 레드월 석회암층 사이의 경계는 평탄하고 매끄럽게 이어져 있다. 이것은 연속적인 퇴적에서 볼 수 있는 특징적인 모습이다.

정말로 몇몇 장소들에서 무아브 석회암와 레드월 석회암층 사이의 경계면을 찾아내는 것은 불가능하다. 왜냐하면 무아브 석회암층이 퇴적된 후에 바로 레드월 석회암층이 계속해서 퇴적되었기 때문이다. 이러한 모습은 동일과정설 지질학에서 심각한 문제들을 발생시킨다. 왜냐하면 무아브 석회암층은 5억~5억2천만 년 전에 퇴적된 것으로 추정하고 있고, 템플뷰트 석회암층은 대략 1억 년 후인 3억 5천만~4억 년 전에 퇴적된 것으로, 그리고 레드월 석회암층은 다시 수천만 년 후인 3억3천만~3억4천만 년 전에 퇴적된 것으로 추정하고 있기 때문이다. 그러나 이러한 증거에 기초하여, 이들 석회암층들은 수천만 년의 시간 간격 없이 연속적으로 퇴적되었다고 믿는 것

그랜드 캐년에는 5억 년 전 이상으로 주장되는 캄브리아기의 무아브 석회암층(하얀색) 위로 3억4천만 년 전으로 주장되는 미시시피기 레드월 석회암층(붉은 색)이 놓여있다. 그런데 1억6천만 년 이상 차이가 나는 두 지층이 어떠한 침식의 증거(세월의 흔적)도 없이 평탄하게 놓여 있을 뿐만 아니라, 어떤 곳에서는 서로 교차되어 교대로(inter-bedded) 나타나고 있다! 이것은 이들 지층 사이에 오랜 시간이 흐르지 않았음을 가리키는 것이다.

이 훨씬 더 논리적이고 합리적인 것이다.

허밋 셰일층 아래

그랜드 캐년의 또 하나의 경계면인 허밋 셰일층과 에스플러네이드 사암층 사이는 퇴적층이 쌓이기를 멈춘 후 수백만 년 동안 침식이 일어났었다는 증거로서 자주 인용되고 있다.

그러나 문제가 있다. 그 증거는 침식이 일어나고 있는 시점에도 물은 여전히 퇴적물질들을 퇴적시키고 있었음을 가리키고 있다. 허밋층의 실트질 셰일이 에스플러네이드 사암층과 교차(교대)되어 있는 장소들이 있는데, 이것은 지속적인 물 흐름이 그 장소로 실트질 진흙과 석영 모래를 같이 운반해 왔음을 가리키는 것이다. 따라서 이들 퇴적지층들 사이에 수백만 년이 흘렀다는 어떠한 증거도 없는 것이다.

코코니노 사암층 아래

마지막으로, 코코니노 사암층과 허밋 셰일층의 경계면은 그랜드 캐년의 한쪽 끝에서 다른 한쪽 끝까지 평탄하고, 매끄럽게, 칼로 자

그랜드 캐년의 허밋 셰일층과 코코니노 사암층의 경계면. 이 두 지층은 연속된 지층으로 생각하고 있었다. 그런데 애리조나주 홀부룩 지역서 두 지층 사이에 600m 두께의 쉬니브리힐 지층이 발견된 것이다. 결국 허밋 셰일층은 2억8천만 년 전, 코코니노 사암층은 2억7천만 년 전에 형성된 부정합 지층이라고 설명하게 되었다. 그런데 두 지층의 경계면은 수백만 년 동안이나 침식이 발생했을 것임에도 칼로 자른 듯이 날카로운 접촉면을 유지하고 있으며, 어떠한 침식이나 토양화, 풍화의 증거가 없다.

르 면처럼 이어져 있다. 코코니노 사암층이 퇴적되기 전에 허밋층에 침식이 일어났었다는 어떠한 증거도 없다. 그 한 가지 사실만으로도 놀라운 일이다.

어떻게 허밋 셰일층 위로 두터운 코코니노 사암층이 퇴적되는 데에, 침식을 일으킬 시간도 없이 쌓여질 수 있었을까? 애리조나 중부와 동부의 장소들에는 거의 600m 두께의 모래, 셰일, 석회암(쉬니브리힐 지층)들이 허밋층 위에 놓여 있는데, 이것은 코코니노 사암층이 퇴적되기 전에 수백만 년 동안에 일어났었을 퇴적으로 추정하고 있다.

그렇다면 그랜드 캐년의 그러한 장소들에서 퇴적이 발생했다고 추정하는 수백만 년 동안 이 경계면에서 일어났었을 침식의 증거는 어디에 있는가? 전혀 없다. 따라서 코코니노 사암층과 허밋층 사이에는 수백만 년이 흘렀다는 그 어떠한 증거도 없으며, 이들은 연속적으로 퇴적된 것이다.

결 론

지질기록에서 화석을 함유하는 퇴적지층들은 수천 피트 두께로 쌓여 있다. 그랜드 캐년의 벽에는 대략 1,400m의 지층들이 노출되어 있다. 만약 이 거대한 두께의 퇴적지층들이 오늘날의 지질학에서 말하고 있는 것처럼 5억 년 동안이나, 또는 그 이상에 걸쳐서 퇴적되었다면, 지층들 사이의 일부 경계면들은 퇴적이 되지 않던 시기에 오늘날의 지표면에서 발생하고 있는 침식과 같은 느린 침식이 수백만 년 동안에 걸쳐 일어났었던 증거들을 보여주어야만 한다.

한편, 만약 이 거대한 두께의 퇴적층들이 단지 1년 정도의 창세기 홍수 동안에 모두 퇴적되었다면, 지층들 사이의 경계면들은 지속적인 빠른 퇴적의 증거들을 보여줄 것이고, 간혹 빠른 침식 또는 전혀 침식이 일어나지 않은 증거를 보여줄 것이다. 그리고 이것이 그랜드 캐년의 지층 경계면들이 보여주는 것처럼, 정확히 우리가 발견하는 것이다.

성경에 기록된 노아 홍수는 물들이 대륙을 휩쓸고 지나가 전 지구를 뒤덮었다고 설명하고 있다. 대륙을 휩쓸었던 물들은 어떤 지역에서는 격변적인 침식을 일으켰을 것이고, 먼 거리로 그 퇴적물을 운반했을 것이고, 빠르게 퇴적시켰을 것이다. 물들은 지속적으로 흘렀기 때문에, 침식, 운반, 퇴적물의 퇴적은 지속적으로 빠르게 일어났었을 것이다.

그렇게 수십억의 죽은 동식물들은 급격하게 묻혔고, 빠르게 퇴적되는 퇴적층들 안에서 화석화되었다. 그리고 퇴적지층들은 단지 수 시간, 수 일, 또는 수 주의 시간 간격만을 가지고 퇴적되었기 때문에, 지층 경계면들 사이에 빠른 침식, 또는 어떠한 침식 흔적도 존재하지 않았던 것이다. 따라서 하나님이 우리에게 직접 목격하신 사건을 말씀해주셨던 것처럼, 그 증거들은 지구 역사에 있어서 하나의 중요한 사건인 창세기 홍수가 실제로 발생했었음을 선포하고 있는 것이다.

〈Andrew Snelling, http://www.creation.or.kr/library/itemview.asp?no=4607〉

06 암석 지층들은
부서짐 없이 습곡되어 있다

"물이 산들 위로 솟아올랐으나… 산은 오르고 골짜기는 내려갔나이다"
(시 104:6~8)

어떻게 연속된 지층 암석들이 부서지지 않고 휘어질(습곡될) 수 있을까? 유일한 방법은 모든 퇴적지층들이 빠르게 연속적으로 퇴적되고, 아직 굳어지지 않은 부드럽고 유연한 상태에서 습곡되는 것이다.

화석을 함유하는 지질기록은 수천 미터 두께의 퇴적지층으로 이루어져 있다. 비록 이 지층들이 지구상의 모든 곳에서 발견되는 것은 아니고, 그들의 두께는 장소에 따라 다르지만 말이다. 그 퇴적지층들의 일부를 볼 수 있는 곳이 있는데, 그곳은 그랜드 캐년이다. 그곳에서는 대략 1,400m의 퇴적지층을 볼 수 있다.

동일과정설적(수십억 년의 지질시대를 믿는) 지질학자들은 이들 퇴적지층들은 과거 5억 년 동안 퇴적되었고 변형되었다고 믿고 있다. 만약 정말로 그 지층들의 형성에 수억 년의 시간이 걸렸다면, 각 개별 지층들은 느리게 퇴적되었을 것이고, 그 연속지층들은 드문드문 오랜 시간 간격을 두고 퇴적되었을 것이다. 이에 반해, 전 지구적인 창세기 홍수가 1년 정도의 짧은 기간 동안에 지층들의 대부분을 퇴적시켰다면, 각 개별 지층들은 빠르게 연속적으로 각 층들 위에 계속해서 퇴적되었을 것이다.

그렇다면 우리는 그랜드 캐년의 벽에서 퇴적 지층들이 빠르게 연속적으로 퇴적되었다는 증거를 볼 수 있는가? 그렇다! 그것은 확실하고 명백하다!

앞에서 퇴적 지층들 사이의 경계면들에 느리고 점진적인 침식에 대한 증거가 없다는 것을 살펴보았다. 여기에서는 연속된 전체 퇴적 지층들이 뒤이어 일어난 습곡 작용 동안에 아직도 부드러웠으며, 단지 제한적인 부서짐만 일어났다는 증거들을 살펴볼 것이다. 만약 이들 퇴적지층들에 오랜 시간이 흘러서 단단하게 암석으로 굳어져 있었다면, 습곡 동안에 깨어지고 부서졌어야만 한다.

단단한 암석은 구부러질 때 부서진다

단단한 암석은 구부러지지 않는다. 굳어진 단단한 암석들은 습곡되어 구부러질 때, 반드시 조각이 나고 부서진다. 왜냐하면 암석은 부서지기 쉽기 때문이다. 만약 암석이 아직 굳어지지 않아서, 어린이들이 가지고 노는 찰흙 반죽처럼 부드럽고 유연했다면, 그것은 휘어질 것이다. 만약 점토가 완전히 말랐다면, 그것은 단단해져서 더 이상 구부릴 수 없게 될 것이다. 만약 마른 상태의 단

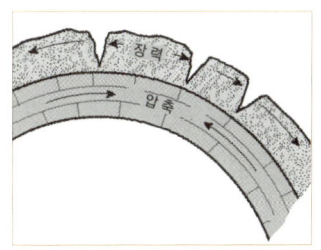

정상적인 조건하에서 퇴적지층이 암석으로 굳어지는 데는 수년에서 최대 백년 정도의 시간이 걸리며, 이상적인 조건하에서는 며칠 만에도 굳어질 수 있다. 그러나 일단 굳어진 암석은 구부러질(습곡될) 때 조각이 나고 부서진다.

단한 점토를 휘어보려고 힘을 준다면, 그것은 깨지고 조각날 것이다.

물이 퇴적물을 퇴적시켰을 때, 일부 물은 남겨져서 퇴적 입자들 사이에 갇히게 된다. 또한 점토 입자도 퇴적 입자들 사이에 존재할 수 있다. 또 다른 퇴적층이 퇴적층 위에 쌓이게 되면서, 압력은 퇴적 입자들을 더 치밀하게 압착시키면서, 물을 밖으로 밀어내게 된다. 또한 지구의 내부 열도 퇴적물로부터 물을 제거할 수 있다. 퇴적층이 마르면서, 물에 있던 화학물질들과 점토 입자들 사이에 있던 화학물질들은 자연적 시멘트로 전환된다. 이 천연 시멘트는 원래 부드럽고 젖은 퇴적층을 단단한 암석층으로 변형시킨다.

전문적 용어로 속성작용으로 알려진 이 과정은 매우 신속하게 일어날 수 있다. 그 과정은 수 시간 내에도 일어날 수도 있는 것으로 알려져 있지만, 일반적인 상황하에서는 대개 며칠 또는 몇 달이 소요된다. 그러나 분명한 것은 오늘날의 느리고 점진적인 지질학적 조건하에서도, 그 과정은 결코 수백만 년이 걸리지 않는다는 것이다.

부서짐 없이 일어나 있는 연속된 전체 지층들의 습곡

그랜드 캐년의 벽에서 볼 수 있는 1,400m 두께의 퇴적지층들은 오늘날의 해수면보다 높은 고도에 위치하고 있다. 지구의 지각 운동이 과거에 이 퇴적지층들을 밀어 올렸고 카이밥 고원을 형성했다. 그러나 퇴적지층의 동쪽 부분(애리조나 북부의 마블 캐년과 그랜드 캐년의 동부)은 덜 밀어 올려졌고, 카이밥 고원의 높이보다 760m 낮게 위치하게 되었다. 그래서 카이밥 고원과 덜 융기된 캐년의 동부 사이의 경계에는 거대한 계단같은 습곡을 남겨 놓았는데, 이것은 이스트

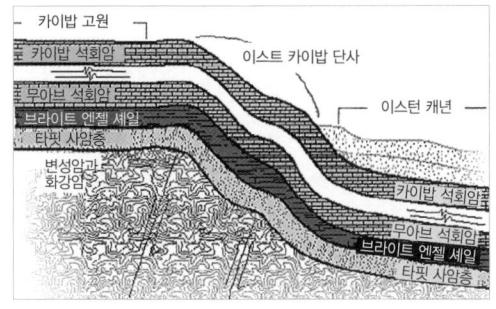

카이밥 고원
카이밥 석회암
무아브 석회암
브라이트 엔젤 셰일
타핏 사암층
변성암과
화강암
이스트 카이밥 단사
이스턴 캐년
카이밥 석회암
무아브 석회암
브라이트 엔젤 셰일
타핏 사암층

그랜드 캐년의 이스트 카이밥 단사에는 전체 지층이 거대한 계단처럼 습곡되어 있다. 이것은 퇴적지층이 구부러질 때 그들은 부드러웠으며, 암석화되지 않았음을 가리키고 있는 것이다. 그렇다면 그랜드 캐년의 지층들에 부여된 수억 년의 시간은 허구일 가능성이 매우 높은 것이다.

카이밥 단사라고 불려지고 있다.

이들 습곡된 지층들을 여러 사이드 캐년들에서 볼 수 있다. 예를 들면 습곡된 타핏 사암층은 카본 캐년에서 볼 수 있다. 이 사암층은 90°나 구부러져 있다는 것을 주목하라. 그러나 암석은 부서지지 않았으며, 꺾여진 부분에서 깨어져 있지도 않다. 마찬가지로 습곡된 무아브 석회암층과 레드월 석회암층은 콰군트 지류를 따라 볼 수 있다. 이들 석회암층의 습곡은 수백만 년이 흘렀다고 추정하는 고대 암석을 부서뜨리거나 깨뜨리지 않았다. 분명한 결론은 이들 사암층과 석회암층은 퇴적된 후 곧 이어서, 아직 부드럽고 유연할 때에 구부러지고 습곡되었다는 것이다.

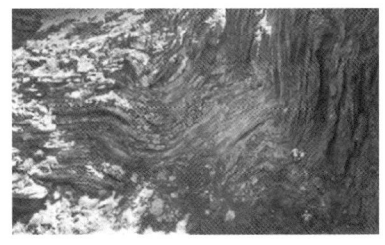

이러한 습곡된 퇴적지층은 여러 사이드 캐년에서 볼 수 있다. 이들 지층이 부서지지 않고 습곡되기 위해서는, 이들 지층들 모두가 동시에 부드럽고 유연했어야만 했다. 습곡된 타핏사암층은 카본 캐년에서 볼 수 있고(좌), 습곡된 무아브 석회암층과 레드월 석회암층은 콰군트 지류를 따라 볼 수 있다(우).

여기에 동일과정설 지질학자들이 극복할 수 없는 하나의 딜레마가 있다. 그들은 타핏 사암층과 무아브 석회암층은 5억~5억2천만 년 전에 퇴적되었고, 레드월 석회암층은 3억3천만~3억4천만 년 전에, 그리고 카이밥 석회암층은 그 위에 2억6천만 년 전에 퇴적되었다고 주장하고 있다. 그리고 마지막으로 카이밥 고원은 융기되었고 (대략 6천만 년 전에), 습곡이 일어났다는 것이다. 최초의 퇴적과 습곡 작용 사이에는 4억4천만 년 정도의 시간 간격이 있다. 그런데 어떻게 타핏 사암층과 무아브 석회암층이 방금 전에 퇴적되었던 것처럼, 아직 부드럽고 유연한 상태에서 습곡될 수가 있었는가? 하는 것이다. 만약 퇴적 이후 4억4천만 년의 시간이 지난 다음에 습곡이 일어났다면, 지층암석들은 부서지고 조각나야 하지 않겠는가?

동일과정설에 기초한 전통적인 설명에 의하면, 단단해진 사암층과 석회암층은 묻혀 있었던 곳의 압력과 열에 의해서 천천히 구부러졌고, 그래서 마치 유연한 상태처럼 습곡되었고, 부서지지 않았다는 것이다. 그러나 압력과 열은 이들 암석을 이루는 광물에 변성작용의 흔적과 같은 탐지 가능한 변화들을 일으켰을 것이다. 그러나 그러한 유연한 행동을 야기했을 변성 광물 또는 재결정화 작용은 이들 암석에서 관측되지 않는다. 습곡된 사암과 석회암은 다른 어느 퇴적층에 있는 사암이나 석회암과 동일하다.

유일한 논리적인 결론은 퇴적과 습곡 사이에 추정되는 4억4천만 년의 기간은 결코 존재하지 않았던 허구의 시간이라는 것이다! 대신에, 타핏 사암층부터 카이밥 석회암층까지 모든 일련의 지층들은 일 년 정도 지속된 전 지구적인 창세기 홍수의 초기 기간에 빠르게 연속적으로 퇴적되었고, 홍수의 마지막 몇 달 내에 카이밥 고원의 융기가 뒤이어 일어났다는 것이다. 이 해석은 전체 퇴적지층들이 부서짐 없이 습곡되어 있음을 설명할 수 있는 유일한 해석인 것이다.

결 론

동일과정설 지질학자들은 수천 미터 두께의 화석을 함유한 퇴적지층들이 5억 년 이상에 걸쳐서 점진적으로 쌓였다고 주장한다. 이에 반해, 창조 지질학자들은 창세기 7~8장의 전 지구적인 대격변적 홍수가 이 퇴적지층들의 대부분을 단지 1년 정도의 기간 동안에 퇴적시켰을 것으로 믿고 있다. 따라서 홍수 동안에 많은 퇴적지층들은 빠르게 연속적으로 퇴적되었을 것으로 믿고 있다.

그랜드 캐년의 벽에서, 우리는 타핏 사암층과 무아브 석회암층이 퇴적되고 4억4천만 년이 지났다고 추정하는, 그리고 카이밥 석회암층이 퇴적되고 2억 년이 지났다고 추정하는 수평적인 지층 연속체 전체가 부서짐 없이 습곡되어 있음을 볼 수 있다. 이들 사암층과 석회암층이 어떻게 그렇게 휘어질 수 있었는지를 설명할 수 있는 유일한 해석은, 그 지층들이 창세기 홍수 동안에 퇴적되어서, 습곡이 일어날 때까지 단지 수개월밖에 지나지 않아서, 아직 부드럽고 유연한 상태에서 휘어졌다고 결론내리는 것뿐이다.

앞의 글들에서, 창세기 7~8장에 기록된 노아 홍수 사건을 실제로 일어났던 역사적 사실로서 받아들일 때, 발견되는 지질학적 증거들은 성경의 기록과 절대적으로 일치된다는 것을 살펴보았다. 대양의 물들이 대륙들을 휩쓸면서, 수많은 동식물들을 빠르게 연속적으로 파묻었음에 틀림없다. 이들 빠르게 쌓인 퇴적지층들은 대륙들을 가로질러 광대한 지역에 걸쳐서 분포되었고, 오늘날의 해수면보다 훨씬 높은 고도의 지역에 바다생물 화석들을 남겨 놓았다. 이들 퇴적 지층들을 구성하는 모래와 다른 퇴적물들은 원래의 출처 장소로부터 먼 거리를 운반되었다. 지층들 사이에 느린 침식의 증거를 전혀 발견할 수 없기 때문에, 이들 많은 퇴적지층들은 빠르게 연속적으로 쌓였다는 것을 알 수 있다.

예상되었던 것처럼, 이 세계에서 발견되는 증거들은 하나님이 우리에게 주신 말씀과 전적으로 일치하는 것이다. 시편 기자는 우리에게 말하고 있었다.

"주의 말씀의 강령은 진리이오니…"(시 119:160)

〈Andrew Snelling, http://www.creation.or.kr/library/itemview.asp?no=4610〉

지층을 관통하여
치약처럼 짜 올려진 쇄설성 관상암

암석과 화석은 그들의 나이를 알려주는 이름표를 달고 있지 않다. 따라서 그들은 그들의 지질학적 배경을 고려하여 이해되어야 하고, 세계관에 의해서 해석되어야만 한다. 불행히도, 진화론자들은 동일과정설적 지질학으로 너무도 세뇌되어 있어서, 자주 젊은 지구를 가리키는 증거들을 객관적으로 이해하지 못하고 있다. 그럼에도 불구하고 몇몇 증거들은 명백하고, 보는 모든 사람에게 공개되어 있다.

그러한 명백한 증거 중의 하나가 유타 주에 있는 코나크롬 분지 국립공원이다. 이전에 그곳의 아름다움을 사진으로 소개했던 내셔널 지오그래픽스 잡지의 책임자에 의해서 이름 붙여진 그곳은, 더 잘 알려진 브라이스 캐넌 국립공원 근처에 위치한다. 여기에서 사람들은 하늘로 수십 미터씩 솟아오른 많은 쇄설성 관상암들을 볼 수 있다.

쇄설암은 이전에 존재하던 암석의 침식되어 남아 있는 조각으로 구성된다. 예를 들면, 사암은 이전에 존재하던 화강암질의 물질들로부터 유래된 모래 입자들로 구성된다. 모래 입자들이 퇴적되어 굳어져서 시멘트화될 때, 그것들은 함께 사암이 된다. 이들 쇄설성 관상암은 깊은 곳에 묻혀있는 사암층 근원의 구성 물질들과 거의 동일하다.

명백하게, 한 구조적 사건이 굳지 않은 사암 퇴적물을 유동화시켰고, 그것을 위에 놓여 있는 암석지층을 관통하여 치약처럼 위로 짜 올렸다. 그것은 선형적 '암맥' 또는 이 경우에 수직적 '관상암'으로 관입되었고, 저항

성이 강한 암석으로 굳어졌다. 결국 그 주변의 저항성이 약한 암석들은 침식을 당하여 사라졌고, 관입되어 올라간 저항성이 강한 수직적인 기둥만 남게 되었다.

사암의 퇴적, 압착에 의한 위로 짜내어짐, 침식 등과 관련한 시점들은 젊은 지구 모델과 일치한다. 기존의 지질학적 연대측정 방법에 따르면, 관상암은 대략 1억5천만 년 전에 짜여져 올라갔다. 그러나 이 사암의 출처가 되는 근원 사암층은 1억7천5백만 년 되었다는 것이다. 따라서 오래된 지구 연대의 동일과정설에 의하면 근원 사암층은 짜여져서 위로 올라가기 전에 2천5백만 년 동안 부드럽고 굳지 않은 상태로 남아있었어야(?) 한다.

입자들을 함께 결합시키는 교결물질의 존재하에, 근원 암석과 짜여져 위로 올라간 관상암이 가지고 있던 모래들은 단기간 안에(아마도 수 년 안에) 사암으로 단단해질 수 있었다. 관상암들이 존재한다는 사실은 모래 입자들의 퇴적과 관상암으로 짜여져 올라간 시기 사이에 오랜 시간이 흐르지 않았다는 명백한 증거이다. 따라서 오래된 지구 옹호론자들에 의해서 추정되고 있는 수백 수천만 년의 시간은 결코 존재하지 않는 것이다.

⟨John D. Morris, http://www.kacr.or.kr/library/itemview.asp?no=3387⟩

III

창세기 대홍수의
여러 증거들

01 세 자매봉 :
초격변의 증거인 호주 시드니 해분

    매년 수백만 명의 관광객들이 호주 시드니 서쪽에 자동차로 한 시간 거리에 있는 도시 카툼바를 방문한다. 그곳에서 그들은 장엄한 경관인 세 자매봉을 감상하게 된다. 이 세 자매는 그룹 가수가 아니라, 하나의 거대한 암석 노두이다. 불루 마운틴이 세계적 보존 지역이 되면서, 오늘날 이 자매는 호주를 대표하는 상징물 중의 하나가 되었다.

    에코 포인트 근처에서 바라보는 세 자매봉은 계곡 위에 인상적으로 펼쳐져 있다. 맑은 날에는 먼 거리에 있는 킹스 테이블랜드를 희미하게 볼 수 있다. 하루 종일 변화되는 햇빛에 따라 세 자매봉의 장엄한 색조는 다르게 조망된다. 대부분의 방문객들은 그것을 바라보면서, 그들이 성경에 기술되어 있는 전 지구적 홍수의 강력한 증거를 보고 있는 중이라는 사실을 깨닫지 못하고 있다.

    세 자매봉을 구성하고 있

는 사암층은 거대한 물에 의한 퇴적을 가리키고 있다. 세 자매봉이 조각될 때 만들어진 계곡과 협곡들은 거대한 물에 의한 침식의 증거이다. 성경에 기록된 전 지구적 홍수는 이러한 퇴적과 침식을 잘 설명해주고 있다.

사암층이 광대한 지역을 뒤덮고 있다는 사실을 확인하는 것은 어렵지 않다. 둘러보면, 협곡 둘레의 모든 날카로운 절벽들은 같은 종류의 사암층으로 구성되어 있음을 볼 수 있다. 장엄한 계곡이 침식되기 전에, 이 사암층은 광대한 지역을 뒤덮고 있었다.

광대한 크기

그러나 지층은 눈으로 볼 수 있는 지역보다 훨씬 더 광대한 곳까지 확장되어 있다. 지층은 카툼바로부터 동쪽으로 160km, 남쪽 북쪽으로 160km에 도달하고 있어서 거대한 직사각형의 침전물 퇴적

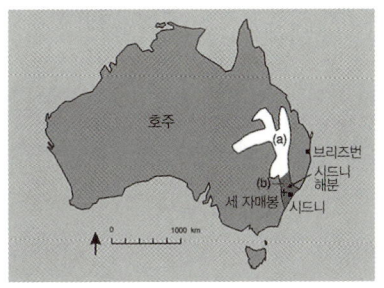

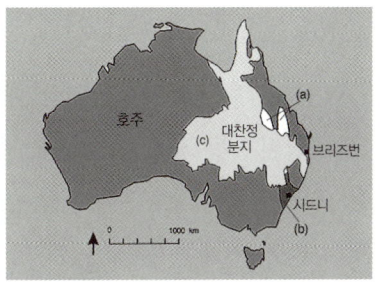

많은 지질학자들은 시드니 해분(b)은 북쪽으로 크고 긴 퇴적층의 해분(a)으로 연결되어 있다고 생각한다. 이러한 퇴적층 네트워크는 2,000km 이상의 길이로, 매장된 식물에 의해 만들어진 석탄과 가스의 풍부한 퇴적물들을 포함하고 있다. 그림에서 위로 놓여 있는 퇴적층들은 생략되었다.

그 위를 킬로미터 두께의 퇴적물과 식물들이 광대한 지역을 덮어버렸다(c). 그래서 시드니 해분과 북쪽 해분 사이의 연결이 감추어졌다. 후에 퇴적된 퇴적물들은 풍부한 물을 함유하고 있었는데, 이것은 대찬정분지로 불려지게 되었다.

을 보여주고 있다. 지질학자들은 그것을 시드니 해분(Sydney Basin)이라고 부르는데, 이곳은 동쪽으로는 뉴잉글랜드 습곡대, 서쪽으로는 라클란 습곡대를 침식한 엄청난 양의 퇴적물들이 쌓여 있는 장소인 것이다.

많은 지질학자들은 시드니 해분은 250km 폭에 2,000km 길이로 북쪽으로 확장되어 있다고 생각하고 있다. 퇴적층의 광대한 크기는 격변적, 아니 초격변적 대홍수의 증거인 것이다.

격변적인 퇴적

세 자매봉을 이루고 있는 사암층은 도로를 내기 위해 산을 깎은 지역에서 잘 볼 수 있고, 시드니 주변의 날카로운 절벽들을 형성하고 있는 혹스베리 사암층이 위에 놓여 있다. 사암층에는 현저하고 수평적인 지층과 연결되어 '사층리'라 불리는 경사진 지층들이 있다. 이것은 모래가 흐르는 물속에 의해 퇴적되었음을 가리킨다. 사층리의 두께는 물의 속도와 깊이를 알 수 있게 한다.

맥쿼리 대학의 지질학자인 패트릭 박사는 사층리의 크기로부터 모래가 퇴적될 당시의 상황을 추정해 내었다. 1994년에 그는 이러한 퇴적은 북쪽으로부터 20m 높이, 250km 폭, 그리고 엄청난 속도로 밀려온 거대한 물 흐름에 의해 형성된 것으로 기술했다. 이러한 격변적 해석은 성경에 기록된 노아 홍수 동안에 예상될 수 있는 것과 일치한다.

사암층은 매우 두꺼워 100~200m, 또는 그 이상이나 된다. 그러한 두터운 모래 퇴적물이 쌓이기 위해서, 시드니 해분의 수면은 지속적으로 올라갔음에 틀림없다. 그렇지 않았다면, 모래는 더 깊은 물이 있는 지역으로 운반되었을 것이다. 그리고 두터운 사암층 사이에 시간 간격이 있었다는 그 어떠한 흔적도 없다. 빠르게 흐르는 물에 의한 퇴적은 깊은 해분에 지속적으로 이루어졌던 것이다.

그러므로 증거들은 대륙에서 침식되어 나온 막대한 양의 퇴적물들이 수백 km의 폭과 수천 km의 길이를 가진 '강(?)'에 의해서 운반되어 퇴적되었음을 가리키고 있다. 그러나 지구상 어디에서도 이러한 거대한 강은 없다. 이 물 흐름은 퇴적물의 입자들을 크기, 밀도 등에 따라 분류(sorting)시켰다. 이것이 그렇게 많은 모래만이 같은 장소에 퇴적되어 있는 이유이다.

따라서 세 자매봉은 극히 이례적인 초격변적 퇴적을 가리키고 있고, 성경에 기술되어 있는 전 지구적 홍수와 일치한다. 모래는 1년여의 홍수 기간의 초기 단계인 범람기에 해수면이 올라가면서 퇴적되었을 것이다. 몇몇 사암층들은 단지 수 일 만에 퇴적되었을 수도 있었다.

빠른 침식

시드니 해분의 막대한 퇴적물들이 퇴적되고 난 후, 홍수 기간의 두 번째 단계에서 앞바다의 대양저는 가라앉기 시작했고, 블루 산맥은 솟아오르기 시작했다. 그리고 호주 대륙을 뒤덮고 있던 거대한 홍수 물은 대륙에서 물러나기 시작했다. 물이 물러가면서, 물들은 지형들을 빠르게 파내기 시작했다.

처음에 물은 가끔 '평탄화' 표면을 만들면서 대륙의 광대한 지역을 시트처럼 평평하게 깎으며 흘렀다. 그리고 흐름이 감소되면서, 물은 시드니 주변에서 볼 수 있는 것과 같은 넓은 계곡들을 파내었다. 많은 양의 물들이 계속 감소하면서, 좁은 계곡들이 고원의 가장자리에 파여졌고, 세 자매봉과 같은 전경을 볼 수 있게 되었다.

물들이 완전히 물러갔을 때, 땅은 마르기 시작했고, 물의 흐름이 만들어 놓은 큰 계곡들이 남겨지게 되었다. 이러한 계곡들은 갑자기 막힌 날카로운 벽들로 끝난다. 이러한 계곡의 끝에서 오늘날의 폭포를 보게 된다. 그러나 그것들은 그 계곡을 침식한 물의 흐름과 비교했을 때, 단지 작은 자취에 불과하다. 지금의 그러한 작은 물의 흐름이 거대한 계곡을 조각할 수는 없었을 것이다. 이러한 침식 패턴은 전 지구적 홍수의 마지막 단계 동안 기대될 수 있는 것과 정확히 일치한다.

1700년대 말에, 이러한 가파른 절벽은 초기의 시드니 정착민들이 더 넓은 초원을 얻기 위해 블루 산맥을 지나는 길을 발견하는 것을 방해했다. 최초의 탐험가들은 강을 따라 갔으나, 계곡의 끝에 있는 날카로운 쿨데삭(막다른 골목)에 의해 멈춰지게 되었다. 이들은 이러한 장애물이 노아 홍수시 물의 배수에 의해서 만들어졌다는 것을 깨닫지 못했다.

노아 홍수의 증거

세 자매봉은 호주의 관광을 대표하는 하나의 상징물이지만, 또한 노아 홍수의 상징물인 것이다. 이 사암 기념비는 막대한 규모의 초격변적 퇴적과 거대한 물에 의한 침식의 증거물로 서 있는 것이다.

그것은 정확히 노아의 홍수에서 기대되는 것이다. 세 자매봉은 호주의 한 상징물일 뿐만 아니라, 성경의 신뢰성에 대한 상징물인 것이다.

〈Tas Walker, http://www.creation.or.kr/library/itemview.asp?no=1493〉

02 도버 해협의 백색절벽

인상적이고 극적인 영국 도버의 백색절벽(White Cliffs)은 영국과 프랑스를 나누고 있는 도버해협의 남쪽 입구에 하나의 요새처럼 서 있다. 해안을 따라 16km를 뻗어 있는 이 높이 솟아오른 가파른 절벽은 영국을 적들의 상륙으로부터 막아주고 있을 뿐만이 아니라, 더욱 중요하게도 창세기 6~9장에 기술된 전 지구적인 홍수를 가리키고 있다.

백악(Chalk, 회백색의 석회암)층은 영국, 프랑스, 북아일랜드 등을 포함하여 유럽의 여러 장소들에서 발견된다. 이 지층은 심지어 중동에서 카자흐스탄까지 이르도록 확장되어 있다. 광대한 백악층은 또한 미국의 테네시, 네브라스카, 미시시피, 캔자스 주를 포함하여 북아메리카 도처에서 발견된다.

세속적 지질학자들은 이 백악층은 수백만 년에 걸쳐서 천천히 그

리고 점진적으로 형성되었다고 믿고 있기 때문에, 이것들은 지구의 연

대가 매우 오래되었음을 가리키고 있는 것이라고 주장한다. 그러나 성경적 조망으로 이 증거들을 해석할 때, 수천 년이라는 성경적 시간 틀과 조화되는 이들 백악 형성에 관한 설명이 존재한다는 것을 보게 된다. 이 백악층의 주요 형성 원인은 초격변적이었던 전 지구적 홍수였다.

백악은 거의 대부분 탄산칼슘으로 구성되어 있다. 매우 순수한 석회석 형태인 이 탄산칼슘은 유공충, 석회조류, 코콜리드, 랍돌리드 등을 포함하여 무수한 미세한 생물체들로 구성되어있다. 오늘날 이들 미세 생물체들이 죽고 나서, 그들의 칼슘이 풍부한 껍질들은 대양 바닥(자주 해수면 아래 거의 4.6~4.9km까지)에 축적된다. 이 껍질들은 오늘날 지구 표면의 1/4을 덮고 있다. 보고들에 의하면, 껍질들은 10일 또는 그 이상에 걸쳐 대양바닥에 도달하며, 1천 년에 1.25~7.5cm 율로 쌓이는 것으로 평가되고 있다.

진화론적 견해　측정된 백악의 축적률은 이들 백악층이 빠르게 형성될 수 없었을 것이라는 것을 입증하는 것처럼 보인다. 진화론자들은 이들 백악층이 '백악기' 동안인 대략 1억 년 전에서 7천만 년 전 사이에 형성되었을 것이라고 주장하고 있다. 그때 영국의 남쪽 지역은 얕은 열대 바다로서 물속에 잠겨 있었을 것이라고 추정한다. 백악은 천천히 쌓였고, 땅은 지구 지각의 움직임에 의하여 도버해협 위로 105m 이상 융기되어 그 절벽들을 만들었다는 것이다.

성경적 견해　그러한 느린 축적률로 어떻게 두터운 백악층이 성경적 시간 틀 안에서 형성될 수 있었을까? 그러한 광대한 백악층이 수천 년 내에 형성되기 위해서는 과거 언젠가 미생물들의 엄청난 증식이 있었음에 틀림없다. 사실 적절한 환경이 조성된다면, 대양저에 이들 미생물들의 빠른 생성과 축적은 가능하다. 적절한 환경은 격렬한 물의 흐름, 강한 바람, 부패한 물고기, 상승된 온도, 화산재나 다른 출처로부터의 영양물질… 등을 포함한다.

노아 홍수시에 동반된 격변적 화산폭발들에 의한 대양 온도의 상승, 엄청난 양의 CO_2 방출, 격렬한 강우, 그리고 바닷물과 민물의 뒤섞임과 혼합 등은 이들 미생물들의 폭발적인 증식과 백악의 빠른 축적을 유발할 수 있는 적절한 환경을 만들었을 것이다. 도버해협의 백색절벽에 있는 세 주요 부분들은 일 년 정도의 노아 홍수 동안 발생했었을 백악 형성을 야기시킨 미생물들의 세 번의 주요한 폭발적 증식에 대한 증거를 제공하고 있다.

또한 백악의 순도는 그 자체가 빠른 축적을 가리키고 있다. 수백만 년 동안에 걸쳐 백악이 축적되었다면, 그 동안 다른 퇴적물들은 왜 퇴적되지 않았는가? 백악을 오염시킬 수 있는 다른 퇴적물들은 전혀 퇴적되지 않고 수백만 년 동안 오로지 백악만 계속 퇴적되었다는 시나리오는 도저히 믿기 힘들다.

도버의 백색절벽이 한 번의 전 지구적인 홍수에 의해서 형성되었다는 추가적인 증거는 백악층들은 얇고 단단한 층과 두텁고 부드러운 층들로 교대로 쌓여 있다는 사실이다. 단단한 층에서는 연체동물 껍질 화석들과 다른 바다생물(일부는 직경 1m 정도의 거대한 암모나이트 같은 것도 있음) 화석들이 발견된다. 이러한 생물들은 느리고 점진적인(1천 년에 몇 cm 정도의) 축적으로는 산 채로 묻힐 수 없었을 것이다. 네덜란드에 있는 같은 백악층은 매우 커다란 바다공룡인 모사사우루스의 두개골을 포함하고 있었다. 바다생물들은 노아 방주에 타고 있지 않았기 때문에, 격렬하고 파괴적인 홍수를 견뎌야만 했다. 바다생물들은 빠르게 형성되는 백악과 다른 퇴적층들 안으로 연속적으로 파묻혀 버렸을 것이다. 그것이 이제는 바다보다 훨씬 높은, 백악의 가장 위쪽 층에서도 바다생물 화석들을 발견할 수 있는 이유이다.

영국 도버해협의 백색절벽은 단지 대략 4,500여 년 전에 있었던 한 번의 전 지구적인 홍수를 증거하고 있다. 그 증거는 성경적 조망으로 바라보았을 때에 확연해지는 것이다.

⟨Answers, 2008. 8. 21. http://www.creation.or.kr/library/itemview.asp?no=4453⟩

영국해협의 거대 홍수

지질학적 점진주의(동일과정설)의 아버지인 찰스 라이엘이 무덤에서 벌떡 일어날 소식일지도 모르겠다. 영국해협의 바닥에 나있는 숨겨진 일련의 해저협곡들은 한때 거대하고 맹렬한 물이 도버해협으로부터 서쪽으로 흘러갔었음을 가리키고 있다는 것이다. 50m 깊이에 수십 km의 폭으로 나있는 대규모 해저 협곡들은 1970년대 이후로 지질학자들에게는 수수께끼였다. 그러나 최근 고해상도의 수중 음파탐지기 조사에 의해서 새롭게 관심의 초점이 되고 있다.

음파탐지기에 의해서 나타난 사진은 해협을 따라 평행하게 나있는 긴 능선들과 홈들, 상류 쪽이 가늘게 되어 있는 V자 모양의 침식지형, 유선형의 섬들, 적어도 하나의 '현곡(지류가 본류와 합류하는 지점이 폭포나 급류를 이루는 상태)' 등을 포함하고 있었다. 이러한 모든 모습들은 해저 기반 암석에 현저하게 잘 보존되어 있었던 것이다. 그리고 이러한 지형 모습들은 절대로 느리고 점진적인 사건에 의해서 일어난 지질학적 상처들이 아님을 결정적으로 나타내고 있는 것이다.

해저 지형들은 34km 폭의 도버해협 쪽 방향을 가리키고 있었다. 1백 년 이상 동안 지질학자들은 영국해협을 북해와 연결하고 있는 이 좁은 곳에 대해서 당황해오고 있었다. 한때 노아홍수 후 빙하기 동안(Ⅲ. 07. '빙하기를 초래한 노아의 홍수' 참조), 해수면이 100m 정도 낮았을 때, 이 능선은 분명히 하나의 자연적 댐을 형성했고, 거대한 호수를 가지고 있었다. 아마도 그 호수의 크기는 미국 5대호 중에서 작은 것 정도의 크기였을 것이다. 도버해협에서 암석 댐의 붕괴는 그 호수의 격변적인 배수를 유발했다. 아래쪽 지형의 침식 정도로 계산된 물의 양은 최고 배수 시점에서 초당 1백만 입방미터(나이아가라 폭포 수량의 200배)로 추정된다. 해수면이 빙하기에 뒤이어 현재 높이로 상승했을 때, 침식된 저지대는 영국해협이 되었고, 도버댐이 붕괴된 곳은 도버해협이 되었다. 그리고 영국 역사의 방향은 영원히 변화되었다.

관측할 수 없었던 먼 과거에 일어났던 이러한 격변적 사건은 20~30년 전만 해도 터무니없는 것으로 여겨졌었다. 찰스 라이엘과 몇몇 사람들에 의해서 도입되었던, 일종의 1차함수적 사고인 느리고 점진적인 동일과정설적 지질학 과정은 이제 폐기될 필요가 있다. 오늘날 담대히 동일과정설을 포기하는 세속적 과학자들이 점점 늘어나고 있다. 마침내 격변설의 시대가 오고 있는 것이다.

〈William A. Hoesch, http://www.creation.or.kr/library/itemview.asp?no=4052〉

03 픽처 협곡은 갑작스런 격변을 외치고 있다

   아마도 당신은 "보게 되면, 믿게 된다"라는 표현을 들어 보았을 것이다. 과연 그것이 항상 사실일까? 사실상 종종 그 반대가 되고 있다. 즉 "믿게 되면, 보게 되는 것이다". 예를 들면 지질학이 그러하다. 지질학적 증거들은 스스로 말하지 않는다. 따라서 그것은 항상 해석되어야만 한다. 그리고 그 증거들을 어떻게 해석하는가는 항상 그 사람의 믿음체계(세계관)에 의해서 영향을 받는다.

   이것에 대한 좋은 예를 미국 오리건 주 중부에 있는 존데이 화석층 국립천연기념물의 도로가에 있는 한 안내 표지판에서 찾아볼 수 있다. 그곳은 픽처 협곡(Picture Gorge)이라고 불리는 곳으로, 수극(water gap)을 통하여 존데이 강이 흐르고 있는 곳이다. (수극은 산등성이에 나있는 수로로서, 그곳을 통하여 강이 흐르거나 과거에 흘렀던 곳이다.) 그 깊이는 대략 300m이며, 현무암 벽들이 거의 수직으로 파여 있다.

   표준적인 동일과정설적 해석에 의하면, 약 1600만 년 전에 현무암질 용암이 이 지역에 흘러내렸다. 그 후에 강이 수백만 년 동안을 흐르면서 흘러내린 용암을 서서히 깎아내어 협곡을 형성했다는 것이다. 그러나 어떻게 한 강이 긴 산등성이를 통과하며 오랜 시간 동안 흐를 수 있었을까? 물은 산등성이를 돌아서 흘러갔을 것이 예상되지 않겠는가?

그러나 창조론자의 해석은 이러한 종류의 문제점을 갖지 않는다. 창조론적 관점에서는, 전 지구적 홍수의 후퇴기(물이 빠져나가는 시기)에 (격변적 판구조들의 이동으로) 산들과 대륙들은 솟아오르고 대양저들은 가라앉으면서, 대륙을 뒤덮었던 거대한 물들이 땅을 휩쓸고 물러가면서 그 협곡을 파내었다는 것이다. 다시 말해서 협곡은 급격하게, 그리고 최근에 깎어졌다는 것이다. 그리고 바로 그것을 이 증거가 분명하게 가리키고 있는 것이다.

픽처 협곡을 바라볼 수 있는 고속도로 가에는 국립공원관리소에서 만들어 놓은 안내판이 하나 세워져 있다. 거기에는 이렇게 쓰여 있다 : "픽처 협곡의 날카롭고 가파른 절벽은 끊임없는 느리고 점진적인 힘들에 의해서 만들어진 것이 아니라, 갑작스런 격변을 가리키고 있다." 그들도 그 협곡이 갑작스럽게 파였다고 생각하고 있는 것에 주목하라.

존데이 지역의 한 안내인(창조론자)은 이렇게 말하고 있었다 : "사

픽처 협곡을 바라볼 수 있는 고속도로 가에 세워져 있는 국립공원관리소의 안내판. 증거는 협곡이 빠르게 파였음을 가리키고 있다는 것이다.

람들이 그러한 명백한 격변에 대한 증거를 보지 못하는 것은 동일과 정설에 의해 세뇌되었기 때문입니다. 수백만 년의 시간이 이곳에서 보여지는 날카로운 절벽을 만들었을까요?" 이것은 "보게 되면, 믿게 된다"는 것이 틀릴 수도 있다는 하나의 사례이다.

사람들은 "갑작스런 격변"에 대한 분명한 증거를 도대체 왜 부정하려고 하는 것일까? 아마도 그것은 그 격변이 보통의 격변이 아닌, 자신들의 지질학적 철학이 허용하는 것보다 훨씬 큰 어떤 엄청난 격변을 가리키고 있기 때문일 것이다. 그러한 커다란 격변은 성경에 기록되어 있는 크기의 엄청난 대격변을 암시하며, 그것은 중대한 의미를 가지고 있기 때문이다.

엄청난 물에 인한 대격변을 가리키고 있는 이러한 증거는 창세기에 기록되어 있는 노아의 홍수가 실제로 일어났었음을 강력하게 증거하고 있는 것이다. 그것은 성경의 신뢰성을 입증하는 다른 수많은 증거들에 또 하나의 추가되는 증거인 것이다. 그리고 성경이 사실이라면, 그분의 형상을 따라 우리를 만드신 창조주가 계시다는 것도 사실이고, 우리는 그분의 피조물로서 그분의 말씀을 따라 살아야 할 책임이 있다는 것도 사실인 것이다. 또한 하나님이 대홍수를 보내셔서 죄악이 관영한 그 당시 세상을 심판하셨다면, 오늘날의 죄악된 이 세상을 심판하시겠다는 하나님의 말씀도 사실일 것이 예상되는 것이다. 그러나 타락한 인간들은 그런 개념을 받아들일 수 없는 것이다.

성경은 노아의 홍수를 믿지 않는 이러한 완악함을 베드로후서 3:3~6절에서 정확히 기록하고 있었다. 말세에 전 지구적 대홍수를 "일부러 잊으려" 하는 사람들이 등장하여, 성경의 말씀을 기록된 그대로 믿는 사람들을 조롱할 것이라는 것이다.

"먼저 이것을 알지니 말세에 조롱하는 자들이 와서 자기의 정욕을 따라 행하며 조롱하여 이르되 주께서 강림하신다는 약속이 어디 있느냐 조상들이 잔 후로부터 만물이 처음 창조될 때와 같이 그냥 있다 하니 이는 하늘이 옛적부터 있는 것과 땅이 물에서 나와 물로 성립된 것도 하나님의 말씀으로 된 것을 그들이 일부러 잊으려 함이로다"(벧후 3:3~6).

이사야 54:9 절에서 하나님은 "…내가 다시는 노아의 홍수로 땅 위에 범람하지 못하게 하리라 맹세한 것 같이…"라고 약속하셨다. 이것은 노아의 홍수가 한 지역적 홍수가 아니었다는 것을 가리킨다. 만약 노아의 홍수가 지역적 홍수였다면, 하나님은 지역적 홍수가 있을 때마다 그분의 약속을 어기시는 분이 되는 것이다. 하나님은 전 세계를 다시는 물로 심판하지 않으시겠다고 우리에게 약속하셨다.

계속해서 베드로후서 3:7절은 과거에는 물에 의한 전 지구적 심판이 있었듯이, 장래에는 불에 의한 전 지구적 심판이 있을 것이라고 우리에게 경고하고 있다. "이제 하늘과 땅은 그 동일한 말씀으로 불사르기 위하여 보호하신 바 되어 경건하지 아니한 사람들의 심판과 멸망의 날까지 보존하여 두신 것이니라"(벧후 3:7). 노아 시대에는 8명을 제외한 모든 사람들이 방주에 타지 못하여 멸망했다. 오늘날 좋은 소식은 하나님의 불 심판 이전에 회개하고 주님께 나아갈 시간이 아직 있다는 것이다. 당신은 방주를 놓치지 말아야 한다. 예수님은 말씀하셨다. "내가 문이니 누구든지 나로 말미암아 들어가면 구원을 받고…"(요 10:9). 그는 또한 이렇게 말씀하셨다. "내가 곧 길이요 진리요 생명이니 나로 말미암지 않고는 아버지께로 올 자가 없느니라"(요 14:6). 노아의 방주가 대홍수를 피할 수 있는 유일한 길이었듯이, 예수님만이 우리가 구원받을 수 있는 유일한 길인 것이다.

국립공원이나 기념물을 방문할 때, 안내판에 쓰여 있는 글들은 증거들에 대한 누군가의 해석일 뿐이라는 것을 명심하라. 그리고 그러한 해석들은 세상에 만연되어 있는 진화론적 동일과정설이라는 자연주의적 철학에 근거하고 있으며, 그 증거가 격변을 외치고 있다고 아무리 강력하게 말하더라도 그들은 노아의 홍수는 인정하지 않는다는 것을 명심하라. 같은 증거를 두고서도 출발하는 가정(assumptions)이 다르면, 다른 결론에 도달하게 되는 것이다. "믿게 되면, 보게 되는 것이다"

〈Steve Wolfe, http://www.creation.or.kr/library/itemview.asp?no=4805〉

화성의 대홍수는 Yes, 지구의 대홍수는 No?

최근 십여 년 동안 무인 행성 탐사선들은 신비스러운 붉은 행성인 화성(Mars)에 대한 많은 사진과 자료들을 보내오고 있다. 그때마다 과학자들은 화성의 지표 모습은 물에 의해서 만들어졌다고 점점 더 확신해가고 있다. 사실, 그들은 화성에서 전 행성적 규모의 거대한 홍수가 있었다고 자주 제안해왔었다. 사람들은 과거 화성의 지질학적 시대를 상상하고 있었는데, 한 시대는 '노아기(Noachian Epoch)'라고 불려지고 있다. 그 시기의 말에 물에 의한 전 행성적 홍수가 있었다는 것이다. 그것과 관련해서 화성 남쪽의 커다란 땅덩어리는 '노아의 땅' 이라는 명칭으로 불려지고 있다.

이러한 화성의 지질학적 역사가 정확한 것인지 아닌지를 떠나서, 그러한 명칭은 창조론자들에게는 매우 아이러니컬하게 들린다. 다시 말해서, 세속적 과학자들은 물이 없는 화성에서 전 행성적인 홍수 또는 거대한 홍수들을 받아들이는 데에 아무런 문제를 가지고 있지 않다. 그러나 물이 풍부한 지구에서 전 지구적인 홍수를 이야기한다면, 말도 되지 않는 소리라고 비아냥거린다. 어떻게 그럴 수 있었겠는가? 그러한 홍수를 일으킨 물은 모두 어디에서 왔는가? 그들은 대부분이 물로 뒤덮여 있는 행성에 살고 있으면서도 이러한 질문을 하면서 조롱하고 있다.

"오, 당신의 말은 화성에 큰 깊음의 샘들 같은 것들이 있어서 전 행성적 규모의 홍수가 있었다는 것이군요?"
"예, 그렇습니다. 그와 같은 어떤 것으로 부를 수도 있겠습니다"
"그렇다면 여기 지구에서도 그러한 전 지구적 홍수가 일어날 수도 있지 않았을까요? 창세기에도 그와 같은 일이 있었다고 기록되어 있는데요?"
"무엇이라고요? 아닙니다. 절대로 아니죠! 지구에서는 절대로 그런 일이 일어나지 않았습니다. 터무니없는 소리입니다!"

⟨Carl Wieland, http://www.creation.or.kr/library/itemview.asp?no=4552⟩

04 석탄 : 대홍수의 기념물

만약 성경의 대홍수 사건이 역사적으로 실제 발생했었다면, 세계적으로 그런 사건에 부합하는 증거들이 있는가? 그렇다. 그러한 증거들은 분명히 있다! 호주 남동쪽에 있는 라트로브 계곡에는 거대한 발전소들에 연료를 공급하는 상당히 두꺼운 갈탄 퇴적층이 몇 군데 있다. 굴착기 한 대가 비교적 얇게 쌓인 퇴적물질들을 제거하면 석탄층이 드러난다. 그러면 또 다른 굴착기는 석탄을 캐서 발전소 보일러로 연결된 컨베이어 벨트에 그것을 올려놓는 것이다.

굴착기 한 대는 매일 60,000톤의 석탄을 캘 수 있다. 그러나 석탄층은 이 거대한 굴착기들조차도 작아 보이게 할 정도로 너무도 두꺼워서, 그 석탄을 완전히 채굴하기까지 상당히 오랜 시간이 걸릴 것으로 추정된다.

거대한 석탄 분지

석탄층은 점토, 모래, 현무암질 용암 등으로 된 두꺼운 지층들 안

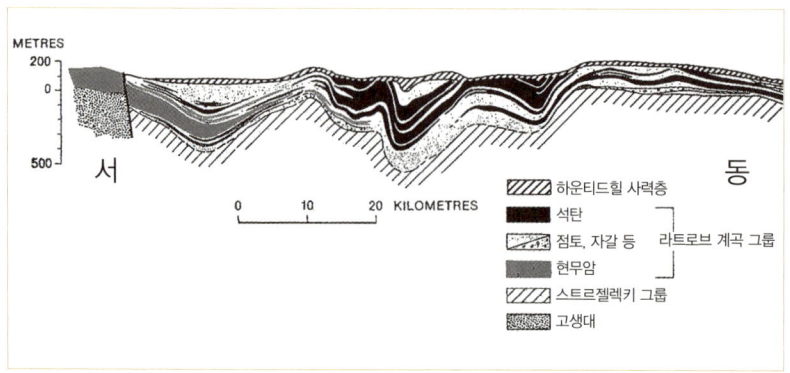

METRES
200
0

500

서   동

0   10   20 KILOMETRES

▨ 하운티드힐 사력층
■ 석탄
▨ 점토, 자갈 등   라트로브 계곡 그룹
▨ 현무암
▨ 스트르젤렉키 그룹
▨ 고생대

호주 라트로브 계곡의 지반 침하가 있는 깁스랜드 분지 동쪽지역의 지질단면도. 석탄층의 꼭대기는 지반이 습곡되면서 침식되었다.

에 있는데, 그것은 함께 700m에 이르는 암벽층을 이루고 있다. 라트로브 계곡에는 엄청난 양의 석탄이 매장되어 있는 것으로 추정하고 있는데, 소위 '분지'라고 불리는 지반의 크고 깊게 함몰된 지역에 위치한다. 분지 지역은 길이 300km, 폭 300km의 삼각형 모양이다. 대부분의 분지는 호주 남쪽 해안쪽 바다 아래에 놓여 있다. 앞 바다의 석탄층은 대략 5km 두께일 것으로 추정하고 있다.

라트로브 계곡의 석탄은 부분 분해된 식물 잔해를 포함해서, 방대한 양의 매우 미세한 식물 잔해물로 이루어져 있다. 과거에 엄청난 양의 식물 잔존물들이 축적되어, 그러한 거대한 석탄 퇴적층을 만든 것이 분명하다.

석탄은 어떻게 그곳에 있게 되었는가?

어떻게 그렇게 엄청난 양의 식물이 한 장소에 모일 수 있었을까?

오늘날 생존해 있는 어떤 사람도 그러한 과정을 목격한 사람은 없다. 과학자들이 할 수 있는 것이라곤 일어났음직한 일을 추정하고 그럴 듯한 설명을 만들어내는 일뿐이다.

성경을 믿는 사람들에게, 그렇게 엄청난 양으로 매장된 식물의 존재는 쉽게 설명된다. 그것은 노아 홍수로 인한 대격변과 일치하기 때문이다. 대홍수는 홍수 이전의 생태계를 완전히 파괴했고, 거대한 양의 모래와 진흙으로 그것을 덮어버렸다.

그러나 성경을 믿지 않는 지질학자들은 다른 철학에 기반을 두고 설명하고 있다. 그들은 오늘날 일어나고 있는 일을 근거로 증거들을 설명하는 우를 범하고 있는 것이다. 전 지구적 홍수는 단 한 번 있었고, 성경에 의하면 그것은 대략 4,500여 년 전에 일어났다. 이것은 오늘날 관측될 수 없기 때문에, 지질학자들은 그러한 대홍수가 과거에 일어났었다는 것을 사실로 받아들이지 않는다. 그래서 그들은 수백만 년에 걸친 느리고 점진적인 과정으로 이 모든 것들을 설명하려고 한다.

갈탄 퇴적층에 대해서 그들은 식물들이 이상적인 기후 조건과 지질 환경을 가진 늪지에서 토탄으로 축적되었다고 말한다. 그 늪지는 해안 근처의 범람원에서 생겼고, 서서히 침강해서 결국 바다에 의해 침수되었다고 말한다.

늪지 이론에 반하는 증거들

그러나 다음의 증거들은 갈탄 퇴적층이 토탄 늪이나, 어떤 늪지에서 쌓인 것이 아니라는 것을 가리키고 있다.

첫째, 식물이 늪지에서 자라서 축적되었다면 석탄 아래에 있어야 하는 토양의 흔적이 발견되지 않는다. 대신 석탄은 두꺼운 점토층 위에 놓여 있고, 그 점토층과 석탄층 사이에는 칼날과 같은 날카로운 접촉면이 있을 뿐이다. 그 점토는 최고급 도자기를 만드는 데에 사용될 수도 있을 정도로 순도가 매우 높다. 그리고 그 점토층에는 어떤 식물의 뿌리도 통과한 흔적이 없다. 그리고 석탄층을 수평으로 가로지르는 무수히 많은 뚜렷한 화산재 층이 있다. 만약 식물이 늪지에서 자랐다면, 이러한 뚜렷한 화산재 층은 거기에 없었을 것이다. 화산이 폭발한 다음, 화산재 성분들은 늪지 식물에 의해 흙으로 바뀌어져 없어졌어야 했기 때문이다.

토양만 없는 것이 아니라, 석탄에서 발견되는 식물들은 오늘날 늪지에서 자라는 종들이 아니다. 그것은 주로 강우량이 많은 산악 지대에서 발견되는 식물 종들이다. 석탄에 있는 여러 식물 종들과 가장 잘 일치하는 식물 종들은 뉴기니아 섬 서쪽에 있는 해발고도 1,200~2,200m 정도의 산에 분포하고 있다. 이와 유사한 식물들은 또한 호주, 말레이시아, 뉴칼레도니아, 뉴질랜드에 있는 산에서 자라고 있다. 그 석탄을 구성하고 있는 식물 종들은 늪지나 범람원 지대에서 자라지 않는 것들이다.

석탄에는 큰 나무 가지들이 부러져 일정하지 않은 방향으로 분포되어 있는 것이 발견된다. 늪지 이론을 주장하는 사람들조차 어떻게 그렇게 큰 나무들이 '그토록 부드러우며 유기적인' 토양 안에 뿌리를 내리고 자랄 수 있었는지, 그리고 어떻게 그 뿌리가 물속에서 숨을 쉴 수 있었는지 궁금해 하고 있다. 이러한 큰 나무 가지들은 수천 수만 년 동안 늪지에서 천천히 축적되었다는 것과 일치하지 않는다. 오히려 격렬하고 빠른 물에 의한 수송을 가리키고 있다.

석탄층 내에는 화분이 풍부한 지층이 0.5m 두께까지 있다. 흐르는 물이 식물들을 구성 요소에 따라 분류했을 것이기 때문에, 화분은 물에 의해 씻겨 왔다는 생각이 적절하다. 그렇게 거대한 화분 함유층이 오랜 세월에 걸쳐 해안가 옆의 늪지에 점차적으로 축적되었을 것이라는 생각은 말이 안 된다. 그렇다면 건초열(꽃가루로 인한 질환)을 발생시킬 만한 지독히 나쁜 계절이 계속되었어야 할 것이다.

갈탄이 탈 때는 거의 재가 남지 않는다. 이들로부터 만들어지는 재는 1.5~5% 정도로, 이는 전형적인 토탄에 있는 3~18%보다도 낮은 수치이다. 재가 많지 않다는 것은 식물이 수만 년 동안 늪지에 있었던 것이 아니라, 물에 의해 이동되고 씻겨졌다는 것과 일치한다.

믿을 수 없는 이야기

대규모 물에 의해서 수송되었다는 신빙성 있는 증거들이 있음에도 불구하고, 지질학자들이 석탄이 늪지에서 생성되었다고 생각하는 이유는 무엇일까? 간단히 말해서, 대규모 물에 의해서 막대한 양의 식물들이 수송되고 식물이 썩기 전에 빠르게 묻혔다는 것은 전 지구적인 대홍수를 인정하는 일이며, 이것은 퇴적지층의 형성에 관한 느리고 점진적인 동일과정설과 지질주상도를 폐기시키는 일이고, 진화하는 데에 필요한 수억 수천만 년이라는 장구한 시간은 허구로 만드는 일이기 때문이다.

따라서 철학적으로 동일과정설을 따르는 지질학자들은 격변적인 홍수물에 의한 식물들의 수송을 믿을 수 없는 것이다. 그래서 늪지 이론을 고수하지만, 많은 문제점들을 가지고 있는 것이다. 식물이 풍요롭게 성장할 수 있는 환경이 분명 필요하다. 하지만 식물의 성장 한 가지만으로는 충분하지 않다. 그들은 식물이 충분히 축적되어 쌓일 때까지, 수천 수만 년 동안 보존될 수 있는 메커니즘을 찾아내야만 했다. 분해(부패)를 방지하기 위해서는 산소가 차단되어야 한다. 그리고 늪지에서는 정체된 물이 필요하다. 이러한 곳이 오늘날 식물이 축적될 수 있는 유일한 장소이다. 다른 모든 환경에서는 식물이 생산되는 만큼 빠르게 분해된다.

　그러나 어떻게 그렇게 두꺼운 토탄이 늪지에 쌓일 수 있었는가? 매우 정확한 지질학적 조건이 만족되어야 하는데, 즉 그 늪지는 천천히 가라앉아야 하고, 정확히 같은 속도로 식물이 축적되어야만 한다. 만약 너무 빨리 가라앉으면, 식물은 물에 잠겨 성장이 멈추어버렸을 것이다. 만약 너무 천천히 가라앉았다면, 유기체 잔해물들은 물위로 떠올라 썩어버렸을 것이다. 그리고 이렇게 정확한 지질학적 조건들은 수천 수만 년 동안 요구되어야 한다. 따라서 지질학적으로 두꺼운 갈탄층이 늪지에서 축적되었다는 생각은 극도로 터무니없는 생각이다.

　늪지 모델은 석탄층의 두께를 설명하는 데 문제가 있을 뿐만 아니라, 어떻게 식물이 그렇게 넓은 지역에 걸쳐 쌓일 수 있었는지를 설명하는 데에도 어려움이 있다. 라트로브 계곡의 석탄 매장지는 거대한 면적의 육지를 덮고 있을 뿐 아니라, 바다 밑의 대륙붕까지 수백 km에 걸쳐 넓게 펼쳐져 있다. 정말로 배스 해협 아래에 있는 원유는 이 석탄 침전물이 지구 내부에서 데워지고 난 후에 추출된 것이다. 심지어 오늘날까지도 기름은 바다 밑에서 계속해서 만들어지고 있다. 늪지와 식물 축적을 만든 정확한 환경학적, 지질학적인 조건들이 어떻게 그렇게 넓은 지역에 걸쳐 그렇게 장구한 긴 시간동안 지속될 수 있었겠는가? 오늘날 그러한 광범위한 지역에 걸친 토탄 늪지를 볼 수 없다. 오히려 적은 토탄만이 비교적 작고 고립된 늪지에 쌓일 뿐이다.

어떤 사람들이 믿고 있는 것과는 다르게, 석탄이나 석유가 만들어지는 데 수백만 년의 세월이 걸리지 않는다. 일단 석탄 형성의 필요 조건을 이해하고 나면, 노아의 홍수 이후 4,500여 년이라는 시간은 파묻힌 식물들을 모두 갈탄으로 변화시키는 데 충분한 시간이다.

노아 홍수 기간에 퇴적됨

깁스랜드 분지의 위치는 그것이 노아 홍수의 두 번째 시기(물이 빠지는 시기)의 초기 퇴적물로 채워졌다는 것을 말해 준다. 물이 물러가면서 대륙 가장자리에 퇴적물이 쌓였을 것이다. 석탄을 만들 물질들이 퇴적된 후에, 그들은 광범위하게 진행된 습곡을 만들었던 조륙운동에 의해 수평적으로 압축되었다. 흥미롭게도, 퇴적층이 습곡되는 동안, 그 습곡의 정상 부분은 잘려져 나갔는데, 이는 후퇴하는 홍수물에 의해 침식이 일어났을 가능성과 일치한다.

빠르게 흐르는 물에 의한 계속된 침식은 깁스랜드 분지의 북쪽 고지까지 침식을 일으켰고, 그 석탄 매장지를 모래와 자갈로 덮었다. 마침내, 현재의 강물에 의한 부분적 침식이 지금은 석탄광산으로 되어 있는 현재 지표면과 가깝게 있는 두꺼운 석탄층의 일부를 드러냈다. 땅이 마른 뒤, 홍수물이 빠지면서 지표면에 남겨져 흩어져 있던 식물더미에서 새로운 식물들이 새로 자라났다. 따라서 오늘날 호주에 있는 식물 종들은 홍수의 마지막 시기동안 묻혔던 석탄 속 식물들과 유사한 것이다.

만약 우리에게 노아의 홍수를 상기시켜줄 수 있는 지질학적 현상이 있다면, 그것은 석탄이다. 석탄은 전 지구적 격변이 있었음을 가리키고 있다. 왜냐하면 전 세계에 걸쳐 거대한 양의 식물들이 뿌리가 뽑히고, 이동하여, 엄청난 부피의 퇴적물에 의해 묻혔기 때문이다. 석탄은 노아 홍수의 명백한 기념물이고, 성경의 신뢰성에 대한 증거가 되고 있는 것이다.

⟨Tas Walker, http://www.creation.or.kr/library/itemview.asp?no=937⟩

지구의 석탄 매장량은 한 번의 홍수로는 만들어질 수 없는 양인가?

일부 지질학자는 비록 지구상의 식물 모두가 갑자기 석탄으로 바뀐다 할지라도, 지구상에 매장되어 있는 석탄의 단지 1~3% 정도일 것이라고 주장한다. 그러므로 알려진 석탄층을 만들기 위해서는 적어도 33번의 노아의 홍수가 필요하다는 것이다. 그러므로 한 번의 노아 홍수는 석탄 형성의 원인이 될 수 없다는 것이다.

이 주장은 오늘날 육지에서 자라는 식물들의 부피에 대한 평가에 기초하고 있다. 그러나 이 주장은 1m의 석탄층을 형성하는 데에 적어도 식물 12m가 필요하다는 것을 당연하다고 생각하기 때문이다. 최근의 연구들은 석탄층 1m의 형성에 식물 2m 미만의 식물이 필요한 것으로 보고되고 있다. 광산에서 일하는 석탄 지질학자들의 관측에 의하면 압축 비율은

2:1보다 적은 1:1에 가까운 것으로 제안되고 있다. 이러한 관찰은 한 번의 노아 홍수로 석탄층들이 만들어질 수 없다는 주장을 반박하고 있다. 왜냐하면 오늘날의 식물의 부피는 석탄 매장량의 1~3%가 아니라, 적어도 30%에 해당되기 때문이다. 그러면 다른 60%는 어디에서 왔는가?

두 가지의 다른 요인이 여기에 관련되어 있다. 오늘날 육상식물의 총량에 대한 진화론자들의 주장은 오늘날 육지 표면의 60%가 사막과 식물이 드문 땅으로 되어 있다는 사실을 무시했다. 덧붙여서 남극 대륙의 광대한 얼음층 밑에는 두꺼운 석탄층을 포함하는 지층들이 있다. 따라서 남극 대륙의 석탄층이 보여주는 것과 같이 오늘날의 육지 표면 모두가 무성한 식물들로 뒤덮였다면, 그리고 성경의 기록처럼 궁창 위의 물에 의해 전 지구적으로 아열대 기후하에 있었다면, 육지 식물의 부피는 알려진 석탄 매장량의 적어도 50%에 해당되는 부피를 충분히 더 생산할 수 있었을 것이다. 그러면 나머지 10%는 무엇과 관련이 있을까?

이 모두는 식물들이 성장할 수 있는 육지의 표면적이 홍수 이전과 오늘이 같았다는 것을 가정하고 있다. 그러나 이 가정은 정확하지 않다. 창 1:9~10절에 하나님이 창조주간의 셋째 날에 하신 일이 기록되어 있다. 그때 하나님은 물들을 한 곳으로 모으시고, 마른 육지가 드러나게 하셨다. 하나님은 물들을 바다라고 칭하셨는데, 한 장소에 모여 있었다. 성경에서 사용된 표현은 지구표면에 '바다'보다 육지가 더 많았을 가능성을 의미하고 있다. 이것은 아마도 오늘날의 육지면적과 비교하여 홍수 이전에는 식물이 성장할 수 있는 육지 면적이 적어도 2배는 되었을 것으로 보인다(즉 오늘날은 육지가 30%, 바다가 70%이지만, 홍수 이전에는 육지면적이 60%, 바다면적이 40% 정도). 만약 이러한 광대한 육지 면적에 식물들이 무성하게 자랐었다면, 알려진 석탄매장량의 100%가 설명될 수 있다.

〈Andrew Snelling, http://www.creation.or.kr/library/itemview.asp?no=685〉

석탄은 실험실에서
단지 수개월 안에 만들어진다

　석탄화 작용에 있어서 가장 중요한 요인이 온도라는 것은 잘 알려진 사실이다. 온도가 높을수록 석탄화 작용 정도, 또는 석탄 등급 정도가 높아진다. 시간의 길이는 그리 중요하지 않다. 압력은 사실상 화학반응을 약간 둔화시킨다. 놀랍게도, 100~150℃ 정도의 다소 따뜻한 온도이면 기름과 가스를 방출하고 저등급의 석탄을 생산하기에 충분하다. 이것은 실험실에서 증명되었다. 예를 들어, 아르곤 국립 연구소의 보고에 따르면 밀봉 용기에서 150℃까지 데워진 리그닌(목재의 주성분), 물, 산성 점토는 단 2개월에서 8개월 사이에 갈탄을 만들어냈다. 400℃까지 가는 더 높은 온도는 매우 높은 탄소 함량을 가지는 최고의 변형물질인 검은 무연탄의 적외선 스펙트럼을 띤 물질을 생산해냈다.

〈Tas Walker, http://www.creation.or.kr/library/itemview.asp?no=932〉

05 석탄 속의 작은 바다벌레들은 노아 홍수를 증거한다

석탄이 어떻게 형성되었는가에 대한 두 가지 이론이 있다. 하나는 늪지(swamp) 또는 이탄습지에서 식물들이 느리고 점진적으로 축적되어 형성되었다는 이론이고, 다른 하나는 홍수시에 물에 의해서 이동되어온 식물들이 빠르게 파묻히면서 형성되었다는 이론이다.

자연스럽게 두 번째 이론은 성경적 창조와 대홍수 모델을 지지하는 반면에, 모든 것들이 수억 수천만 년에 걸쳐서 느리고 천천히 일어났다는 동일과정설을 믿고 있는 대다수 사람들에게는 너무도 불편한 이론이다.

이 글에서는 석탄의 기원에 대한 이들 동일과정설/진화론 믿음과 모순되는 수많은 증거들 중에서 단지 하나만을 기술하겠다. 그러나 이 글의 주요 목적은 기원에 관한 모든 영역에서 증거들에 대한 진화론적 해석을 순진하게 받아들였던 사람들에게 사고의 전환이 일어날 수 있기를 희망하며, 그러한 모순되는 증거가 어떻게 다뤄지고 있는지를 보여주고자 한다.

석탄에서 발견되는 서관충은 어떤 벌레인가?

소위 석탄기 탄층에서 발견되고 있는 흔한 화석들 중 하나는 스피로비스(Spirorbis) 속의 서관충(tubeworm)이라는 벌레 화석이다. 이 벌레는 자신의 몸체를 보호하기 위한 단단한 관을 가지고 있다. 그리고 오늘날의 대양에도 널리 퍼져 있다. 대개 직경이 2mm도 안 되는 이 작은 벌레는 대양에서 산호, 조개, 떠다니는 해초 덤불에 부착될 수 있다.

자 이제 석탄층에 바다생물인 이들 화석 서관충들이 막대한 수로 들어 있다는 사실에 대해서 진화론자들은 어떻게 말하고 있는가? 이러한 사실은 석탄의 형성에 대한 홍수 모델과 잘 일치한다. 즉 홍수 동안 떠다니던 식물 매트 등에 서관충들이 부착되었고, 이들 떠다니던 식물들은 얼마 후 가라앉아 서관충들과 함께 퇴적물 속에 파묻혔던 것이다. 그러나 진화론적인 석탄의 늪지형성 이론은 이 증거를 어떻게 설명하고 있을까? 기억해야 할 것은 진화 모델에서 제안하고 있는 늪지의 대부분은 바닷물이 아니라 민물 늪지라는 것이다.

이 질문에 대한 그들의 대답을 살펴보기 전에 스피로비스가 바다생물이라는 확실한 증거들을 살펴보자. 오늘날 민물에서는 어떠한 살아 있는 스피로비스도 발견되지 않을 뿐만 아니라, 스피로비스가 속하고 있는 Surpulidae 과 전체 중에서도 민물에 사는 것은 발견되지 않는다. 또한 스피로비스 화석들은 석탄 외에서도 발견된다. 사실 그들은 오르도비스기로부터 모든 지질학적 지층들에서 풍부히 발견되고 있다. 그들이 지층들에서 발견될 때, 매우 자주 바다생물 화석들과 함께 발견된다.

이러한 증거에도 불구하고

그러면 이제 화석 기록에서 스피로비스는 어떻게 해석되고 있을까? 놀라지 말라! 오늘날 바다생물 화석이 석탄에서 발견될 때에는 예외가 되는 것이다! 바다에서 발견되는 것과 똑같은 서관충 화석이 오랫동안 담수성 서관충으로 분류되어 왔던 것이다. 이것은 위에서 나열한 모든 증거들에도 불구하고 내려지는 결정인 것이다. 이러한 엉뚱한 결정을 내리고 있는 이유는, 오직 느리고 점진적인 동일과정 설적 석탄형성 이론을 지지하기 위한 것 외에는 아무런 이유가 없다.

베드로 사도는 베드로후서 3장에서, 말세에 하늘과 땅이 하나님의 말씀으로 된 것과 노아의 날에 있었던 하나님의 심판을 일부러 잊으려는 자들이 나타날 것임을 기록해 놓고 있다. 그들은 동일과정설에 기초하여 만물이 그냥 있다고 주장하면서, 심판주로 다시 오시는 주의 강림을 조롱할 것이라고 하였다.

석탄층에서 발견되는 스피로비스 화석을 일부러 틀리게 해석하는 사례는 하나님의 말씀보다 진화론적 과학자들의 해석을 신뢰하는 것이 얼마나 어리석은지를 보여주는 또 하나의 사례가 되고 있는 것이다.

⟨Carl Wieland, http://www.creation.or.kr/library/itemview.asp?no=3596⟩

석탄층에서 발견된 상어 화석 :
석탄의 늪지 형성 이론을 거부하는 또 하나의 증거

미국 켄터키주 서부에 있는 한 석탄 광산의 지붕을 수리하던 광부 제이라이트는 아직도 이빨들이 붙어있는 46cm 길이의 상어 턱뼈 화석 조각을 발견했다. 한 라디오방송은 "광산에서 작은 화석들과 바다조개 화석들은 볼 수 있었지만, 이와 같은 고대의 상어뼈를 본 적은 없었다고 라이트는 말했다"고 보도했다.

표준 교과서 이야기에 의하면, 석탄층은 식물 잔해들이 수백만 년 동안 고대 늪지의 바닥에 형성된 토탄지에서 축적되어 만들어졌다. 그러나 그와 같은 설명이 사실이라면, 어떻게 바다에 사는 거대한 상어가 늪지에서 발견될 수 있는 것일까? 표준 석탄 형성 시나리오에 의하면, 설명할 수 없는 많은 수수께끼들이 존재하게 된다. 예를 들면, 오늘날의 토탄늪지는 식물 뿌리들에 의해서 완전히 관통당해 있다. 그러나 석탄층에는 이들 뿌리들의 흔적이 없다. 그리고 오늘날의 늪지 토탄에는 바다조개들이 포함되어 있지 않다!

지질학자인 스티븐 오스틴이 석탄 형성에 관해 제안한 시나리오에 의하면, 한 대격변적 홍수가 전 세계의 고대 숲들을 파괴했고, 식물들과 동물들의 잔해를 낮은 지역으로 운송했다는 것이다. 그리고 이어진 일련의 쓰나미 같은 파도들이 식물 잔해들 위로 퇴적물들을 운반했다는 것이다.

이러한 시나리오는 비교적 최근에 발생한 한 지질학적 사건에 의해에 설득력이 있음이 입증되었다. 1980년 세인트 헬렌산의 폭발시에 산 아래에 있던 스피릿 호수의 바닥에는 나무껍질들이 주를 이루는 토탄층이 형성되었다. 이것은 식물 물질들이 석탄층과 유사한 층을 이루며 빠르게 축적될 수 있음을 보여주었다. 만약 스피릿 호수가 배수되었다면, 그리고 뜨거운 진흙흐름(이류)이 토탄층을 덮었다면, 생겨났을 석탄은 퇴적층에서 발견되는 석탄들과 다르게 보이지 않았을 것이다(VI. 02. '세인트 헬렌 산의 폭발로 밝혀진 사실들' 참조).

세계에서 가장 큰 한 연속적인 펜실바니아기 석탄층은 라이트가 상어 턱뼈를 발견했던 켄터키 서부에서부터 인디애나, 일리노이, 미주리, 남부 아이오와, 캔자스, 켄터키, 북동 오클라호마로 확장되어 있다. 그 엄청난 양의 식물 물질들을 운반하는 일은 전 지구적 규모의 대홍수 격변에서나 가능한 일인 것이다.

석탄층의 주요한 특징들(석탄층의 구성물, 분포, 확장범위 등)은 창세기에 기록된 바와 같은 전 지구적인 홍수와 관련된 엄청난 에너지에 의해서 잘 설명된다. 그리고 석탄 형성에 대한 국소적 늪지 모델보다 전 지구적 홍수 모델이 더 적합하다는 것은 석탄층에 묻혀 있는 상어 턱뼈와 같은 바다생물 화석이 증거하고 있다. 창세기 홍수 설명은 가장 좋은 해답이 되고 있는 것이다.

〈ICR News, 2011. 4. 19. http://www.creation.or.kr/library/itemview.asp?no=5037〉

○ ● ○

호박 속에서 바다 조류들이 발견되었다 :
나무 수액 안에 어떻게
바다생물들이 갇히게 되었는가?

고환경을 전문으로 하는 프랑스의 한 연구팀은 나무의 수액이 굳어져서 기원되었다고 생각하는 단단한 광물인 호박(amber) 안에서 바다 조류 (algae)들과 여러 바다생물들이 갇혀 있는 것을 발견했다. 호박은 자주 곤충들과 같은 극도로 상세한 화석들을 보존하고 있어서 유명하다.

PNAS(2008. 11. 11) 저널에 게재된 그들의 연구에서 저자들은, 호박은 바다가 아니라 숲에서 만들어지기 때문에 호박에는 바다생물들이 보존될 수 없는 것으로 추정됐었다고 쓰고 있었다. 지구는 수억 년 동안의 '느리고 점진적인' 지질학적 과정들에 의해서 형성되었다는 동일과정설을 신봉하고 있는 사람들은, 호박 속에 들어있는 화석들은 수백 수천만 년 전에 존재했던 육상의 숲에서 살던 생물들의 잔해로서 해석해왔다. 창조과학자들은 이 해석에 반대하는 많은 이유들을 제시해왔다. 이제 호박의 형성과 퇴적은 거대한 홍수와 관련된 사건을 가리키는 것처럼 보인다.

호박 퇴적의 여러 특징들을 고려해볼 때, 그리고 육상에서 자랐던 나무의 수액 물질에 바다 조류가 갇혀있다는 사실은 호박의 형성에 어떤 종류의 대대적이고 격변적인 홍수가 그 원인을 제공했던 것이 분명해 보인다. 그것은 성경에 기록된 노아의 홍수와 관련되어 일어난 사건이었을 것이다. 그때 바닷물은 해안가 경계를 넘어 숲으로 범람했다. 먼저 홍수물은 나무들을 부러뜨렸고, 부러진 목재들을 수송했고, 잔해들을 퇴적시켰다. 부러진 나무들은 과량의 수액들을 방출했을 것이고, 그것들은 근처에 있던 생물체들을 포획했고, 홍수 물의 바닥에서 호박으로 단단해졌다. 호박 안에 바다 조류들이 갇혀 있다는 사실은 대홍수에 근거한 해석이 옳다는 것을 최종적으로 확증하는 것이다.

〈ICR News, 2008. 11. 20. http://www.creation.or.kr/library/itemview.asp?no=4464〉

06 대홍수 이후
화산활동의 쇠퇴

"그가 땅을 보신즉 땅이 진동하며 산들을 만지신즉 연기가 나는도다"
(시 104: 32).

지질학자에게 "옐로스톤 국립공원은 어떤 공원입니까?"라고 묻는 다면 아마도 "옐로스톤은 초거대한 붕괴 화산체(collapsed volcano)입니다" 라는 답을 얻을 것이다. 이것은 현재 옐로스톤 국립공원 내의 방문자 센터에서 이제 새롭게 보편화된 이야기이다. 붕괴된 화산체의 크기와 규모가 너무나 커서, 이전 세대의 지질학자들은 옐로스톤의 지형을 형성한 과거의 폭발을 제대로 인지할 수 없었다. 위성사진과 상세한 지질도의 도움으로, 최근에 새로운 세대의 지질학자들은 이제는 칼데라로 해석되고 있는 타원형의 함몰지를 대략적으로 그려내었다. 이 붕괴된 크레이터 구조는 상상을 초월하는 엄청난 화산의 분출 후에 형성되었다. 그 거대한 구조는 75×45km이고, 국립공원 면적의 1/3을 차지하며, 정확하게는 '옐로스톤 칼데라'라고 불려진다. 대략 1,000km³의 유문암질 마그마가 폭발적으로 분출해서, 주변의 화산재 퇴적암이 형성되었다. 이 퇴적암은 그림에서 용암천

응회암이라고 불리는 것으로, 옐로스톤에서 일어난 화산 폭발의 엄청난 힘을 묵묵히 보여주고 있다.

옐로스톤 칼데라는 옐로스톤에서의 훨씬 더 큰 화산 붕괴 구조의 증거에 의해 가려져 있다. 지질학적 작용에 의해 현재 대부분 희미해진 크고 오래된 칼데라는 아일랜드 공원(동부 아이다호)으로부터 동쪽으로 적어도 100km가 넘는 중앙 옐로스톤까지 이르고 있다! 그림의 허클베리 응회암(a)이라고 불리는 폭발 부산물은 2,500km³의 엄청난 양의 마그마 분출로부터 형성되었다.

옐로스톤의 가장 큰 분출에서는 얼마나 많은 에너지가 수반되었을까? 마그마 양의 측정에 따르면 가장 커다란 옐로스톤 분출 에너지는 1980년 5월 18일에 있었던 세인트 헬렌 산의 9시간에 걸친 분출 에너지의 약 3,000배에 해당됨을 보여준다. 가장 거대한 옐로스톤 분출은 전 세계가 보유한 핵폭탄 에너지의 100배 이상이었다! 어느 누가 옐로스톤을 형성한 상상을 초월하는 막대한 크기와 힘의 화산분출을 정확하게 평가할 수 있겠는가? 이처럼 거대한 규모의 사건을 지켜보기 위한 안전한 거리는 아마도 우주 왕복선 궤도보다 더 높은 곳이어야 할 것이다!

과거에 다른 폭발적인 화산 분출이 있었다는 것은 몇몇 세계 최대의 칼데라들에 의해서 입증되고 있다. 대부분은 미국 서부에서 발견되었다.

· 콜로라도의 라 가리타 칼데라(3,000km³)
· 뉴멕시코의 에모리 칼데라(1,450~2,050km³)
· 뉴멕시코의 불삼 칼데라(1,400km³)
· 캘리포니아의 롱 벨리 칼데라(600km³)

· 오리건의 크레이터 레이크 칼데라(75km³)

　　지난 150년간 역사상 가장 컸던 화산분출은 수마트라의 크라카토
아(1883년) 화산폭발로 18km³의 마그마가 분출되었고, 직경 6km의
칼데라를 형성하였다. 미국 워싱톤 주의 세인트 헬렌산(1980. 5. 18)
은 칼데라는 없고 화구만 형성했으며, 1km³ 미만의 적은 마그마를
방출했다. 캘리포니아 매머드에서의 최근 지진활동은 롱 벨리 칼데
라 내의 깊은 곳에서 재분출 하려는 마그마 작용을 가리킬 수도 있으
나, 최근의 화산활동은 과거의 화산폭발(600km³의 비숍 응회암)에 필
적할 만한 마그마 양을 보여주지는 않는다. 따라서 고대 화산들은 오
늘날 화산폭발의 에너지나 힘에 비해 수백에서 수천 배로 분출했던
것이다.

　　과거 지구에서 발생했던 화산폭발의 역사적인 증거들을 바라보
는 두 가지 관점이 있다. 동일과정설적 지질학자들은 이러한 자료들
에 의해서, 현재 자신들의 경험 부족을 인정해야만 할 것이다. 그들

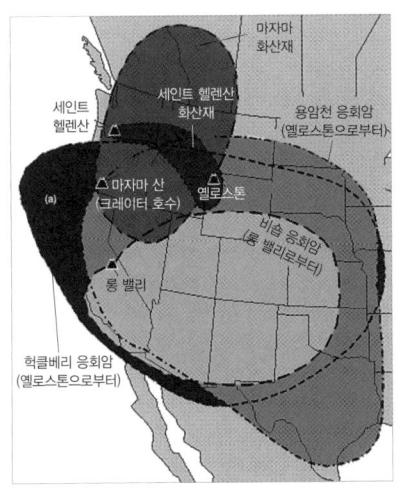

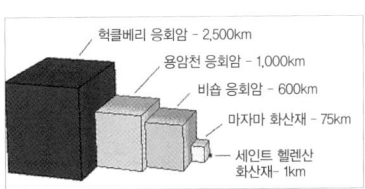

대홍수 이후의 폭발적인 화산분출이 시간에 지
남에 따라 쇠퇴되는 것을 보여준다. 왼쪽 그림
은 미국의 서부로, 시간이 지남에 따라 화산재
층의 넓이가 감소되고 있는 것을 보여주고 있
다. 오른쪽 그림은 시간이 지남에 따라 화산폭
발에 의한 생성물의 양이 감소되고 있음을 보여
주고 있다. 엄청난 지형 변화를 일으켰던 세인
트 헬렌산의 폭발도 과거에 일어났던 다른 화산
폭발들에 비하면 미미한 것이었다.

은 현세(Holocene)가 너무나 짧아 지구의 잠재적인 화산폭발을 나타 낼 수 없다고 말할 수도 있다. 또는 합리주의적 방법을 채택하여 미 래에는 훨씬 더 커다란 폭발이 계속해서 발생할 것이라는 예상 틀을 주장할지도 모른다. 한 철저한 동일과정설 지질학자는, 만약 충분한 시간이 주어진다면, 옐로스톤과 같은 폭발이 명백히 다시 일어날 것 이라고 말하고 있다.

하지만 격변론자들은 현재와 과거의 화산폭발 사이의 불일치는 설명될 필요가 있는 경험적 현상으로 보고 있다. 격변론적 틀은 자 료들과 일치되고 있으며, 동일과정설적 틀과 같은 불일치를 보여주 지 않고 있다. 대신, 격변론자는 먼 과거에 일어났던 화산폭발의 에 너지와 힘을 오늘날 소규모의 화산분출과 비교해 볼 때, 이것은 오 랜 기간에 걸친 화산폭발의 쇠퇴 경향을 가리키는 것으로 보고 있 다. 격변론자의 틀은 노아의 홍수라고 불리는 전 지구적 사건 동안, 또는 그 직후에 격렬한 화산활동과 판구조 운동이 일어났다고 생각 하는 것이다. 화산활동의 힘이 시간이 지남에 따라 쇠퇴되고 있는 것은 지질학적 기록에서 우리가 보아야만 하는 사실이라고 격변론 자들은 말하고 있다.

화산폭발의 역사에 대한 동일과정론자의 해석과 격변론자의 해 석을 시험해 볼 방법이 있는가? 모든 대륙의 용암류 지층 내에 나 타나 있는 비폭발적 화산 활동의 지질학적 기록으로 각각의 해석 틀을 비교해 볼 수 있을 것이다. 역사적으로 가장 큰 용암류는 아이슬란 드에서 발생했다. 그것은 아이슬란드에 있는 라키(1783년)에서 8개 월 동안이나 흘러 내렸다. 25km 길이의 균열을 따라 12.3km³의 현 무암질 용암이 2개의 하천 계곡을 흘러 565km²의 지역을 뒤덮었다. 역사적으로 해저 화산의 폭발들은 잘 이해되지 않지만, 최근의 해저

용암류들은 이전의 역사적 기록을 능가하는 부피나 속도를 가진 것으로 보이진 않는다. 하지만 고대의 지층들은 상당히 큰 용암의 흐름이 있었음을 보여주고 있다. 워싱턴, 오리건, 아이다호의 콜럼비아강 현무암 층군(중신세)의 가장 커다란 용암류 층은 3,000km³에 달하는 부피를 가지고 있는 것으로 밝혀졌다. 더 많은 양의 용암류가 시베리아 트랩(시베리아의 퉁구스카 지역), 데칸 트랩(인도), 카루(남아프리카), 뉴알크 누층군(미국 북동부) 내에 존재할지도 모른다. 따라서 고대 용암류 화산의 에너지는 오늘날 용암류 화산의 에너지와 비교하면 1,000배를 초과하는 것처럼 보인다. 다시 말해, 이러한 증거는 노아 홍수 이후의 화산활동의 힘이 시간이 지남에 따라 쇠퇴하고 있다는 격변론적 해석과 일치하는 것이다.

⟨Steven A. Austin, http://www.creation.or.kr/library/itemview.asp?no=2168⟩

마그마의 빠른 상승에 관한 새로운 연구 :
거대한 용암 대지는 빠르게 만들어질 수 있었다

인도의 데칸 트랩(50만km²에 이르는 광대한 용암대지), 특히 시베리안 트랩에는 지구 표면 근처에 막대한 양의 용암이 쌓여 있다. 이들 용암은 수백만 년에 걸쳐 형성되었다고 많은 지질학자들은 가정해 왔다. 그러나 이러한 가정을 시험한 최근의 연구들은 그 반대였음을 보여주고 있었다. 즉, 마그마는 매우 깊은 곳으로부터 빠르게 이동했다는 것이다.

2000년 Science 지에 실린 한 논문은 후에 표면 암석으로 굳어버린 마그마는 시속 14.4km로 흘렀다고 계산했다. 마그마는 깊이 묻혀 있는 녹아 있는 형태로 시작했고, 지구 표면에 도달하기 전까지 대륙 지각 96km를 관통하면서 파이프를 통해 상승했다. 마그마는 지구 깊은 곳에서부터 여행하면서, 다이아몬드 등을 포함한 여러 광물들을 운반했다. 계산된 속도보다 마그마가 느리게 상승했다면, 깊이에 따른 열과 압력은 다이아몬드를 흑연으로 바꾸었을 것이다.

2007년에 지질학자인 앤드류 스넬링에 의해서 재검토된 연구는 마그마가 급속히 상승했음을 재확인했다. 그리고 충분히 커다란 파이프들을 통해 빠른 속도로 상승했고, 지구 표면에 거의 대륙 크기의 용암 대지들은 수백만 년이 아니라, 단지 수백 년 안에 형성될 수 있었다는 것이다.

그러나 어떻게 마그마가 그러한 빠르기로 올라올 수 있었을까? 최근에 지질학자들은 마그마의 행동에 대한 새로운 실험 데이터들을 기초로 한 모델을 제시했다. 2012년 Nature 지에 발표한 보고에서, 연구팀은 땅속 깊은 곳에 있던 물질들이 어떻게 표면으로 빠르게 올라올 수 있었는지를 설명했다. 그들은 "이 메커니즘이 마그마의 지속적이고 가속화된 상승을 가능하게 했다"라고 썼다.

그들의 모델에 의하면, 탄소가 풍부한 마그마가 실리콘을 함유한 물질과 혼합됐을 때, 지각 암석을 구성하는 휘석 광물처럼, 실리콘은 마그마의 탄소 함량 용해도를 낮춘다. 이 과정은 녹아 있는 용암으로부터 이산화탄소 가스를 배출시킨다. 마그마가 상승 도중에 실리콘을 함유한 지각 물질들과 혼합되면서 상승하는 마그마는 지속적으로 이산화탄소 가스를 방출하여, 마그마의 상승을 이끄는 추진력을 제공받았다는 것이다.

그래서 이제 지질학자들은 화산 마그마가 빠르게 대륙 지각을 통해 급속도로 상승했을 뿐만 아니라, 어떻게 그런 일이 일어났었는지를 설명할 수 있는 설득력 있는 메커니즘을 가지게 되었다.

〈ICR News, 2012. 2. 8. http://www.creation.or.kr/library/itemview.asp?no=5301〉

07 빙하기를 초래한 노아의 홍수

노아 시대의 대홍수는 지구 역사상 가장 커다란 대격변이었다. 그리고 그 홍수는 단지 비만 내린 것이 아닌 훨씬 많은 사건들을 동반하고 있었다. 지구의 표면은 새로운 모습으로 완전히 바뀌어졌고, 오늘날과는 비교도 되지 않는 엄청난 화산폭발들과 지진들이 일어났다. 그러한 엄청난 대격변은 지구의 기후를 근본적으로 바꾸어버렸고, 빙하기(Ice Age)를 초래했다.

일반적으로 '빙하기'라는 용어는 비교적 넓은 지역이 얼음으로 뒤덮인 광범위한 빙하 활동의 시기를 가리킨다. 수천 년 전에 끝난 빙하기 동안에, 지구 지표면의 30%는 얼음으로 뒤덮였었다. 북아메리

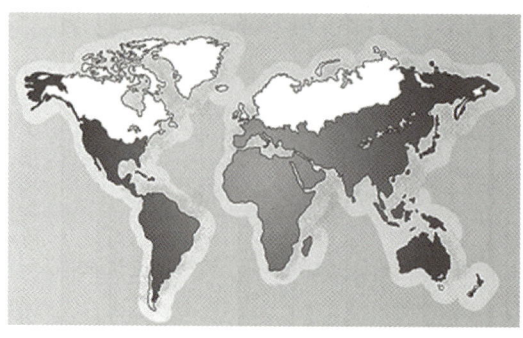

빙하기 동안의 빙하 분포도. 빙하기 동안에 지구 육지표면의 거의 30%는 얼음으로 뒤덮여 있었다(하얀색). 오늘날에는 단지 10% 정도만이 얼음으로 덮여 있다.

측퇴석 측퇴석은 움직인 빙하의 측면에 퇴적된 다양한 크기의 암석들의 더미이다. 우리는 빙하기 동안에 빙하들의 확장 범위를 알 수 있다. 왜냐하면 위의 사진에서와 같이 빙하들은 오늘날의 빙하들 주변에서 관측되는 것과 유사한 모습들을 지형에 남겨 놓았기 때문이다.

카에서 한 빙상은 거의 캐나다 전체와 미국 북부 지방을 뒤덮고 있었다.

우리는 빙하기에 빙하들의 확장 범위를 알고 있다. 왜냐하면 빙하들은 오늘날 빙하들 주변에서 관측되는 것과 유사한 모습들을, 가령 측퇴석과 종퇴석 같은 것들을 지형에다 남겨 놓았기 때문이다. 측퇴석은 움직인 빙하의 측면에 퇴적된 다양한 크기의 암석들의 더미이다. 그리고 종퇴석 또는 단퇴석은 빙하의 앞쪽에 내버려진 암석들의 더미이다.

빙하기의 원인 대홍수

노아 홍수의 특별한 2가지 상황은 빙하기를 초래하는 데에 원인이 되었다. 그것은 1)홍수 동안과 홍수 이후의 대대적인 화산활동과 2)홍수에 뒤이은 따뜻한 대양이었다.

'큰 깊음의 샘들'의 터짐과 결과로 초래된 전 지구적 홍수는 지각의 융기와 엄청난 화산활동을 유발했을 것이다. 화산재와 연무질(매우 작은 입자들)의 덮개는 성층권 안으로까지 던져졌을 것이고, 홍수

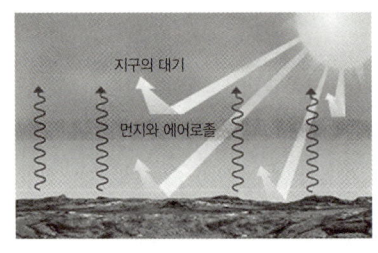

대기 중 햇빛의 반사 전 지구적인 홍수는 엄청난 화산활동을 유발했을 것이다. 그 결과로서, 화산재와 연무질의 덮개는 성층권 안으로까지 퍼져나갔을 것이고, 홍수 이후 수 년 동안 그곳에 존재했을 것이다. 이 입자들은 햇빛의 일부를 우주로 반사하였고, 대륙에 추운 여름을 초래했을 것이다.

이후 수 년 동안 그곳에 갇혀 있었을 것이다. 이 입자들은 햇빛의 일부를 우주로 반사했고, 주로 커다란 땅덩어리(대륙)들에서 추운 여름들의 원인이 되었을 것이다.

대규모의 화산활동은 홍수 후 여러 해 동안 계속되었을 것이고, 마그마들이 굳어지고 지각 이동이 줄어들면서 점차적으로 줄어들었을 것이다. 빙하기 동안에도 매우 활발한 화산활동이 있었다는 풍부한 증거들이 있다. 이것은 성층권에 먼지와 연무질을 재보충했을 것이다. 그린란드와 남극대륙으로부터 채취된 빙핵(ice cores)들 또한 빙하기와 관련된 부분에서 풍부한 화산성 입자들과 산성물질을 보여주고 있다.

또한 빙하기는 눈으로 떨어질 엄청난 양의 물을 대기 중에 요구한다. 그러나 대기 중에 포화될 엄청난 양의 물은 어디에서 올 수 있었는가? 창세기는 홍수 동안에 큰 깊음의 샘들이 터졌다고 기록하고 있다(창 7:11). 지구 지각의 이동은 깊고 뜨거운 저장소로부터 고압의 유출물을 분출시켰을 것이다. 그리고 거대한 화산분출과 물 아래에서 분출되는 용암은 대양의 온도를 상승시켰을 것이다. 빠른 홍수물의 흐름은 따뜻한 물들을 혼합시켰을 것이고, 그 흐름은 남극에서부터 북극까지 유도되었을 것이다. 따뜻한 물의 바다에서 얼음의 형성은 방해되었을 것이다. 결과적으로 따뜻한 대양은 오늘날의 차가운 대양보다 훨씬 많은 증발을 일으켰을 것이다. 그러한 상황하에서 많은 눈들이 극지방과 중위도의 지역에 내렸을 것이다. 따뜻한 물과 차가운 대류은 강력하고 지속적인 눈폭풍을 만드는 기본 요소이다. 눈폭풍의 행동은 기본적인 기상 원리를 사용하여 평가될 수 있다.

빠른 빙하기

대기과학에서 알고 있는 것에 기초하여, 따뜻한 물이 증발했을 곳과 얼음의 깊이는 얼마나 됐을지, 그리고 심지어 빙하기는 얼마나 오래 지속되었을 것인지를 평가해볼 수 있다. 이 질문에 대답하기 위해서, 우리는 얼마나 오랫동안 화산활동이 지속되었는지를 알 필요가 있다. 그리고 대양이 냉각되기까지 얼마의 시간이 걸렸을 것인지를 알 필요가 있다. 일단 화산폭발이 감소되고 대양이 식으면, 빙상들은 성장하는 것을 멈출 것이고, 녹기 시작했을 것이다.

빙하기의 최정점에서 북반구의 대부분을 덮었던 얼음의 평균 두께는 대략 700m로 계산되었다. 그리고 그 깊이에 도달하는 데에 대략 500년쯤 걸렸던 것으로 산출되었다. 이 근사치는 따뜻한 중위도의 바다와 차가운 고위도의 바다에서의 증발, 그리고 저위도로부터 고위도로의 수송을 포함하여 수증기의 출처를 평가함으로써 계산된 것이다. 대양의 냉각은 2/3가 물의 증발에 의해서 일어난다. 최초와 한계치의 평균 대양온도를 평가함으로써, 또한 증발량이 평가될 수 있었다. 그 다음에 빙상 위에 떨어졌을 수증기의 대략적인 비율이 계산되었다. 변동 폭들에 대한 최소값 최대값들이 사용되었고, 그 중앙치를 가장 좋은 수치로 평가하였다.

만약 빙상 후퇴(가장자리에서 1년에 10m, 그러나 안쪽에서는 더 느린)에 관한 용융 방정식을 적용한다면, 초거대한 대류빙상도 (축적의 정점 후에) 200년 안에 녹아 없어지는 것으로 계산되었다. 물론 그린란드와 남극대륙에서 빙하들은 그들의 고도와 고위도 때문에 성장을 계속할 수도 있다. 따라서 빙하기의 전체 기간은 단지 700년(500년의 축적과 200년의 해빙) 정도가 최대였을 것이다.

홍수는 오래된 연대의 도전을 해결해 준다

대륙들, 퇴적지층들, 기후에 대한 전 지구적 홍수의 영향에 관해 알고 있는 것에 기초하여, 빙하기는 진화론이 말하고 있는 수십 수백만 년의 시간을 필요로 하지 않는다는 것은 분명하다. 더군다나 과거 250만 년 동안 30번 정도의 분리된 빙하기들이 있었다는, 그리고 가장 최근의 빙하기는 10만 년 동안 지속됐었고, 그 이전 빙하기는 4만 년 지속됐었다는 현대의 복잡한 진화론적 생각을 받아들일 필요가 전혀 없는 것이다. 대신에, 홍수에 대한 성경적 역사에서 출발하여, 그리고 성경적 조망으로 그 증거들을 바라봄으로써, 우리는 빙하기가 어떻게 시작되었고, 얼마나 지속되었는지 등에 대한 답을 쉽게 찾을 수 있는 것이다.

⟨Michael Oard, http://www.creation.or.kr/library/itemview.asp?no=4535⟩

빙하기는 화산폭발을 동반한
거대한 홍수 후에 초래되었을 가능성이 높다.

빙하기(Ice age)는 육지에 엄청난 양의 얼음층이 만들어진 시기이며, 얼음층은 눈이 극지방에 과도하게 축적된 후 무게에 의해 다져질 때 만들어진다. 오늘날 육지표면의 10%를 차지하는 얼음층은 과거에는 30% 정도 차지했었으며, 엄청난 양의 물을 저장하는 역할을 하여 해수면을 약 120m 정도 낮추는 역할을 했을 것으로 추정하고 있다. 사람들은 4번에서 60번까지의 빙하기가 있었으며, 각각은 오랜 기간 지속됐고, 광대한 시간에 의해 나누어진다고 말하여 왔으나, 빙하기가 여러 번 있었다는 증거들은 희박하다.

많은 과학자들은 한 번의 빙하기를 믿었으나, 빙하에 의해 만들어지지 않은 퇴적층에 의해서 분리된 빙력토 층이 1~4개 또는 그 이상 발견됨으로써 당황하게 되었다. 몇몇 사람들은 심해 코어에서 산소동위원소 변동(oxygen isotope fluctuations)에 기초하여 신생대 말에 30회 이상의 빙하기가 있다고 하였으나, 대양에서의 결과는 많은 문제점들을 가지고 있었으며, 대륙에서의 4번의 빙하기와 일치하지 않았다. 4번의 빙하기는 알프스의 사력층 단구로부터 확립되어, 토양층위학에 의해서 더욱 지지를 받았는데, 추후 계속적인 연구에 의하면 알프스의 단구들은 기후의 변화 때문이 아니라, 반복된 구조적 융기 사이클의 결과라는 것이 밝혀졌으며, 빙력토 사이의 '간빙기 토양'은 표면에 유기 지평층을 잃어버려, 이것이 실제 토양인지의 의문이 제기되었고, 오늘날 토양형성률은 알려져 있지 않으며, 온난화, 습도, 시간 등과 같은 요소들에 의존하기 때문에 여러 번의 빙하기가 있었다는 주장은 증거들이 부족한 것으로 의견이 모아졌으며, 오히려 한 번의 빙하기가 있었다는 주장들이 다시 강력히 주장되고 있다.

많은 얼음이 형성되기 위해서는 강설량이 많아야 하며, 내린 눈이 적게 녹아야 한다. 또한 너무 춥다면 공기는 많은 습도를 가질 수 없으며, 결국 많은 강설을 유발할 수 없다. 많은 강설을 위해서는 많은 증발이 필요한데, 이것은 따뜻한 바다일 때 쉽게 일어날 수 있다. 또한 많은 강설을 위해서는 극지방에 춥지 않은 겨울이 필요하며, 바다에서 증발된 습기가 대륙까지 이동될 수 있는 기후상태가 필요하다. 그리고 내린 눈이 녹지 않고 수 년 동안 축적될 수 있도록 추운 여름이 필요하다. 모든 사람들은 이러한 상태가 빙하기의 원인이 되었을 것이라는 데는 동의한다. 이러한 상태가 어떻게 발생할 수 있었을까? 동일과정설에 의하면 과거도 오늘날과 동일하였으므로 이러한 빙하기의 조건들과 모순된다. 그러나 창조과학자들은 노아의 홍수를 빙하기의 열쇠로 생각하고 있는 것이다.

홍수 전의 지구 기후는 전체가 온난한 아열대 기후였을 가능성이 크고, 홍수동안 많은 해저 화산활동으로 인해 바닷물은 덥혀져, 홍수가 끝났을 즈음 바다는 오늘날보다 따뜻했을 것이다. 이러한 따뜻한 바다는 습기를 대기 중으로 지속적으로 발생시킴으로서 따뜻하고 축축한 겨울을 만들었을 것이다. 더군다나 홍수말기에 육지의 표면은 매끈한 진흙 펄과 같아서 태양열을 흡수하지 않고 상당부분을 반사시켜 버림으로써 육지의 온도는 바다에 비해 매우 낮았을 것이며, 이러한 바다와 육지간의 상당한 온도차와 극지방의 냉각은 강력하고 지속적인 폭풍을 유발하여, 바다에서 증발된 습기를 극지방까지 운반했을 것이다. 또한 홍수기간에 분출된 화산재들은 대기 중에서 태양열을 반사시켜 추운 여름을 유발했을 것이다.

많은 증발, 따뜻한 겨울, 강력한 폭풍, 추운 여름의 결과는 무엇일까? 그것은 빙하기였던 것이다. 따뜻했던 바다가 식어지고, 화산활동이 감소되며, 식물들이 육지를 덮기 시작하면서 빙하기는 사라졌다. 이 기간은 홍수가 끝난 후 천년보다 적은 기간이었을 것으로 추정하고 있다.

08 과거 북극 지방은 따뜻했었다

2006년 북극해의 대양바닥 아래로 뚫은 시추공에서 놀라운 발견이 있었다. 바닥 아래 430m 지점 부근에서 발굴된 화석들에 의하면, 해저는 한때 섭씨 23℃의 따뜻한 온도였다는 것이다! 오늘날 북극해 아래의 온도는 0℃ 전후이다. 그 발견은 모든 대양들이 적어도 한때 '효신세/시신세 최대 온도(PETM)'라고 불려지는 따뜻한 시기가 있었다는 것을 가리키며, 전 지구적으로 따뜻한 상태였음을 나타내는 것이다. 심해 신생대 기록과 빙핵의 분석에 의해서 얻어진 산소동위원소 자료에 의한 그러한 놀랍도록 따뜻했던 온도는, 비록 그 기간의 길이는 의심스럽지만, 많은 과학자들을 놀라게 하고 있었다. 그러나 이것은 한 번의 전 지구적인 홍수를 포함하는 젊은 지구 창조론자들의 역사적 시간 틀과 매우 잘 들어맞는다.

따뜻한 대양은 몇몇 결과들을 초래했을 것이 예상된다. 따뜻한 물은 많은 증발을 일으켰을 것이고, 많은 강우를 기록했을 것이며, 세계는 매우 습했을 것이다. 얼마나 축축했을까? ICR 연구는 전 지구적으로 바다 표면 온도가 30℃ 정도였다면, 지역적으로 시간당 200mm 이상의 비가 지속적으로 강하했을 것으로 예측했다. 엄청난 강수량은 극지방에서도 있었을 것이고, 그곳에서는 눈이 되어 폭설로 내렸을 것이다. 눈은 얼음으로 다져지고, 얼음은 빙하들이 되어서 움직였을 것이다. 만일 PETM이 대홍수 직후의 기간에 해당한다면, 대홍수에 뒤이은 빙하기는 이치에 맞는다.

두 번째로, 따뜻한 대양은 엄청나게 강력한 태풍들을 만들었을 것이다. 전 지구적으로 표면 온도를 37℃로 가정한 컴퓨터 시뮬레이션에 의하면, 직경 수백 마일의 사이클론들이 단지 낮은 위도에서만이 아니라 광범위한 지역을 가로지르며 생겨났다. '하이퍼케인'으로 불리는, 이들 초특급 태풍들은 300mph의 수평적인 바람과, 100mph의 수직적인 바람을 발생시키고, 시간당 250mm 이상의 강우를 동반하는 것으로 예상되었다. 극지방으로 빠르게 돌진된 습기를 가진 전선이 수십도 온도가 떨어지는 상태를 만들었을 것을 상상하는 것은 어렵지 않다. 북극 지방에서 살이 얼려진 매머드들의 발견은 최근까지 냉동학적 미스터리였다. 비록 그 미스터리가 풀리지 않고 있지만, 더 신뢰할 수 있는 대답이 이제 가능해졌다. 사람이 결코 경험하지 못했던 그러한 상황은 비교적 최근 과거에 발생했었다는 것은 명백해 보인다.

단지 20~30년 전만 해도, 대양의 온도가 30℃ 정도였을지도 모른다는, 그래서 대홍수 이후 단축된 빙하기(비교적 짧은 기간 동안의)가 도래했을 것이라는 제안은 터무니없는 생각으로 간주됐었다. 그러나 오늘날은 아니다. 빙하기의 기간이 얼마였는지, 대홍수 종료와 최대 빙하생성 시점 사이의 시간 간격은 얼마였는지 등과 같은 많은 사항들은 미래의 연구에서 밝혀질 것이다. 성경적 지구 역사에 근거한 전 지구적 대홍수 모델은 매우 적합해 보인다.

〈William Hoesch, http://www.creation.or.kr/library/itemview.asp?no=3772〉

극지방에서 발견되는 공룡 화석들

내셔널 지오그래픽(2004. 3. 29) 뉴스는 남극, 북극 지방에서 발견되었던 공룡 화석들에 대한 새로운 전시를 보도하고 있었다 이 이상한 생물체들은 혹한의 추위에서도 생존했을 뿐만 아니라, 1년 중 어두운 밤이 6개월이나 지속되는 극지방에서 살았었다는 것이다. 탐험가들은 1980년대 이후 극지방에서 공룡의 뼈들을 발견하기 위해서 호주 남부, 캐나다 북부, 파타고니아, 알래스카, 남극대륙 등을 탐사해 왔다. 발견된 공룡 화석으로는 용각류, 세렌디파케라톱스, 크리올로포사우루스 외에도 작고, 빠르며, 두 발로 달리는 초식공룡인 힙솔로포돈티드가 있다. 이 초식공룡은 겨울에 무엇을 먹고 살았을까?

전 세계에 걸쳐 많은 미스터리들이 있다. 화석들은 과거의 매우 다른 세계에 대한 말없는 증거를 제공해주고 있는 것이다. 공룡 화석들은 과거 극지방은 무성한 숲이 있었으며, 오늘날의 동식물보다 훨씬 크고 다양한 동식물들이 풍부한 생태계를 이루고 있었음이 틀림없음을 가리키고 있다.

〈CEH. 2004. 3. 29. http://www.creation.or.kr/library/itemview.asp?no=1921〉

09 잃어버린 비행중대 : 극지방의 얼음층은 단기간에 형성될 수 있다

1942년 7월 15일 그린란드의 비밀 미국 공군기지에서 6대의 '번개' 전투기와 2대의 거대한 '나는 요새' 폭격기가 이른 새벽을 가르고 이륙했다. 그들은 히틀러와의 전쟁에 참여하기 위해 영국의 공군기지로 향하고 있었다. 북극의 만년설 위를 동쪽으로 향해 가면서 그들은 커다란 눈보라와 부닥쳤다. 기지로 돌아갈 연료가 부족했던 그들은 그린란드 동쪽해안의 얼음위에 비상 착륙했고, 9일 후에 개썰매에 의해 모든 승무원들은 무사히 구조되었다. 그러나 비행기들은 착륙 장소에서 미끌어져 내려가 포기해야만 했다.

수십 년이 흐르고 소수의 사람들만 1942년에 잃어버린 비행중대의 전설을 기억하게 되었다. 그러나 1980년에 비행기를 찾아와야 한다고 생각한 사람이 나타났다. 그는 미국의 비행기 상인인 패트릭 엡스와 그의 친구인 리처드 테일러였다. 그들은 "그 비행기들은 새것과 같을 거야. 우리가 단지 해야 할 것은 날개에 쌓인 눈을 삽으로 치우기만 하면 된다구. 연료를 가지고 가 가득 채운 후 석양의 하늘로 이륙만 하면 되는 것이지"라고 말했다. 그 일은 아무것도 아니었다.

두 사람은 수 차례의 탐사 실패 후, 1988년 레이더 탐지장치를 사용하여 얼음 아래 여덟 개의 큰 모양들이 위치하는 것을 찾아냈다. 임시방편의 작은 증기 호스로 얼음에 구멍을 내기 시작했다. 바라보던 사람들은 말문이 막혀버렸다. 호스는 계속 연장되어 첫 번째 비행기에 도착하기 전에 75m가 소요되었다. 발견자들 중 누구도 비행기가 이렇게 깊이 묻혀있으리라고는 생각하지 못했다. 그 비행기들은 왜 이렇게 깊이 묻혔을까? 그것은 빙하의 생성에 수천 수만 년이 걸렸다는 일반적인 생각 때문이었다.

엡스와 테일러는 50년보다도 짧은 기간에 쌓인 놀라운 두께의 얼음층을 파내거나 폭발시킨다는 것은 불가능하다는 것을 깨달았다. 1992년 5월 장비를 가지고 다시 돌아온 그들은 끈질긴 노력으로 P-38 동체를 표면으로 끌어낼 수가 있었다. P-38의 조각들은 헬리콥터에 의해 그린란드 항구로 옮겨졌고, 마지막 원상복구를 위해 배에 실려 미국으로 수송되었다. 비행기는 눈으로 볼 때 상상했던 것보다 훨씬 무게에 의해 부서져 실제 많은 손상을 입고 있었다. 그러나 다시 조립한다면 원래부품의 80% 정도는 사용할 수 있을 정도였다. 흥미롭게도 얼음 아래 비행기는 빙하의 흐름에 의해 착륙지점으로부터 4.8km 정도 움직여 있는 것을 제외하고, 착륙할 때와 정확히 똑같은 패턴으로 놓여 있었다.

진화론자들과 오랜 연대를 믿는 사람들은 "현재는 과거를 알 수 있는 열쇠"라고 말한다. 1990년 그린란드의 3,000m의 두께의 얼음은 이와 같은 축적 속도라면 단지 2,000년 정도의 축적에 불과한 량이다. 아래 눈층에 압력이 증가되면서 압축되었겠지만(이것은 전 지구적 홍수의 필연적인 여파로 발생된 것으로 수 세기 동안 엄청난 강우와 강설에 의해서 일어났다), 오늘날과 같이 비격변적 상황에서 만들어진 얼음량을 고려할 때, 노아의 홍수 이후 4,000년 정도의 시간이면 충분히 만들어질 수 있는 양인 것이다.

성경적인 6일 창조(젊은 지구)에 반대하는 말들은 대개 사실적 증거에 근거한 것들이 아니라, 문화적 습관 때문이다. 우리는 '수백만 년'이라는 용어를 주위에서 너무도 자주 볼 수 있기 때문에, 무의식적으로 모든 자연현상들을 오랜 세월에 걸쳐 진행된 것으로 잘못 인식하고 있다. 1980년 5월 18일에 분출한 세인트 헬렌산이 수 개월 안에 120m의 퇴적지층을 만들었다는 것을 들을 때, 또는 값비싼 오팔이 수 개월 안에 만들어진다는 것을 들을 때, 나무의 단순한 가열에 의해서 석탄이 28일 안에 만들어진다는 것을 들을 때, 또한 1911년 남극탐험가 아문젠이 설치한 깃발, 텐트, 썰매 등은 지금은 얼음 아래 12m에 묻혀 있다는 소식을 들을 때, 그리고 잃어버린 비행중대가 깊이 묻혀 있다는 소식을 들을 때, 많은 사람들은 놀라는 것이다. 그러나 우리는 오래된 지구 개념에서 예상한 것보다 매우 빠르게 많은 일들이 실제로 진행되는 것을 볼 때 놀라지 않는다. 왜냐하면 시편 119편 160절에 "주의 말씀의 강령은 진리이오니 주의 의로운 모든 규례들은 영원하리이다"라고 기록되어 있기 때문이다.

〈Carl Wieland, http://www.creation.or.kr/library/itemview.asp?no=281〉

급속히 질주했던 빙하들

"거의 감지할 수 없을 정도로 느리게 움직이는 빙하들의 작용으로 거대한 산들이 파여졌다." 이러한 설명은 이삼십 년 전만 해도 모든 대학 강단에서 가르쳐지고 있었다. 오늘날 느리게 움직이는 빙하들이 점진적으로 암석들을 침식한다는 것은 사실이다. 그리고 빙하들이 지구의 많은 아름다운 경관을 만들어 놓았다는 것도 사실이다. 그러나 이들 빙하들이 항상 느린 속도로 이동했을까? 요세미티 계곡과 같은 놀라운 경관을 만들었던 빙하해일(빙하의 속도가 빨라지면서 갑자기 밀려 내리는 것)이 시간에 관하여 우리에게 말해주고 있는 것은 무엇일까?

흥미로운 것은 세계 도처에서 빙하로 가득 채워진 계곡들이 발견되곤 한다는 것이다. 빙하들은 대개 하루에 수 cm의 속도로 움직이는 것으로 알려져 있지만, 소수의 빙하들은 하루에 112m 까지나 이동하는(해일 또는 질주로 알려져 있는 이동) 것이 있다. 지질학적으로 빙하의 질주에 의해서 단 하루 만에 이루어진 침식이 느린 속도로 이루어진 1년 동안의 침식보다 훨씬 강력할 수 있었다.

이와 같은 빙하들의 이상행동은 간혹 정상적인 인간의 활동을 위협하곤 한다. 예를 들어, 최근에 중앙아시아의 최대 계곡 빙하인 페첸코 빙하가 질주했을 때, 여러 마을의 거주자들은 그들의 집이 돌진하는 얼음 덩어리에 의해서 부서져 나가는 것을 그냥 지켜보아야만 했다. 그리고 파키스탄의 쿠티아 빙하는 1953년에 3달 정도의 기간 동안에 12km 이상을 전진했다.

질주하는 빙하들에 대한 목격자들의 설명에 의하면, 빙하해일은 빙하의 윗쪽 꼭대기에서 시작하여 파도가 되어 계곡 아래를 밀어내었다는 것이다. 부서지기 쉬운 빙하의 위쪽 표면은 맹렬하게 구부러지면서, 빙하는 엄청난 소음을 발생시켰다. 몇몇 사람들은 천지를 진동하는 우르릉 콰광하는 엄청난 소리로 기술하고 있었고, 몇몇 사람들은 지진이 일어나는 소리로 착각했다.

과거에 엄청난 크기의 얼음들의 질주가 있었다는 증거들이 존재한다. 북대서양의 깊은 심해코어들은 노아 홍수 후 빙하기 동안에 매우 불규칙한 빙하기록을 나타내고 있다. 규칙적이고 꾸준한 침전물의 퇴적보다 오히려 증거들은 갑자기 축적된 빙산운반쇄설물의 커다란 맥동을 가리키고 있다.

지구역사의 모든 영역에서처럼, 빙하지질학에서도 '극히 드문 사건'에 의한 침식이, 일상적이고 점진적인 과정들에 의해서 만들어진 침식보다 훨씬 주요한 침식들을 일으켰었다는 사실이 점점 분명해져가고 있다.

〈William A. Hoesch, http://www.creation.or.kr/library/itemview.asp?no=4116〉

10 대규모의 해빙

봄철에 알래스카의 강둑이 터져나가는 장면을 목격했던 사람에게 한번 물어보라. 그러면 당신은 많은 양의 얼음들이 결코 평온하게 녹지 않는다는 것을 배우게 될 것이다. 수천 피트 두께의 만년설이 한때 북미 대륙의 북쪽 대부분을 뒤덮고 있었다는 것을 숙고해 보라. 그 얼음들이 녹을 때, 무슨 일이 일어났었겠는가? 노아홍수 이후 이러한 전 세계적인 해빙에 의한 홍수의 역할은 지질학적 격변설에서 가장 적게 말해지고 있는 분야 중 하나이다. 명백히 지구의 지형들은 동일과정설적 과정들로 형성되지 않았다. 몇 가지 예들을 살펴보자.

빙하기가 끝날 즈음에, 미국 몬태나 주에는 코딜레란 빙상의 한 덩어리 뒤쪽으로 미졸라 빙하 호수가 해수면 1,280m 높이로 가두어져서 자리잡고 있었다. 워싱턴 주는 이 호수와 태평양 사이에 위치하고 있었다. 이 얼음 댐이 무너졌을 때, 수백 미터 깊이의 엄청난 물이 가공할 속력으로 뉴저지 주의 2배나 되는 지역을 휩쓸고 지나갔다. 물은 현무암질의 기반암석들을 파내어서 이제는 말라버린 거대한 수로들(쿨리라고 불려짐)을 만들었고, 100m 높이 이상의 자갈/

거력 사주들을 퇴적해 놓았으며, 나이아가라 폭포를 왜소하게 만드는 마른 폭포들을 남겨 놓았다(VI. 01. '미졸라 홍수를 입증한 하렌 브레츠' 참조).

아시아 중부 지역에 있었던 알타이 홍수는 오늘날 그 지역의 주요한 지형들을 만들었던 하나의 중요한 사건으로 인정되고 있다. 그 홍수도 또한 빙하기가 끝나는 시점에 발생했다. 츄야 강에 연결된 두 개의 호수들을 가로막고 있던 얼음 댐은 붕괴되었고, 미졸라 호수 크기의 홍수를 일으켰다. 이것은 물의 흐름에 의한 거대한 물결 무늬들, 쿨리와 같은 수로들, 전 지역에 모난 지괴들(어떤 것은 긴 축이 20m나 됨)을 남겨놓았다. 초당 100만m³의 크기로 이루어진 배수는 남서쪽으로 흘러, 지중해로 들어가기 전에 아랄해, 카스피해, 흑해의 분지들을 덮쳐버렸다. 빙하기 지질학의 많은 부분들이 격변론적 용어들로 다시 쓰여지고 있는 중이다.

북아메리카의 로렌타이드 빙상이 있던 지역에는 이 얼음들의 해빙으로 인한 여러 개의 호수들이 빙상을 따라 있었다. 이 호수들은 오늘날 미국 5대호의 수량에 7배까지 이르는 수량을 가지고 있었다. 일련의 격변적인 홍수들로 인한 범람으로 그들은 초기에는 남쪽으로 배수됐었다. 그 홍수들은 빙퇴구들, 빙퇴석들, 그리고 다른 침식 흔적들을 만들었는데, 이것은 한때 빙하에 의해서 직접 만들어졌다고 생각됐었다. 온타리오 주 부르스 반도에 있는 직경 2m의 거력들은 이들 홍수의 일부에 의해서 운반된 것이다. 마지막으로 가장 컸던 홍수는 북쪽으로 배수되어서 래브라도해(북대서양)로 들어갔다. 이것은 아마도 전 지구적 기후와 해양 화학에 지대한 영향을 미쳤을 것이다.

'현대 지질학의 아버지'라고 불리는 찰스 라이엘은 1841년 나이아

가라 폭포를 방문했다. 그는 폭포가 약 11km의 협곡들(나이아가라 강이 흐르는) 위쪽에 있다는 것을 관측했다. 그리고 그것은 빙하기가 끝난 이후에 형성됐다고 추론했다. 조사와 질문을 통하여, 그는 폭포가 뒤로 물러가는 율이 1년에 90cm 정도라는 것이 최선의 평가임을 발견했다. 그러나 그 비율은 라이엘의 목적을 이룰 수 없게 하는 것이었다. 그래서 그는 그 침식율을 1년에 30cm였다고 발표했고, 그 협곡의 나이를 35,000년이라고 주장했다.

사실 라이엘은 자신 스스로가 동일과정설을 거부했던 것이다. 오늘날의 지질학자들은 동일과정설적 평가로 1년당 90cm의 율로 후퇴되는 것으로 되돌아갔다. 그리고 계곡의 나이는 12,000년 정도인 것으로 알려져 있다. 그러나 나이아가라 강이 항상 일정한 양의 물을 배수한 것이 아니라, 과거에 엄청난 홍수들을 경험했다면, 침식률은 과거에 훨씬 더 컸을 것이다. 나이아가라 폭포가 있는 지역에서도 대규모의 해빙이 일어났었음에 틀림없다. 홍수 이후 빙하기를 포함하여, 성경적 연대기는 이러한 사실들과 적합하다.

⟨William Hoesch, http://www.creation.or.kr/library/itemview.asp?no=3737⟩

빙하는 지질학적 시간으로
한 순간에 녹을 수 있다

많은 지질학적 과정들은 전통적인 생각보다 훨씬 더 빠른 속도로 일어날 수 있다. 예를 들어, 주류 과학에 의하면 석탄, 다이아몬드, 석유 등의 생성에 장구한 세월이 걸렸을 것으로 믿고 있다. 그러나 사실 그것들은 1년도 안 되는 기간 내에 형성될 수 있다. 적절한 상황하에서 퇴적지층들과 화석들은 단지 며칠 또는 몇 달 정도면 만들어질 수 있다. 그리고 광범위한 지각 판들의 움직임도 1년도 안 되는 기간 동안에 일어날 수 있었다.

이제 빙하들의 빠른 용융도 이 목록에 추가될 수 있게 되었다. 버팔로대학의 지질학자인 제이슨 브리너는 어떤 빙하들은 "속도와 위치에 있어서 급격한 변동을 나타내고 있음"을 발견했다. 브리너와 그의 연구팀의 평가는 북아메리카 빙상에서 빠져나간 한 피오르드(fjord)에서 채취된 암석 시료에 기초하였다. 브리너는 언론 보도에서 "거대한 빙하의 후퇴가 아마도 수백 년도 되지 않은, 지질학적 시간으로 한 순간에 발생했다"고 말했다.

가장 최근의 빙하기는 2만~5천 년 전 사이에 용융을 경험했다는 표준 진화론적 이야기와 이러한 빙하들의 빠른 용융은 대조된다. 진화 빙하학자들은 어떤 암석 부스러기들이 쌓여 있는 패턴들을 수천 년 이상에 걸친 빙하들의 용융과 재성장을 가리키는 것으로서 해석하고 있다. 창조과학자들은 그것과 똑같은 모습을 매년 일어난 빙하들의 용융과 후퇴로서 해석하고 있다. 만약 빙하들이 빠르게 녹을 수 있다면, 창조론적 설명은 진화론적 설명보다 가능성이 더 높은 것이 된다.

브리너의 관찰은 창조론적 빙하기 연구를 확증해주고 있다. 성경적 역사로부터 대략 4500년 전에 시작된 한 번의 빙하기가 있었다는, 그리고 그 빙하기는 단지 수백 년 정도 지속되었다는 것은 가장 합리적인 추론으로 보인다. 어떤 면에서 빙하들의 커다란 용융이 빠른 시간 내에 발생할 수 있었다면 빙하들의 형성도 빠른 시간 내에 일어났을 가능성이 높다. 그러므로 수천 년이라는 시간은 관측 데이터로부터 생겨난 것이 아니라, 지구 연대는 오래되었을 것이라는 가정으로부터 생겨난 것이다.

　적절한 조건하에서, 석탄, 석유, 이암 등이 빠르게 형성될 수 있다는 사실과, 빙하들이 빠르게 녹는다는 관측 사실은 창조 모델을 지지해주고 있는 것이다.

〈ICR News, 2009. 7. 15. http://www.creation.or.kr/library/itemview.asp?no=4681〉

11 세계 곳곳의 홍수 전설들

전 세계의 거의 모든 지역에서, 원주민들의 역사나 전설에 전 지구적인 홍수 이야기가 기록되어 있다. 오래 전의 선교사들은 오지의 종족들이 성경의 홍수 이야기와 놀라울 정도로 비슷한 전설을 이미 가지고 있는 것을 발견하고 그 놀라움을 보고했었다. 벨라미는 「달과 신화 그리고 사람」이라는 책에서, 전 세계적으로 500여 개의 홍수 전설들이 있다고 추정했다. 중국, 바빌로니아, 웨일즈, 러시아, 인도, 미국, 하와이, 스칸디나비아, 수마트라, 페루, 폴리네시아 등과 같은 고대 문명들은 모두 대홍수에 관한 그들의 이야기를 가지고 있었다.

이러한 홍수 이야기들에는 종종 다가올 홍수에 대한 경고, 사전에 배를 만드는 것, 동물들을 싣는 일, 가족들을 모음, 물이 감퇴된 정도를 알아보기 위해 새를 보내는 것 등과 같이 성경적 내용과 일치하는 공통된 요소들이 있다. 대홍수에 관한 일관된 견해가 지리적으로 서로 멀리 떨어져 있는 지역들에서부터 압도적으로 나온다는 것은, 그것들이 모두 같은 기원에서 나왔다는 것을 암시한다. 그러나 시간이 지나면서 구두로 전해졌을 세부 내용들은 조금씩 바뀌어졌다.

아마도 전 지구적 홍수에 관한 두 번째로 중요한 역사적 증거는 길가메쉬 서사시에 나오는 바빌로니아의 홍수 이야기에서 발견될 수 있다. 성경의 내용과 바빌로니아의 내용이 비교되었을 때 많은 현저한 유사성들이 발견되었고, 그것은 이들 이야기가 같은 사건에 기원을 두었거나, 같이 구두로 전승되어 온 것임에 의심의 여지가 없었다.

남서 탄자니아　옛날에 강에서 홍수가 시작되었다. 신이 두 사람에게 배에 오르라고 하셨다. 그분께서는 많은 씨앗들과 많은 동물들을 실으라고 하셨다. 홍수물은 마침내 산을 덮었고, 결국 홍수가 그쳤다. 그리고 한 남자가 물이 다 말랐는지 알아보기 위해 비둘기를 날려 보냈다. 비둘기는 돌아왔다. 다음에 매를 보냈는데, 매는 돌아오지 않았다. 그러자 그 남자는 동물들과 씨를 가지고 배에서 나왔다.

중국　'히킹(Hihking)'이라 불리는 중국 고전은 대홍수로부터 살아난 '후히 가족(The family of Fuhi)'에 대한 이야기를 하고 있다. 이 고대 이야기는 산과 모든 것을 포함한 전 대륙이 홍수에 잠겼으나, 배를 탄 한 가족만이 생존했다고 전하고 있다. 중국인들은 이 사람을 그들 문명의 아버지라고 생각한다. 이 기록은 후히, 그의 아내, 세 명의 아들, 그리고 세 명의 딸들이 대홍수로부터 살아난 유일한 사람들이었다고 말하고 있다. 후히와 그의 가족은 지구상에서 살아난 유일한 가족이고, 세상에 다시 퍼졌다고 이야기하고 있다.

바빌로니아　길가메쉬는 우트나피쉬팀(Utnapishtim)이라는 노인을 만났다. 그는 길가메쉬에게 다음의 이야기를 전해주었다. 신은 우트나피쉬팀에게 와서 다가올 끔찍한 홍수에 대해 경고했다. 그들은 우트나피쉬팀에게 집을 부수고 커다란 배를 지을 것을 지시했다. 배는 120 규빗의 높이와 넓이와 길이로 만들어졌다. 우트나피쉬팀은 배에 역청을 발랐다. 그는 모든 종류의 동물 암수, 그의 아내, 그의 가족, 그리고 식량을 배에 실었다. 배가 완성되었을 때, 비가 갑자기 오기 시작했고, 비는 6일 밤낮을 왔다. 마침내 모든 것이 고요해졌으며, 배는 나시르산에 정착했다. 배가 7일을 쉰 다음 우트나피쉬팀은 비둘기를 내보냈다. 땅이 마르지 않아서 비둘기가 돌아왔고, 다음번에 제비를 보냈을 때 또한 돌아왔다. 그리고 나서 까마귀를 보냈을 때 땅이 말라서 돌아오지 않았다. 그러자 우트나피쉬팀은 배를 떠났다.

칼데아(바빌로니아 남부)　시수트루스(Xisuthrus)라는 이름의 남자가 있었다. 크로노스 신은 시수트루스에게 다가올 홍수에 대해 경고하고 배를 준비할 것을 지시했다. 시수트루스는 이 배에 그의 가족, 친구들, 각 동물의 암수 두 마리씩을 태웠다. 홍수가 왔다. 물이 물러가기 시작했을 때, 그는 몇몇 새들을 풀었다. 새들이 돌아왔고, 그는 새들의 발에 진흙이 묻어있는 것을 보았다. 그는 다시 시도했지만 똑같은 결과를 얻었다. 세 번째로 시도했을 때, 새는 돌아오지 않았다. 그는 물이 다 말랐다고 생각하고, 사람들을 배로부터 나가게 했고, 신들에게 희생제물을 드렸다.

인도　옛날에 마누(Manu)라는 이름의 사람이 살았다. 어느 날 마누는 몸을 씻는 동안, 큰 물고기의 턱에서 작은 물고기를 구해줬다. 물고기가 마누에게 "내가 다 자랄 때까지 나를 돌보아주면, 내가 끔찍한 재앙이 올 때 구해 줄께요"라고 말했다. 마누는 어떤 종류의 끔찍한 재앙이냐고 물었다. 물고기는 마누에게 대홍수가 올 것이고, 그것이 지구상의 모든 것을 파멸시킬 것이라고 이야기했다. 물고기는 마누에게 보호를 위한 점토 항아리에 자신을 넣어 달라고 했다. 물고기는 자랐고 항아리에서 나왔다. 마침내 그 물고기는 세상에서 가장 큰 물고기 중의 하나인 가샤(ghasha)가 되었다. 물고기는 마누에게 대홍수가 곧 일어날 것이므로 큰 배를 지으라고 말했다. 비가 오기 시작하자, 마누는 큰 끈으로 배를 가샤에게 묶었다. 물고기는 물이 증가하자, 그 배를 안내했다. 전 지구가 물로 덮였다. 물이 감퇴하기 시작하자, 가샤는 배를 산꼭대기로 인도했다.

그리스 옛날에 아마 황금시대가 끝나기 전에 인간들은 자만하기 시작했다. 점점 악해지자 제우스가 화가 났다. 마침내 제우스는 모든 인간을 멸하려 결심했다. 그렇게 하기 전에 인간의 창조자인 프로메테우스는 그의 인간 아들 듀칼리온과 그의 아내 피라에게 경고했다. 프로메테우스는 그 후에 거대한 나무상자에 이 커플을 실었다. 비가 오기 시작했고, 전 세계가 홍수에 잠길 때까지 9일 밤낮 동안 계속되었다. 파르나소스 산과 올림푸스 산의 꼭대기만이 물에 잠기지 않았다. 올림푸스 산은 신들의 고향이었다. 나무상자는 파르나소스 산에 정박했고, 듀칼리온과 그의 아내 피라는 밖으로 나왔고, 모든 세계가 물에 잠긴 것을 보았다. 홍수물이 감퇴될 때까지, 그들은 상자에 있는 식량으로 살았다. 제우스의 지시에 따라 그들은 지구에 재분포하였다.

멕시코 톨텍(Toltec) 원주민들은 최초의 창조가 1716년 동안 지속되다가, 한 번의 홍수로 멸망했으며, 유일하게 한 가족만이 살아

남았다는 전설을 가지고 있다.

아즈텍   타피(Tapi)라는 한 남자가 오래 전에 살았다. 타피는 매우 경건한 사람이었다. 창조주는 타피에게 그가 살아갈 수 있는 배를 지으라고 말했다. 창조주는 그에게 부인과 각 동물의 한 쌍씩을 배에 태울 것을 말했다. 주위의 모든 사람들은 그가 미쳤다고 생각했다. 그리고 비가 내리기 시작했고, 홍수가 시작되었다. 사람들과 동물들은 산 위로 올라가려고 시도했다. 그러나 산들도 마찬가지로 홍수로 잠겨버렸다. 마침내 비가 멈췄다. 타피는 비둘기를 내어 보냈을 때 돌아오지 않자, 물이 말랐음을 알았다.

미국   오지브웨(Ojibwe) 원주민들은 대략 AD 1400년 이래로 미국 미네소타에 살아왔던 종족으로, 성경의 내용과 매우 비슷한 창조와 홍수 이야기를 가지고 있었다.

> "협력하는 삶들이 지속되지 않는 시기가 도래했다. 남자와 여자들은 서로 존경하지 않았다. 가족들은 다퉜고, 곧 마을은 자기의 주장을 내세우며 분쟁이 일어났다. 이것은 창조주인 기치마니도를 매우 슬프게 했다. 그러나 그는 기다렸다. 마침내 더 이상의 희망이 보이지 않게 되자, 창조주는 물을 사용하여 땅을 정화시키기로 결정했다. 물이 일어났고, 세상은 홍수로 덮여서, 모든 창조물들을 쓸어버렸다. 그러나 소수의 생물체들이 살아 남았다."

그리고 어떻게 웨이나부주가 물속에서 여러 동물들과 함께 통나무 위에서 떠다니며 살아남았는지를 말하고 있다.

델라웨어 인디안   태고의 시대에 세계는 평화로웠다. 그러나 악한 영이 들어왔고, 거대한 홍수의 원인이 되었다. 땅은 물에 잠겼다. 소수의 사람들만이 거북이의 등에서 피할 수 있었다. 시간이 지나면서 거북이의 등껍질에 이끼가 끼게 되었다. 한 마리 아비새가 머리 위로 날아왔다. 그리고 물속으로 뛰어들어 땅으로 올라가라고 간청했다. 바다는 깊이를 모를 정도였다. 그리고 새는 멀리로 날아갔다가, 주둥이에 땅에서 나는 작은 것을 가지고 돌아왔다. 그리고 마른 땅이 있는 장소로 거북이를 안내했다.

잉카   파카카마라고 불리던 시기에 사람들은 매우 악하게 되었다. 그들은 너무 바빴고, 악한 행동을 하느라, 신들에 대해 소홀했다. 단지 높은 안데스에 사는 사람들만 부패하지 않았다. 높은 땅에서 살던 두 형제는 그들의 라마(낙타과에 속하는 포유류)가 이상한 행동을 하는 것을 보게 되었다. 그들은 그 이유를 라마에게 물었다. 그리고 별들이 라마에게 말해주었던 것을 듣게 되었다. 그것은 거대한 홍수가 온다는 것이었다. 이 홍수는 온 땅의 모든 생명들을 파괴할 것이라는 것이었다. 형제들은 가족들을 데리고 높은 산의 동굴로 들어갔다. 비가 오기 시작했고, 네 달 동안 계속되었다. 물들은 점점 올라가 꼭대기만 남기고 온 땅을 덮어버렸다. 결국 비는 멈췄고, 물들은 물러가기 시작했다. 산들은 원래의 높이로 돌아갔고, 목동들은 땅에서 재번성하였다. 라마는 홍수를 기억했고, 그것이 라마가 고산지대에서 살아가기를 좋아하는 이유라는 것이다.

〈http://www.creation.or.kr/library/itemview.asp?no=2104〉

파푸아 뉴기니 식인종족에게
전해져 온 홍수 이야기

비아미(Biami)족은 파푸아 뉴기니의 서쪽 지방에서 살고 있는 종족으로 약 4000~5000명 정도의 인구수를 가지고 있다. 1970년까지 그들은 파푸아 뉴기니의 마지막 식인 종족이었다. 1971년에 3명의 선교사가 이 지역으로 들어갔다. 그들의 언어를 배운 후, 비아미족에 전승되어 내려오는 많은 이야기들 중에 창세기에 나오는 창조와 노아 홍수에 대한 흔적들이 남아있는 것을 발견했다. 선교사들은 비아미족이 4000년 이전의 바벨탑을 떠나온 사람들의 후손이라는 증거를 가지고 있음을 발견했을 뿐만 아니라, 이 전승되어 온 이야기들이 창조주와 예수그리스도에 관한 복음을 원주민들이 쉽게 받아들이도록 준비시켜 왔다는 것을 발견했다.

비아미족의 많은 수가 크리스천이 되었다. 선교사가 들어간 후 그들은 식인습관과 야만적인 관습들을 버렸고, 비아미 교회는 매우 강하게 부흥되어 현재 15개 이상의 지역 교회들이 세워지게 되었다. 현재 교회의 지도자는 크리스천이 되기 전에 종족의 지도자급 사냥꾼이었다.

비아미의 홍수 이야기

"한때 전 세상을 덮은 거대한 홍수가 있었다. 홍수는 비아미의 조상만을 제외하고 땅 위의 모든 사람들을 쓸어버렸다. 그들의 조상들은 고비아 나무 위로 올라갔다. 그들은 나무의 껍질을 꿰어 망태기를 만들었다. 그들은 농작물과 그들의 모든 동물들, 그들의 개들, 그리고 돼지들을 나무에 실었다. 홍수 물이 땅 위로 점점 오르자, 사람들은 나무 위로 더 올라갔다. 나무는 물이 올라가면서 물 위로 자랐기 때문에, 그들은 이 나무의 가지에서 안전했다.

물이 전 세계의 표면에서 물러가기 시작했을 때, 사람들은 나무 아래로 내려올 수 있었다. 땅은 진흙 투성이였다. 그러나 결국 그들은 농작물을 심었고, 동물들은 번식하기 시작했다. 그들은 나무로부터 멀리 나아갔고, 땅들에 다시 퍼지기 시작했다. 나무 아래로 내려왔던 사람들은 사모스, 쿠보, 고바시스, 에토로의 조상들이 되었다."

〈Tom Hoey, http://www.creation.or.kr/library/itemview.asp?no=1799〉

IV

화석은 진화가 아니라
격변적 매몰을 가리키고 있다

01 화석은 진화를 증거하는가?

과거 지구상에 살았던 생물의 모습은 생명의 기원이 창조인지 진화인지를 판단할 수 있는 분명한 근거가 될 수 있다. 화석(fossil)은 지층 암석에 보존되어있는 과거 생물의 유해나 흔적으로서, 생물의 유해 자체, 광물로 치환된 유해, 형태가 찍혀 있는 자국, 배설물, 발자국, 기어다닌 흔적 등을 포함한다. 화석은 대부분 물에 의해서 만들어진 퇴적암 속에서 발견되는데, 히말라야, 로키, 알프스와 같은 높은 산맥들을 포함하여 모든 대륙에서 발견되고 있다.

진화론은 진화 순서에 따라 가장 밑바닥 지층에는 바다 무척추동물이, 그 위로 어류, 양서류, 파충류, 포유류, 그리고 맨 윗 지층에는 사람이 나타난다는 수직적인 지질주상도(Geologic Column)상의 화석 기록을 주장해왔다. 지질주상도는 하나의 시간 기둥으로서, 바닥 지층은 아주 오래 전 과거이며, 맨 윗 지층은 오늘날을 가리킨다고 말하고 있다. 화석 기둥(또는 비슷한 그림들)은 마치 사실인 것처럼, 그리고 그것이 실제 데이터인 것처럼 아무런 의심 없이 받아들여지고 있다. 화석들의 출현 순서는 장구한 시간에 걸친 진화를 증명하는 것이라고 말해지고 있다.

그러나 그렇지 않은 몇몇 이유들이 있다.

첫째, 화석들은 아래 지층에서 윗 지층으로 갈수록 간단한 것에서 복잡한 순서로 나타나지 않는다. 바닥에 있는(수억년 전이라고 주장되는) 화석들 역시 오늘날의 동물처럼 매우 복잡하다. 그리고 그들은 본질적으로 현대의 동물과 똑 같다. 실제로, 화석들은 그 아래 지층에서 상당한 기간 동안 존재했을 덜 발달된 조상 없이, 완벽한 기능을 수행하는 완전한 장기들을 가지고 화석기록에서 갑자기 나타난다. 사실 전체 화석기록은 주로 바다무척추동물로 이루어져 있다. 지질주상도는 진화론적인 생각일 뿐 실제로는 존재하지 않는다. 척추동물 각 그룹들(즉, 어류, 양서류, 파충류, 포유류)의 최초 출현이 어느 정도 순서를 가지고 나타날 수도 있다. 그러나 척추동물 화석들은 순서에서 예외적인 것이 많으며, 대개가 조각이 나 있고, 자주 새로운 발견에 의해서 아래 지층으로 범위가 계속 확장되고 있다.

둘째, 지질주상도 상에 있는 생물 출현에 관한 진화론적 도표는 모든 생물은 하나의 공통조상으로부터 유래되었다는 것을 의미하고 있다. 그러나 가장 낮은(오래된) 지층인 캄브리아기 지층에 광범위한 다양한 다세포 생물종의 화석들이 존재하며, 이것은 생물들이 폭발적으로 갑자기 존재했음을 보여주고 있다. 어떠한 조상 화석 없이 척추동물인 물고기를 포함하여 20개 이상의 생물 문(phylum)들이 갑자기 발견된다('캄브리아기의 폭발'로 불려짐). 다양한 몸체 형태를 가진 생물들의 갑작스런 출현은 한 공통조상으로부터 많은 형태의 생물로 진화되어 나갔다는 진화론의 예측과 맞지 않는다.

셋째, 이런 다양한 형태의 생물들은 갑작스럽게 출현할 때 가지고 있던 모습들을 장구한 지질시대를 거쳐 계속 가지고 있다는 것이다. 이것에 사용되는 용어인 종의 '안정성(stasis)'은 '정지'라는 용어와 같

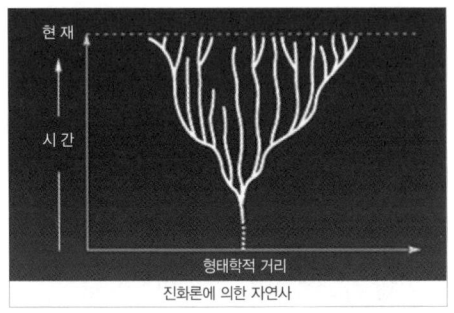

진화론에 의한 자연사

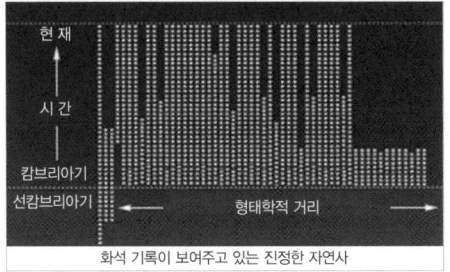

화석 기록이 보여주고 있는 진정한 자연사

진화론서 예측하는 생물 계통(상)과 실제 화석으로 발견되는 생물 계통(하). 생물들은 캄브리아기에 동시에 갑자기 출현하고 있음을 보여주고 있다. 이것은 창조를 가리킨다.

은 뜻으로, 변화 없이 내려오고 있다는 뜻이다.

요약하면 생물들은 1) 갑작스럽게 출현하고 2) 출발시부터 다양하며 3) 출현 이후로 몸체의 변화가 없다는 것이다.

확실히 화석기록은 진화를 증거하지 않는다. 반대로, 화석기록은 진화론적 계통 없이 다양한 생물들이 종류(kind)대로 창조되었음을 지지하고 있으며, 제한적인 변화 내에서 매우 안정적으로 지속되어 왔거나 멸종되었음을 가리키고 있다. 이것은 창조론의 생각과 일치한다.

더 나아가 화석은 대홍수를 지지한다. 화석기록은 기본적인 생물 형태들과 새로운 생물 형태와의 진화론적 연결 고리들을 발견할 수 없는 대신에, 바닥 지층에는 전적으로 바다생물 화석들이 발견되는 반면에, 윗 지층으로 갈수록 육상생물 화석들이 나타나는 경향을 볼 수 있다. 모든 지층들에서 우세한 것은 바다생물들이며, 위로 갈수록 점점 육상생물 화석들이 늘어나고 있는 것이다. 이러한 현상에 대해 성경적 홍수 모델보다 더 설득력 있는 모델이 무엇이 있을 수 있겠는가?

〈John D. Morris, http://www.creation.or.kr/library/itemview.asp?no=2361〉

02 척추동물인 물고기가
초기 캄브리아기 지층에서
발견되었다

화석들은 아래 지층에서 윗 지층으로 갈수록 간단한 것에서 복잡한 순서로 나타나지 않는다. 20개 문(phyla) 이상의 생물들이 바닥 지층인 고생대 캄브리아기 지층에서 갑자기 등장하고 있다. 이것을 "캄브리아기의 폭발(Cambrian explosion)"이라고 한다. 진화론에 의하면 이 암석 지층은 거의 6억 년 전에 시작되어 대략 5억 년 전에 끝나는 시대이다. 진화론이 맞다면 바닥 지층에는 한두 종류의 간단한 구조를 가진 생물들만이 있어야 하는 것이다. "진화 생물학의 가장 심각한 모순," 이것은 한 잡지의 글에서 소위 '캄브리아기의 폭발'이라는 진화론의 문제점 중의 하나를 표현했던 방법이다.

1세기 이상의 기간 동안, 물고기 화석은 오르도비스기 이후에만 나타나는 것으로 알려져 왔었다. 캄브리아기는 척추동물이나 물고기가 전혀 나타나지 않은 무척추동물의 전성기로 알려져 왔다. 1990년대에 들어서서 소수의 입 부분과 비늘을 가진 화석들이 발견되면서 이들은 초기 물고기로 제안되었다. 그런데 1999년 중국의 초기 캄브리아기 지층에서 턱이 없는(무악류) 물고기 화석 두 개가 발견되면서 논쟁이 일어났다. 2002년에 이 표본과 같은 종으로 보이는 세 번째의 보다 섬세한 물고기 화석이 발견되었다. 그리고 2003년에 무악류 물고기(agnathan fish) 500여 마리가 발견되었음이 보고되었다(2003. 1. 30. Nature).

캄브리아기의 폭발은 이제 더 커졌다. 생물체들의 주요한 몸체 구조들이 초기 지층에서부터 폭발적으로 나타난다는 사실은 창조론자와 진화론자 간의 토론에서 가장 핵심적이고 뜨거운 논쟁거리며 주제였다. 창조론자들은 모든 주요 생물 문들이(척추동물을 제외하고) 어떠한 조상도 없이 캄브리아기 지층에서 갑자기 완전한 형태로 나타나는 것을 지적해 왔었다. 이에 대해 진화론자들은 "어떻게 캄브리아기 지층에는 척추동물(물고기)의 화석이 나타나지 않느냐"로 대응해 오고 있었다. 즉, 만약 하나님이 태초에 모든 생물체들을 창조하셨다면, 왜 척추동물은 수천만 년이 지날 때까지 나타나지 않았느냐 하는 것이었다. 그들은 "만약 진화론이 잘못되었다면 그것을 입증하는 것은 쉬울 것이다. 단지 캄브리아기에서 척추동물 화석 하나만 보여주면 되지 않겠는가?"라고 말해왔다. 이제 이 물고기 화석들은 이러한 진화론자들의 주장을 근본적으로 침묵시켜 버렸다.

물고기는 척추, 시각, 소화기관, 뇌, 신경, 근육, 아가미, 후각기관 등을 가지고 있는 진화론적으로는 고도로 발달된 동물이다. 이러한 완전한 형태의 척추동물이 초기 캄브리아기에서부터 나타남으로서, 척추동물의 조상은 선캄브리아기까지 수천만 년을 더 밀려 내려가야만 한다. 그러나 그곳에는 그들의 조상이나, 다른 문의 어떠한 중간형태 생물도 존재하지 않는다. 모든 생물체는 공통 조상으로부터 분화되어 출현했다는 다윈의 "생명계통수(Tree of Life)"는 진화론의 상징물 중 하나이다. 그러나 화석 증거는 진화론이 예측하는 것과는 반대이다. 대부분의 생물 교과서들은 진화론의 이 중대한 문제점을 무시하거나 얼버무리고 있다. 그래서 수많은 학생들이 이 왜곡된 그림인 생명계통수를 슬프게도 과학적인 증거로 배우고 있는 것이다.

⟨CEH, 2002. 8. 21. http://www.creation.or.kr/library/itemview.asp?no=1106,

CEH, 2003. 1. 30. http://www.creation.or.kr/library/itemview.asp?no=774⟩

캄브리아기에서
고도로 발달된 눈이 발견되었다

삼엽충이 고도로 발달된 눈을 가지고 있다는 사실은 잘 알려져 있다. 2011년 7월 Nature 지는 호주의 5억1천2백만 년 전으로 추정하는 캄브리아기 지층에서 발견된 새우 화석은 3,000개가 넘는 렌즈들로 이루어진 고도로 발달된 겹눈을 가지고 있었다고 보고했다. 이러한 고도로 발달된 눈은 렌즈들의 정교한 배열뿐만 아니라, 이미지를 시각으로 바꿀 수 있는 신경, 뇌, 부속기관들이 완전히 발달되어 있음을 뜻한다. 그리고 이들 기관을 만드는 유전정보들이 이미 생겨나 있음을 뜻한다.

2011년 12월 Nature 지는 5억 년 전 캄브리아기에 살았던 바다 육식동물인 아노말로카리스 그림을 표지에 싣고 있었다. 호주에서 발견된 이 생물 화석은 겹눈을 구성하는 렌즈 하나까지 구분할 수 있을 만큼 잘 보존되어 있었는데, 약 1만6000개의 렌즈를 가지고 있는 것으로 나타났다. 집파리가 약 3200개, 개미가 1000개 정도의 렌즈를 가지고 있으므로, 아노말로카리스는 현 곤충보다 훨씬 좋은 시각을 갖고 있었을 것이라는 것이다.

진화론에 의하면 고생대 캄브리아기 지층에는 원시적인 하등한 동물들이 발견되어야 한다. 그러나 화석기록은 캄브리아기 지층에 동물들이 갑자기 출현하며, 이들은 모두 완벽하게 발달된 몸체 구조들을 가지고 나타난다. 이러한 고도로 발달된 눈들이 계속 발견된다는 사실은 진화론의 허구성을 확증하고 있는 것이다.

〈ICR News, 2011. 7. 20. http://www.creation.or.kr/library/itemview.asp?no=5158〉

03 생물들은
과거의 모습과 변함이 없다

　　수천의 생물들이 수억 수천만 년이 흘렀다고 주장되는 장구한 기간 동안 조금도 변화되지 않고 과거의 모습 그대로 살아가고 있다. 반면에 진화론은 전이형태의 화석 증거도 없으면서 무척추동물, 물고기, 양서류, 파충류, 조류, 포유류에서 사람으로 변화되었다고 주장한다. 이것은 진화론이 가지고 있는 심각한 문제점 중 하나이다. 오늘날 살아있는 생물 종들과 거의 동일한 모습의 과거 생물체들이 화석화되어, 또는 호박(amber) 속에 갇혀서 발견된다.

　　생물들은 자신과 동일한 개체를 재생산할 수 있는 경이로운 복제 능력을 가지고 있다. 그러면 새로운 몸체의 생물들은 어디에서 온 것인가? 진화론자들은 복제시에 발생한 무작위적인 오류에 의해서, 새로운 생물이 우연히 생겨났다는 이론을 개발하였다. 그들은 어떤 생물이 완전히 다른 생물로 천천히 변화되었다고 (어떠한 전이형태의 화석도 없음에도) 믿고 있다. 반면에 어떤 생물들은 수억 수천만 년 동안 동일한 모습으로 남아 있다!

　　수많은 종류의 동물들 사이에 전이형태의 화석 증거가 결여되었다는 것은 진화론자들도 인정하고 있다. 화석 증거의 결여에 대해서 오늘날의 교과서에 기재되어 있는 진화론적 설명은 '단속평형설(punctuated equilibrium)'로 불려지는 것이다. 이 이론에 따르면, 동물들은 오랜 기간 동안 동일한 모습으로 머물러 있다가, 변화될 때 매우 빠르게 급속히 변화되었다는 것이다. 따라서 진화는 비교적 작고 고립된 지역에서 빠르게 일어났기 때문에, 화석기록에서 전이형태는 남아 있지 않다는 것이다.

영국 자연사 박물관의 선임 고생물학자였던 콜린 패터슨은 자신의 저서 「진화(Evolution)」에서, 그의 책에 전이형태의 화석 사진을 포함시키지 않은 이유를 묻는 한 독자의 질문에 다음과 같이 대답했다. "만일 내가 전이형태의 어떠한 것이라도 알고 있었다면, 그 사진을 포함시켰을 것이다…" 화석기록에서 전이형태는 없다. 왜냐하면 생물들은 완전히 다른 형태의 생물로 결코 변화된 적이 없었기 때문이다.

진화론의 논리를 점검해 보자. 생물학적 기록이 보여주는 것은 생물 종들의 정지(stasis, 변화의 결여)이다. 이것에 대한 진화론의 설명은 "대진화는 너무도 느리게 발생하기 때문에, 오늘날 그것을 볼 수 없다"이다. 그리고 화석학적 기록이 보여주는 것은 여러 동물 군들 사이에 어떠한 중간 형태도 없다는 것이다. 이것에 대한 진화론적 설명은 "대진화는 너무도 빠르게 발생했기 때문에, 화석기록에서 볼 수 없다"는 것이다.

이러한 일관되지 않는 논리를 사용하는 진화론이라는 무신론적 편견으로 가득 찬 우스꽝스러운 이론에 나만 유일하게 설득당하지 않고 있는 것인가? 아니다. 2008년 갤럽 여론조사(Gallup Poll, 2008. 6. 20)는 미국인들의 진화론에 대한 견해가 지난 26년 동안 거의 변화되지 않았음을 보여주고 있었다. 1982년 이후로 2008년까지 7차례의 여론조사에서, 미국인의 43~47%가 최근 창조론을, 35~40%가 유신론적 진화론을, 단지 9~14%만이 세속적 진화론을 믿고 있는 것으로 나타났다. 이 통계는 거의 90%의 미국인들이 인류의 기원에 대해서 하나님이 창조하셨음을 믿고 있다는 것이다. 2009년 다윈 탄생 200주년을 맞이하여 영국에서 실시된 여론조사에 의하면, 영국인의 51%가 "진화론이 생명체 탄생을 완전히 설명하기에는 충분하지 않고, 중요한 단계에 '설계자'의 개입이 필요하다"는 의견에 동의했고, 40%는 이 의견에 동의하지 않았으며, 나머지 9%는 모른다고 대답했다.

언론매체, 교과서, 학교 및 대학, 박물관, 과학단체 등이 오로지 진화론만 외쳐대고 있는 현실을 고려해볼 때, 거의 변화가 없는 이와 같은 여론조사 결과는 놀라운 것이다. 진화론은 그렇게도 많이, 일방적으로, 그리고 대대적으로 선전되고 있는데, 왜 그 효과는 이렇게 형편없는 것일까? 진화론자들은 과학을 모르는 무식한 기독교 근본주의자들에 의해서 여론이 잘못 호도되었기 때문이라고 그 이유를 둘러댈지도 모른다. 그러나 진화론은 문제점투성이의 상식적으로 말이 되지 않는 몽상가들의 교리라는 것을 많은 사람들이 알고 있기 때문일 것이다.

이것은 과학의 문제가 아니라, 세계관의 문제이다. 창조 진영이나 진화 진영이나 같은 증거들을 바라보지만, 다른 해석을 내놓는다. 사도 바울은 하나님의 영원하신 능력과 신성이 그 만드신 만물에 분명히 보여 알게 된다고 말했다(롬 1:20). 사람의 얼굴 모습이 각기 서로 다른 것을 창조론자들은 의도적인 목적으로 그렇게 설계되었기 때문이라고 해석한다. 그러나 진화론자들은 목적도 없고, 의미도 없는, 무작위적인 돌연변이들이 일어나 그렇게 된 것이라고 해석한다.

선택은 분명하다. 바울의 설명은 설득력이 있다. 그러나 다윈의 설
명은 섬뜩하다.

〈Bruce Malone, http://www.creation.or.kr/library/itemview.asp?no=3333〉

〈CEH, 2008. 6. 27.http://www.creation.or.kr/library/itemview.asp?no=4345〉

진화론을 거부하는
수많은 살아있는 화석들

과거의 화석 생물들의 모습은 현재의 형태학적 분류가 그대로 적용될
정도로 오늘날과 똑같은 모습이 대부분이다. 생물들은 출발할 때 가지고
있던 모습들을 장구한 지질시대에 걸쳐 계속 유지하고 있는 것이다. 모든
기관과 장기, 형태 등이 수억 수천만 년을 지나면서 조금도 바뀌지 않는
이유는 무엇인가?

실러캔스는 진화론적 시간 틀로서 약 4억 년 전에 출현하여 8천만 년
전에 멸종되었다고 주장되던 물고기로, 지느러미가 발로 진화한 사족보
행 동물의 조상으로 추정됐었다. 그런데 이 실러캔스가 1938년 마다가스
카르섬 근해에서 4억 년 전과 동일한 모습으로 살아 있는 채로 잡혔다.
조개의 조상이라고 불리는 앵무조개는 지금도 필리핀 팔라오 섬에 살아
있으며, 쥐라기의 울레미 소나무가 호주에서 자라고 있는 것이 발견되었
다. 5억 년 전 개맛, 투구게, 4억 년 전 데본기에 출현했다는 폐어 등도 지
금의 모습과 동일하다. 3억 년 전 거미 화석이 발견됐는데 현재와 똑같이
거미줄을 짤 수 있었으며, 호박(amber) 속에 갇힌 수천만 년 전의 수많은

곤충들의 모습들은 현재와 조금도 다름이 없었다.

이외에도 현재의 모습과 조금도 변함이 없는 살아있는 화석(living fossils)들은 바다조름, 네오필리나, 성게, 아나스피데스, 상어, 큰도마뱀, 도롱뇽, 거북, 악어, 바다나리, 오징어문어, 칠성장어, 긴꼬리투구새우, 고둥, 메타세쿼이어, 은행나무, 소철, 속새, 수련, 칠레소나무, 버드나무, 종려나무, 포도나무, 단풍나무, 목련, 칠성장어, 은붕어, 주머니쥐, 귀뚜라미, 개구리, 지네, 나비, 잠자리, 전갈, 바퀴벌레, 노래기, 진드기, 달팽이, 파리, 모기, 개미, 말벌… 등이다.

이들 살아있는 화석인 동식물들은 사람보다 훨씬 많은 개체수를 낳고, 한 세대의 기간도 훨씬 짧다. 이들은 사람보다 훨씬 많은 돌연변이 기회를 가졌을 것이며, 훨씬 많은 변화 기회를 가졌을 것이다. 사람은 3~400만 년 만에 침팬지 같은 동물로부터 직립보행을 하게 되고, 꼬리가 없어지고, 손가락 발가락이 짧아지며, 뇌 용적이 커지며, 피부가 매끄럽게 되고, 성대가 변화되고 언어를 가지게 되었다고 주장되고 있다. 그런데 왜 이들 생물은 사람의 진화 기간보다 수십 배나 되는 수억 수천만 년 동안 동일한가?

04 화석기록에서 수천만(?) 년을 사라졌다가 나타난 생물들 : 실러캔스, 울레미 소나무, 네오필리나

지질기록에서 '살아있는 화석'들과, 그들이 서식했었다고 추정하는 '고환경'의 의미는 창조론적 사고를 이해하는 데에 매우 중요하다. 고환경은 '과거의 지질학적 환경'으로 정의된다. 지질학적 기록에서 이들 고환경은 그들 자신의 독특한 특성이나, 현대에서 발견되는 것과 비교되는 특성을 가지고 있었던 것으로 생각되고 있다.

고환경들이 화석기록으로부터 확인될 수 있기 위해서, 이들 각각의 고환경들은 그들과 관련된 특별한 종류의 생물들을 가지고 있어야 한다. 예를 들면, 육상 고환경은 육상에서 정상적으로 발견되는 퇴적 특성을 모두 가지고 있어야 한다. 반면에 바다 고환경은 전형적인 바다의 퇴적물과 바다생물들을 가지고 있을 것이다. 차례로, 이것들은 더욱 특별한 종류의 환경 또는 분포로 분류된다.

실러캔스를 한번 생각하여 보자. 그 물고기는 멸종된 것으로 여겨졌었다. 그러나 1938년에 살아 있는 것이 발견되었다. 이 물고기에 대한 경이로움과 놀라움은 엄청났다.

"거의 8000만 년 동안 멸종된 것으로 추정되었던, 이 기묘한 생물체는 남아프리카에서 스미스에 의해서 *Latimeria chalumnae*라는 이름이 붙여졌고, '잃어버린 고리' 또는 '살아있는 화석' 등의 여러 가지 제목으로 보도되었다. 백악기로부터 실러캔스의 출현은, 물고기로부터 양서류로 진화되어가는 전이형태를 볼 수 있는 기회를 제공할 것으로 기대하고 있었다. 왜냐하면 고대 실러캔스는 4족 보행동물의 형제 그룹으로 많은 생물학자들에 의해서 지지되고 있었기 때문이었다. 후속되는 발견들은 그러한 가설을 지지하지 않았다."

주목해야만 하는 것은, 8천만 년 전에 멸종된 것으로 생각되었던 실러캔스는 어떠한 화석 기록의 흔적도 없이, 그리고 전혀 진화되지 않은 모습으로, 이 장구한 기간 동안을 계속해서 살아 왔었다는 것이다(그림을 보라). 이것은 적어도 진화론자들에게는 심각한 문제이다. 그 장구한 기간 동안 실러캔스의 존재와 보존에 적절했던 고환경이 왜 8천만 년 동안은 화석이 보존되지 않는 환경으로 바뀌었느냐는 것이다. 간단히 말하면, 이들 화석들은 왜 적절한 위치와 지층에서 발견되지 않았느냐는 것이다.

최근 호주에서 발견된 울레미 소나무는 백악기 말(진화론자들에 의하면 6천5백만 년 전)의 모습과 거의 똑같은 모습으로 생존해 있는 살아있는 화석의 또 하나의 예이다. 울레미 소나무에 적

대	기	연대 (백만년)
신생대	제4기	1.6
	제3기	66.4
중생대	백악기	144
	쥐라기	208
	트라이아스기	246
고생대	페름기	286
	펜실베니아기	320
	미시시피기	360
	데본기	408
	실루리아기	438
	오르도비스기	505
	캄브리아기	570

▨ 화석 증거 있음   █ 화석 증거 없음

절했던 고환경이 지질학적 기록으로 존재했었다는 사실에도 불구하고, 그 화석은 그 사이의 장구한 기간 동안 어떠한 화석 흔적도 남기지 않고 있다. 어떻게 한 종류의 나무가 그것에 대한 화석 증거를 전혀 남기지 않은 채 수천만 년을 존재할 수 있을까? 진화론자들은 이것을 설명해야 할 것이다.

더욱 기괴한 것은 연체동물인 네오필리나(Neopilina)이다. 그것은 살아있는 화석으로서 그들의 선조는 3억5천만 년 전에도 존재했다. 지질기록에서 3억5천만 년 전 그들을 화석화시켰던 고환경은 장구한 기간 동안 존재해왔다. 그러나 현대의 네오필리아의 선조들은 (3억5천만 년 동안) 전혀 화석으로 보존되지 않았다. 이들은 왜 보존되지 않았는가?

이 세 생물들은 광범위하고 다양한 환경(지층)들에서 발견된다. 그러나 진화론적 시간 틀 속의 장구한 기간 동안 전혀 화석기록을 남겨 놓지 않고 있다. 진화론자들은 창조론자들에게 지질기록에서 화석들이 일반적으로 '순서'를 가지고 나타나는 것을 설명해보라고 요구한다. 반면에 창조론자들은 진화론자들에게 왜 전이형태의 생물들이 없는지에 대한 질문뿐만이 아니라, 이와 같이 어떤 생물들은 살아 있었음이 틀림 없었음에도, 그 장구한 지질시대 동안에 왜 화석으로 발견되지 않는지에 대해서도 설명해 보라고 요구해야 할 것이다.

⟨Ray Strom, http://www.creation.or.kr/library/itemview.asp?no=2110⟩

05 거대한 동물 화석은 빠른 매몰을 필요로 한다

잘못된 몇몇 대중적인 믿음들이 있다. 그 중 하나는 화석(fossil)은 생물체가 오랜 기간에 걸쳐 천천히 묻혀서 형성되었다는 믿음이다. 대부분의 사람들은 화석이 만들어지기까지는 수백만 년이 걸렸을 것이라고 생각하고 있다. 왜냐하면 교과서나 박물관은 아래와 같은 그림을 그려놓고 화석 형성 과정을 가르치고 있기 때문이다. 화석 형성 이야기는 죽은 생물이 죽어 바다 바닥으로 가라앉는 것으로부터 시작된다. 천천히 더 많은 퇴적물이 축적되고, 죽은 생물이 완전히 덮히기까지 오랜 시간이 걸린다는 것이다. 쌓인 퇴적물은 점점 굳어지고, 죽은 생물은 그 안에서 화석화된다는 것이다. 장구한 시간이 지나 땅은 융기되고, 퇴적물은 침식되고, 화석이 노출되어, 과학

수백만 년 동안에 걸쳐 어떻게 화석이 만들어졌는지를 보여주고 있는 한 공룡박물관에 있는 공룡 화석의 형성 그림.

자들에 의해 발굴되었다는 내용이다

화석이 되기 위해서는, 퇴적물 안에 죽은 생물이 빠르게 파묻혀서 부패가 차단되는 것이 필요하다. 산소와의 접촉이 차단되고, 죽은 생물을 먹어치우는 포식자로부터 보호되어야만 빠른 해체를 막을 수 있다. 화석 형성 이론의 마지막 과정은 퇴적물이 돌로 변하는 광물 시멘트 과정을 포함하고 있다. 그러나 이 과정 또한 수백만 년이 걸리지 않는다.

공룡 또는 고래 등과 같은 매우 커다란 몸체를 가진 동물의 화석들이 자주 매우 잘 보존된 채로 발견되고 있다. 물론 이들 화석을 포함하고 있는 지층은 수천 년, 또는 심지어 수백만 년을 나타낸다고 진화론자들은 추정하고 있다. 그러나 이들 커다란 생물들의 몸체는 이들 지층의 꽤 많은 두께 부분을 차지하고 있다. 이것은 이들 화석과 이들 화석이 발견된 퇴적 지층을 해석하는 표준 방법에 문제가 있음을 시사하고 있는 것이다. 만약 퇴적작용이 수천 년 동안에 걸쳐서 생물들을 천천히 파묻었다면, 그들의 몸체는 결코 남아 있지 않을 것이다. 화석화가 일어나기 위해서, 매몰은 몸체의 나머지 부분이 포식자나 부패로부터 보호되기 위해 매우 빠르게 일어나야 함에 틀림없다.

이러한 사실들을 고려해 볼 때, 그러한 화석들이 발견되는 지층 전체는 장구한 세월에 걸쳐서 형성되지 않았을 가능성이 매우 높은 것처럼 보인다. 그러한 화석들은 갑작스런 매몰 사건(간혹, 수십만 심지어 수백만 평방 마일에 걸쳐 퇴적지층들을 쌓아버린 격변적인 사건)들에 의해서 일어났음을 가리키고 있

는 것이다. 이들 일부 화석들의 신선한 상태는 시간이 지나면서 부패되는 자연적인 죽음이나 느린 매몰에 의한 것이 아니라, 순간적인 매몰에 의한 급격한 죽음을 증거하고 있다. 예를 들어 화석들은 세워져 있는 등지느러미, 입을 꽉 다물고 있는 조개들, 죽기 전에 발버둥 친 모습 등과 같은 놀랄 만한 증거들을 보여주고 있다. 어떤 화석은 입에 먹이를 문 채로 발견되기도 하고, 어떤 것은 출산 도중에 화석이 되어버린 것도 있다.

화석 증거들은 분명히 지질주상도의 상당 부분에 대해서 격변적인 해석을 지지한다. 한때 동일과정설이 지지되고 있었지만, 사실 이제는 격변설이 과학계의 주류가 되어가고 있는 중이다. 수십 수백만 년에 걸쳐서 천천히 퇴적되었다는 동일과정설적 개념은 이제는 더 이상 과학자들 사이에서 받아들여지지 않고 있다. 이제는 엄청난 격변들이 지질주상도의 상당 부분을 형성했다고(격변적인 퇴적 사건들 사이에 수백만 년이 흘렀다고 생각하면서) 믿고 있는 것이다.

커다란 동물들이 갑작스런 격변적인 매몰로 묻혔음을 증거하고 있는 매우 놀랄 만한 발견은 1971년 몽고 남부에서의 발견이다. 이곳에서는 관절로 이어진 공룡 프로토케라톱스와 벨로시랩터 화석이 발견되었는데, 이들은 서로 죽기 살기로 싸우고 있다가 화석이 되어버렸다는 것이다. 명백히 이들 두 생물은 엄청난 크기의 거대한 격변에 의해서 갑자기 매몰되어 버렸던 것이다. 이들 공룡은 서로 떨어질 충분한 시간을 갖지 못했다.

따라서 누군가가 비교적 완전한 공룡 골격을 발견했을 때, 그것이 최초 장소에서 화석이 되기 위해서는 빠르게 묻혀야만 했다는

것을 고려해야만 한다. 또한 그러한 화석들이 대부분 거대한 화석묘지에서, 그리고 자주 미국의 다코타 사암층과 같이 수십만 평방마일을 뒤덮고 있는 광대한 암석 지층들에서 발견된다는 것을 숙고해야 한다. 그리고 대륙을 횡단하고 있는 광대한 지층들의 형성이 오늘날 이 지구상에서 볼 수 있는 현상인지를 물어보아야 한다.

1999년 스위스에서 어룡(ichthyosaur)의 완전한 두개골이 코가 아래쪽으로 향한 채 90도 수직으로 암석 지층에 묻혀 있는 것이 발견되었다. 문제는 이 표본은 1백만 년 이상에 걸쳐서 퇴적되었다고 주장되던 3개의 층에 걸쳐 수직으로 묻혀 있었던 것이다.

이러한 화석은 과거에 일어난 사건들의 해석에 있어서 성경과 과학적 사실 사이에 어떠한 대립도 없다는 사실을 보여주고 있다. 오래된 연대 믿음은 지층들이 수백만 년에 걸쳐서 쌓였다는 생각을 유도했다. 그러나 그러한 믿음은 많은 문제점들을 야기시킨다. 우리가 오래된 연대라는 선입견을 포기할 때, 자유롭게 그 증거를 올바른 방법으로 이해할 수 있게 된다. 지층들은 격변적인 사건으로 빠르게 퇴적되었고, 어룡은 묻혔던 것이다.

엄청난 전 지구적인 홍수에 의한 대격변이 있었다는 성경의 설명은 전 지구 대륙에 걸쳐서 분포하는, 물에 의해 퇴적된 수십억의 죽은 생물들의 화석에 대한 훨씬 더 합리적이고 논리적인 설명인 것이다.

〈Carl Wieland, http://www.creation.or.kr/library/itemview.asp?no=2652〉

〈Sean D. Pitman, http://www.creation.or.kr/library/itemview.asp?no=3129〉

화석들의 방향성

거의 모든 화석화된 나무에서 나타나는 독특한 모습은, 나무들은 뿌리와 가지들을 가지고 있지 않으며, 껍질도 일부만을 가지고 있다는 것이다. 그리고 쓰러져 있는 나무 화석들은 동일한 방향을 향하고 있다는 것이다. 화석화된 나무들은 전 세계적으로 발견된다. 그들 모두 이러한 똑같은 현상이 일어나 있다. 또한 많은 화석화된 바다조개들이나 나뭇잎들도 서로가 비교적 정렬되어 있다는 것이다. 오늘날 숲 속의 나무들은 쓰러질 때, 스스로 정렬하지 않는다.

나무들이 쓰러졌을 때, 쓰러진 방향은 통계적 차이를 보이지 않으며, 무작위적으로 쓰러진다. 그러나 화석화된 나무에서는 그렇지 않다. 화석화된 나무들은 모두 줄을 서 있다. 심지어 수직으로 서 있는 것까지도 특별한 정렬을 하고 있다. 이들 나무들이 모두 그들의 뿌리들, 가지들, 그리고 껍질들을 잃어버리고, 지층 속의 서로 다른 나무들이 같은 방향으로 줄을 서 있는 이유는 무엇일까?

세인트 헬렌산의 분출로 인한 홍수 동안, 나무들에게 정확히 이와 같은 일들이 일어났다. 나무들은 그들의 뿌리, 가지, 껍질들을 모두 잃어버렸고, 대체적으로 모두 같은 방향을 향하고 있었다. 심지어 스프릿 호수에 수직으로 묻히는 것에서까지 그랬다.

그러한 흐름에 의한 정렬은 가끔 수십만 평방마일의 광대한 지역에서 화석들의 정렬로 관찰되며, 전체 화석기록을 통해서 발견된다. 비록 모든 화석들이 흐름에 의한 정렬을 보이는 것은 아니지만, 상당한 퍼센트의 화석들이 그러한 흐름에 의한 정렬을 보여주고 있다. 분명히 화석 기록을 통해서 발견되는 그러한 거대한 스케일의 화석들의 정렬은, 매우 느린 퇴적 및 매몰과는 일치하지 않는다. 그것은 거대하고 대대적인 홍수 또는 일련의 전 지구적인 격변시에 발생하는 격렬한 퇴적물의 흐름에 의한 빠른 매몰과 일치하는 것이다.

〈Sean D. Pitman. http://www.creation.or.kr/library/itemview.asp?no=2112〉

06 급격하게 화석화된 물고기

　잘 보존된 물고기 화석이 형성되는 데는 얼마나 걸릴까? 과학을 가르치는 대부분의 교사들을 포함하여 일반 사람들은 화석의 형성은 오랜 시간에 걸쳐서 일어났을 것으로 생각하고 있다. 이러한 관점에서 호수나 대양의 바닥에서 죽은 물고기는 천천히 바닥으로 가라앉는 진흙과 모래에 의해 덮여졌다고 생각한다. 이와 다르게 대부분의 화석은 대홍수 기간 동안, 또는 그 여파로 발생된 진흙과 모래에 의해서 빠르게 파묻혀서 생성되었을 가능성을 성경은 말하고 있다.

　이 물고기 화석은 소위 신생대 에오세기 초기 지층인 그린리버지층(미국 와이오밍)에서 발견되었다. 이 물고기는 마지막  식사를 먹던 중에 산 채로 빠르게 묻혀서 화석이 되었다.

　다른 물고기 화석은 작은 물고기를 삼켰으나 미처 소화를 시키기도 전에 파묻혔다. 이것은 물고기 화석들이 급속하게 매몰되었음을 보여주는 매우 훌륭한 사례들이며, 매우 상세히 보존되어 있는 비늘

이나 지느러미처럼 화석이 천천히 매몰되었다는 생각을 반대하는 증거들이다.

또한 이것은 물고기를 분해시키는 미생물의 공격이 일어나기 전에 묻혔음을 말해주고 있다. 오늘날 우리는 대양 바다에서 화석이 되기를 기다리고 있는 죽은 물고기나 그들의 뼈들을 발견할 수 없다. 또한 퇴적물이 물고기를 덮친 후 곧 바로 단단해지지 않았다면, 산소와 미생물은 그들을 부패시켜 모양을 파괴했을 것이다.

오늘날 일부 진화론자들은 화석이 형성되는 데 수백만 년이 걸리지 않는다는 것을 인정하고 있다. 그러나 불행하게도 대부분의 사람들은 화석이라는 단어는 수백만 년에 걸쳐 발생하는 매우 느린 과정으로 생각하고 있다.

하나님의 말씀인 성경에는 하나님의 전능하심과 죄에 대해 심판하신 홍수에 관하여 '일부러 잊으려' 하는 조롱하는 자들에 대해 예언하고 있다(벧후 3:5). 이와 같은 증거들은 확실히 그리고 극적으로 성경의 기록과 일치하는 것이다.

⟨Carl Wieland, http://www.creation.or.kr/library/itemview.asp?no=446⟩

탈피 중인 절지동물이 화석이 되었다

당신은 피부를 벗고 있는 절지동물을 본적이 있는가? 그러한 일은 수 분 안에 일어나기 때문에, 정확한 장소와 정확한 시점에 있어야만 볼 수 있을 것이다(절지동물이 성장할 때 덮여져 있는 외골격은 자라지 않으므로, 더 큰 외골격 코트를 만들기 위해서는 전의 것을 벗어버려야만 한다). 따라서 정확하게 탈피하는 순간에 화석이 되어버린 절지동물 마렐라 스플렌덴스(*Marrella splendens*)의 화석을 발견한 것에 대해, 고생물학자들이 흥분하는 것은 당연한 일이다.

"그것은 정말 놀라운 표본입니다." 예일 대학의 고생물학자인 데렉 브릭은 말했다. "그런 사건이 화석으로 남겨질 가능성은 천문학적으로 낮습니다." 캐나다의 왕립 온타리오 박물관의 선임 과학자이며, 이 발견을 보고했던 연구자 중의 한 사람인 데스몬드 콜린스는 말했다. "탈피 중에 있는 절지동물 화석의 발견은 전혀 기대하지 않았던 것이기 때문에, 매우 흥분되는 일입니다."

콜린스는 이와 같은 절지동물이 탈피하는 수 분 동안에 파묻혀서 화석이 된 것은 부드러운 몸체를 가진 동물이 화석화되는 것보다 훨씬 더 가능성이 낮은 일이라고 설명했다.

이 발견이 중요한 또 다른 이유는, 초기의 절지동물들도 오늘날과 똑같이 성장하는 동안 탈피를 한다는 것을 확인했다는 것이라고 콜린 박사는 말했다.

이 화석은 캐나다 로키의 캄브리아기(5억5백만 년 전이라고 추정하고 있는)의 버제스 셰일층에서 발견되었다. 버제스 셰일층은 부드러운 몸체의 동물 화석들을 매우 잘 보존하고 있는 곳으로 유명하다. 25,000여 개의 마렐라 스플렌덴스 표본들이 이곳에서 이미 수집되어 왔었다. 분명히 환경적 상황은 매우 빠르게 이들 생물체를 파묻었고, 죽였고, 화석화시켰다는 것과 일치한다.

〈David Catchpoole, http://www.creation.or.kr/library/itemview.asp?no=2924〉

07 죽은 고래들이 말하고 있는 이야기는? : 346마리의 고래들이 80m 규조토 속에 격변적으로 파묻혀 있었다

"우리는 이것이 위대한 발견이라고 생각한다"고 1999년 페루의 수도인 리마 남쪽 350km 지점에서 고래 화석들을 발견한 고생물학자 레오나르도 브랜드는 말했다. 그는 창조론자들로 이루어진 조사팀을 구성했었다. 그들의 발견은 일반 학술지인 지질학 저널에 발표되었다.

총 346마리의 고래들이 주변 1.5km² 내에, 80m 두께의 규조토로 불리는 두터운 퇴적암에 묻혀 있는 것이 발견되었다. 이 지층은 200~1,000m에 이르는 두께를 가지고 있는 피스코 지층의 일부분이다.

규조토는 상당히 높은 비율로 화석화된 규조(바다 표면에 흔히 사는 작은 단세포 조류)를 함유하고 있는 퇴적암이다. 페루에 있는 규조토 지층은 5~10%의 점토와 풍부한 화산성 재를 함유하고 있다.

오늘날 규조들이 죽으면, 그들의 규소 성분의 골격은 대양 바닥에 축적된다. 1g의 규조토는 약 4억 개의 규조 골격을 함유할 수 있다. 오늘날 규조토 퇴적물은 매우 느린 속도로 축적된다(1천 년에 수 cm 정도). 가령 얕은 바다와 같이 그 축적률이 더 큰 곳이라 할지라도, 축적은 느리게 일어난다. 예를 들어, 브리티쉬 콜롬비아에 있는

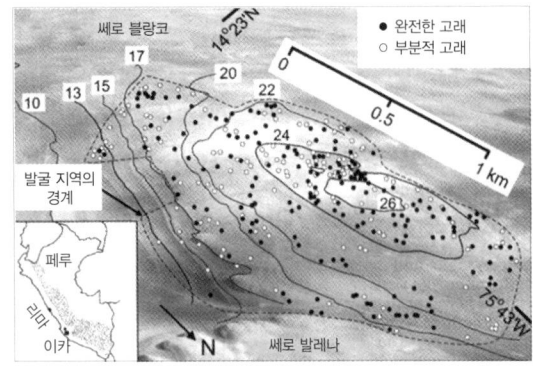

1999년 페루의 수도인 리마 남쪽 350km 지점에서 발견된 고래 화석들의 분포도. 80m 두께의 규조토에 346마리의 고래들과 함께 많은 거북이, 바다표범, 물고기, 펭귄 등이 격변적으로 매몰되어 있는 것이 발견되었다.

피오르드에서의 규조와 점토는 1년에 2.5~5.0mm 정도로 축적된다.

또한 오늘날 고래의 시체가 대양의 바닥으로 가라앉았을 때, 많은 종류의 청소동물들이 빠르게 고기들을 먹어치우며 시체 주변에 군집한다. 그리고 일부 청소동물은 먹이를 탐색하기 위해서 근처 퇴적물을 휘저어 놓는다.

그러나 페루에서 발견된 화석화된 고래들과 규조들은 매우 잘 보존되어 있었고, 고래의 뼈들은 거의 손상되지 않았다. 벌레구멍, 삿갓조개나 따개비의 껍질들, 그리고 일반적인 분해현상 등과 같은 그것들이 부패했다는 어떠한 증거도 없었다. 또한 청소동물이 주변 퇴적물을 휘저어 놓았다는 어떠한 흔적도 없었다.

고래의 뼈들은 부분적으로 광물화되어 있었다. 그리고 놀랍게도 5마리의 고래에서는 수염들이 잘 보존되어 있었다. 고래의 수염은 빗 모양의 구조로 되어 있어, 고래의 입으로 들어가는 먹이를 거를 수 있다. 이것은 매우 놀라운 것이다. 왜냐하면 그것은 뼈보다 부드럽기 때문이다(사람의 손톱과 비슷한 구성성분으로 되어 있다).

규조토 속에 이러한 잘 보존된 고래들은 빠른 매몰을 가리키고 있는 것이다. 다른 가능성들을 검토한 후에 브랜드와 그의 동료들은 다음과 같이 결론지었다. "고래의 뼈들과 일부 수염들이 매우 잘 보존되어 있는 것에 대한 가장 합리적인 설명은, 몇 주 또는 몇 개월 안에, 길이 5~13m 정도의 고래들을 뒤덮어 매몰시키기에 충분한 빠른 규조토의 퇴적이 있었던 것처럼 보인다."

여기서 추정된 매몰 기간은 오늘날의 환경에 근거한 최대치이다. 매몰 속도는 심지어 몇 주보다도 더 빠를 수도 있었을 것이다.

놀랍게도 이러한 화석 고래들의 빠른 매몰은 오늘날 현대 지질학의 주류 이론인 동일과정설과 모순된다. 동일과정설에 근거하여 이들 고래 화석들을 해석한다면, 고래들은 2백만 년에서 1천만 년에 걸쳐서 매몰된 것이다. 그러나 80m 두께의 규조토 내에 346 마리의 고래들이 몇 주에서 몇 달 안에 매몰되었다는 사실은 수백만 년에 걸쳐서 일어났을 것이라고 믿고 있는 사람들에게는 하나의 심각한 문제를 야기시키고 있는 것이다. 그들은 어디에 그들의 시간을 집어넣어야 하는가? 암석 내에는 그 어느 곳에도 없다. 고래들의 무덤은 성경적 시간 척도인 수천 년과 더욱 적합한 것처럼 보인다.

그래서 우리는 동일과정설 대신에 성경적인 시간 틀을 채택했다. 그러나 또 다른 질문이 생겨난다. 이 고래들을 파묻어버린 사건은 창세기 홍수였는가? 아니면 홍수 후 이 지역에서 일어났던 국소적 격변이었는가?

지질학 잡지의 보고에 의하면, 그 지역에는 강한 물의 흐름이 있었다는 것이다. 왜냐하면 피스코 지층의 퇴적물을 퇴적시키고 침식시킨 풍부한 여러 수로들이 있기 때문이다. 그곳에는 또한 연구자들이 상어 골격과 이빨 화석들을 발견했기 때문에, 청소동물로서 상어들이 있었음을 알 수 있다.

사실, 그들은 일부 고래 뼈들에 상어 이빨 조각이 함께 묻혀 있는 것을 목격했다. 브랜드의 탐사팀은 규조토 퇴적물에서 고래와 상어 이외에 다른 척추동물들도 발견했다. 그것들은 물고기, 거북이, 바다표범, 돌고래와 같은 바다생물들과 육상에 사는 나무늘보 같은 동물들이었다.

브랜드와 탐사팀은 이들의 매몰이 홍수 이후 얕은 바다 환경에서 일어난 일로 추정했다. 고래와 바다 척추동물들은 규조들의 대량 번식과, 측면으로 흐르는 강한 물의 흐름에 의해서 두터워진 규조들에 의해서 물이 독성화되면서 죽었다고 제안했다. 고래들이 해변으로 올라와 죽었다는 증거는 없었다. 화산폭발로 인한 화산재들은 규조들의 폭발적 증식을 일으킬 수 있는 많은 영양분들을 제공했을 것이다. 그러나 여기서 하나의 문제인 것처럼 보이는 것은 육상 척추동물인 나무늘보들이 존재한다는 것이다. 이것과 유사한 홍수 이후 시나리오는 캘리포니아 롬폭에서 발견된 규조토 속에 매몰된 한 마리 고래에 적용될 수 있다.

다른 한편으로, 고래들은 창세기 홍수 말기에 매몰되었을 수도 있다. 바다생물들과 육상동물들의 뼈들로 가득찬 80m 두께의 규조토의 빠른 퇴적은 거대한 홍수가 있었다는 하나의 서명처럼 보이는 것이다. 육상에 사는 나무늘보들은 홍수 이후 빙하기와 관련 있을 수도 있다. 그러나 그들은 홍수 이전에도 살았다. 규조토와 고래들은 영국 남부의 백악의 퇴적에서 제시했던 것과 같은 유사한 홍수 과정으로 퇴적되었을 수도 있다. 백악은 무수히 많은 미세 생물들의 껍집들로 구성되어 있다는 점에서 규조토와 비슷하다(그러나 실리카 대신에 탄산칼슘으로 되어 있다).

홍수 말기 또는 홍수 이후 퇴적인지를 구별하기 위해서는 퇴적에 관한 더 많은 정보가 필요할 것이다. 어느 경우이든, 346마리의 고래 화석들이 두터운 점토질의 규조토 퇴적층 속에 묻혀 있었고, 이것은 성경적 역사의 정확성을 우리에게 보여주고 있다. 이 놀라운 발견은 빠르고, 격변적인 매몰을 가리키고 있고, 이것은 수천 년 전에 전 지구적인 홍수가 있었다는 성경적인 시간 구조 틀과 일치하는 것이다.

⟨Michael Oard, http://www.creation.or.kr/library/itemview.asp?no=2375⟩

칠레 사막에서 발견된 80여 마리의 고래 화석

2010년 칠레의 사막에서 고속도로를 확장하던 근로자들은 사암층에 묻혀 있던 80여 마리의 거대한 고래 화석들을 무더기로 발견했다. 이것은 즉각적으로 한 질문을 생겨나게 한다. 이 고래들은 어떻게 죽었으며, 왜 그렇게 잘 보존되어 있는 것일까? 분명 어떤 격변이 일어났음에 틀림없다. 왜냐하면 그렇게 많은 고래가 한 번에 죽었기 때문이다. 명확한 것은 그 격변은 거대한 동물들을 사암층 내에 묻어버리기 위해서, 빠르게 퇴적되는 거대한 양의 모래를 동반하고 있었음에 틀림없다.

발굴 장소의 사진들은 고래들이 가까이에 심지어 서로 중복되어 있었음을 보여주었다. 고래들은 칼데라 분지라 불리는 낮은 지점에 모여 있었다. 그곳은 물이 대륙을 흘러 태평양쪽으로 빠져나가다가 갇히는 곳이다. 물은 고래와 모래를 퇴적한 후에 빠르게 배수되었을 것이다. 고래 사체들은 주변 모래가 사암으로 빠르게 굳어짐으로써 부패되지 않고 보존될 수 있었다. 느리고 점진적인 과정에 기초한 수억 수천만 년의 지질학적 과정은 이러한 거대한 화석 무덤을 설명할 수 없다. 그러나 노아의 홍수와 같은 거대한 물의 재앙은 거대한 양의 모래들을 운반했던 수력학적 힘과 메커니즘, 그리고 거대한 고래들의 집단적 매몰을 매우 잘 설명해줄 수 있다.

ScienceInsider 지(2011. 11. 18)는 "연구자들은 그 장소가 어떻게 형성되었으며, 어떻게 바다 포유류들이 죽었는지를 이해하기 위해서 애쓰고 있다"고 보고했다. 그들이 먼저 보아야만 하는 것은 성경 창세기이다.

⟨ICR News, 2011. 12. 20. http://www.creation.or.kr/library/itemview.asp?no=5308⟩

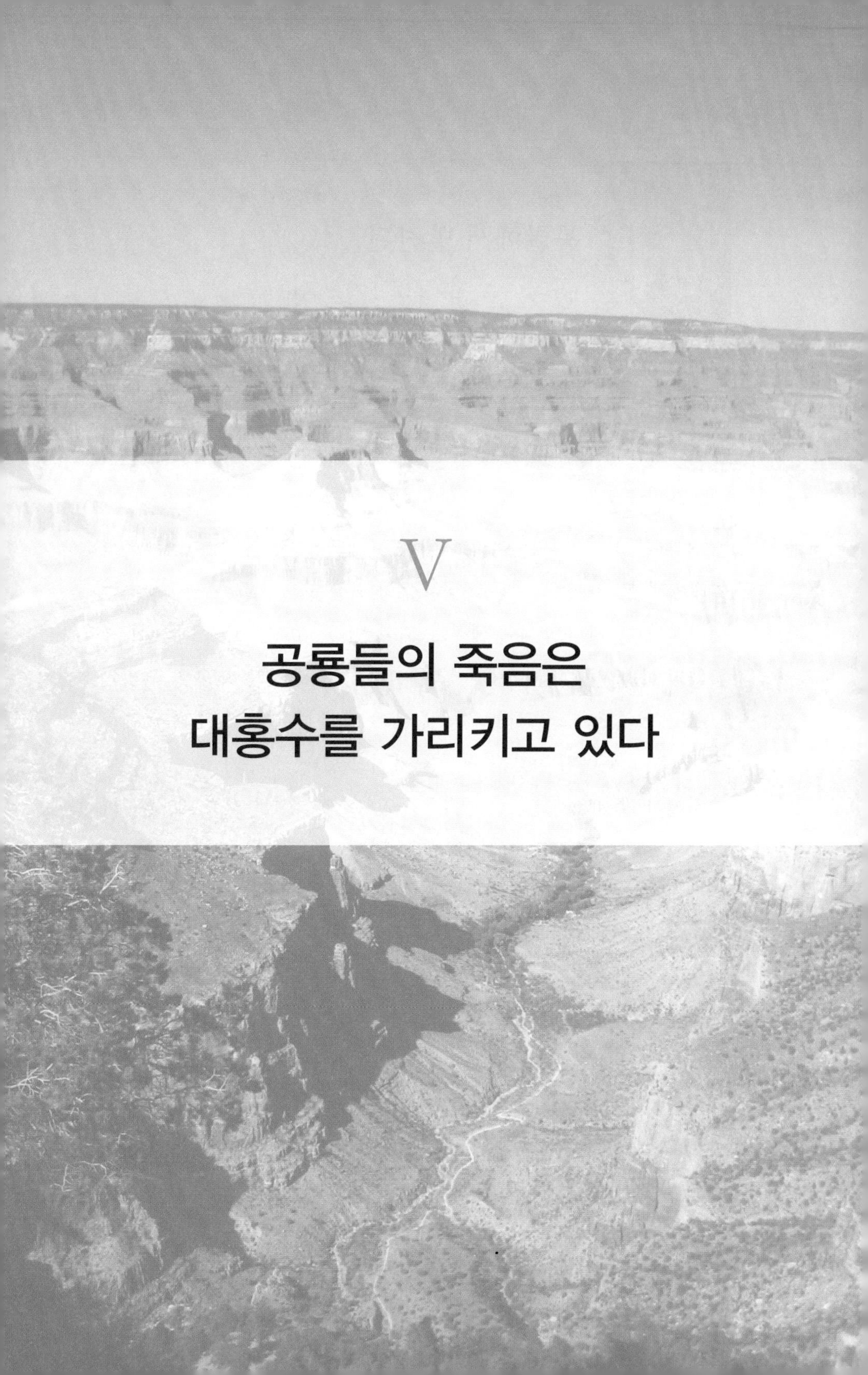

V

공룡들의 죽음은
대홍수를 가리키고 있다

01

몽골에서 발견된
공룡들의 집단 묘지

187마리의 공룡들은 어떻게 화석이 되었을까? 최근 몽골의 화석지대에서 프시타코사우루스 공룡들의 화석을 발굴한 고생물학자들에게 이것은 하나의 수수께끼가 되고 있다. 고생물학자들은 이 공룡들의 사망 원인에 대하여 머리를 쥐어짜고 있지만, 명백한 단서를 놓치고 있었다. 그 공룡들은 주둥이가 앵무새 부리를 닮았기 때문에, '앵무새 도마뱀'이라는 별칭을 가지고 있다. 모두가 수 km² 지역 이내에서 발견되었고, 고생물학자들은 그 지역에서 훨씬 더 많은 화석들이 발견될 것이라고 확신하고 있었다.

몬태나 주립대학에 있는 록키 박물관의 고생물학 관장인 잭 호너는 그 장소에서 80개 이상의 뼈들을 수집했다. 그곳은 울란바토르에서 자동차로 이틀 거리에 위치해 있다. 고생물학자들은 그 공룡들이 왜 죽었는지에 대해서 궁금해 하고 있었다. 그러나 그것은 질문의 일부에 불과하다. 대답되어야 하는 훨씬 중요한 질문들이 있다.

디스커버리 뉴스(2007. 10. 4)에 따르면, "공룡들은 독극물 중독이나, 질병, 또는 어떤 종류의 자연재해로 한꺼번에 죽었을 가능성이 있다"는 것이다. 중독사라고? 187마리의 공룡들이 모두 동시에 중독으로 죽었다는 생각은 얼마나 타당성이 있을까? 동물들에게 그러한 종류의 사건은 정상적으로는 일어나지 않는다.

그러나 설령 그 공룡들이 모두 독극물 중독으로 죽었다 할지라도, 까다로운 다른 질문에는 대답하지 못하고 있다. 그 공룡들은 어떻게 물에 의해서 만들어진 퇴적암에 모두 함께 파묻혀 화석이 되었는가? 라는 것이다. 독극물로 죽은 공룡들은 퇴적물로 조금씩 덮여지기를 기다리면서, 몇 년 동안이나 그 장소 주변에 놓여 있었는가?

프시타코사우루스는 거대한 크기의 공룡은 아니지만, 그렇다고 작지도 않다. 그것은 몸길이가 2m에 몸무게는 30kg 이상 되는 공룡이다. 그런 크기의 사체가 썩지 않고 매몰되기 위해서는 많은 양의 퇴적물을 필요로 했을 것이다.

질병으로 죽었을까? 그것도 가능할 수 있는 이야기이다. 상상컨대 병원균은 187마리의 공룡들을 모두 죽일 수 있었을 것이다. 그러나 다시금 그것은 어떻게 공룡들이 모두 한꺼번에 한 자리에 매몰될 수 있었는가 하는 점을 설명하지 못한다. 그들의 사체가 신속히 매몰되지 않았다면, 썩어서 아무 것도 남아 있지 않았을 것이다. 그렇다. 질병 이론도 공룡들의 집단적인 매몰을 설명하지 못한다.

자연재해로 죽었을까? 그것은 좀 더 괜찮은 아이디어일 수 있다. 소행성 충돌은 공룡들을 확실히 죽일 수 있었던 불과 먼지를 제공할 수는 있었다. 그러나 불과 먼지도 퇴적암 내로의 그들의 매몰을 설명해주지 못한다. 소행성 충돌 이야기는 사실 불과 먼지를 죽음의 주요 원인으로 고려하지 않고 있다. "이 기나긴 겨울 동안에(먼지가 태양빛을 가려), 많은 식물들이 죽었고, 식물에 의지하여 살던 생물종들도 멸종되었다. 오직 새로운 도전을 극복할 수 있었거나, 환경적 적소를 개척한 동물들만 살아남았다."

그들이 죽은 이유에 대한 논리적 설명은 전 지구적 홍수이다

따라서 그들의 주장은 공룡들의 아사였다. 그 시나리오에 의하면, 식물의 멸절 때문에 187마리의 공룡들이 모두 굶어 죽었다는 것이다. 그러나 또 다시 아사는 어떻게 그들이 모두 퇴적물 속에 매몰되었으며, 왜 동일한 장소에서 굶어죽었는지를 설명하지 못한다.

공룡들의 매몰과 관련해서, 2005년 메리 슈바이처가 공룡 티라노사우루스 렉스의 다리뼈 안쪽에서 발견했던 적혈구 및 연부조직과 연결하여 생각해볼 수도 있을 것이다. 유기물질인 연부조직이 어떻게 6천5백만 년 동안이나 보존될 수 있었으며, 지금까지 그렇게 신선해 보일 수 있는가? 아마도 그 증거는 다른 해답을 가리키고 있을지도 모른다.

이들 공룡들의 죽음과 그들의 즉각적인 매몰에 대해 생각해 볼 때, 매우 간단한 설명이 있다. 그것은 거대한 홍수 사건에 의한 결과라는 것이다. 만일 우리가 전 지구를 뒤덮었던 대홍수에 대한 목격자의 설명(창조주의 말씀인 성경)을 받아들이기만 한다면, 그 공룡들은 홍수물에 의해 빠르게 파묻혀 버렸다는 매우 깔끔하고 합리적인 설명을 가지게 되는 것이다. 다만 그 대신에 수천만 년이라는 연대를 쓰레기통에 던져버려야 한다.

전 지구적 홍수는 공룡들이 죽은 이유에 대한 논리적인 설명이 될 수 있다. 그것은 또한 분명히 빠르게 흘렀던 물에 의해 퇴적된 지층들 속에 어떻게 그들이 신속히 묻히게 되었는지를 잘 설명해 줄 수 있다. 그리고 그것은 그들의 뼈 속에 아직도 연부조직과 혈구세포들이 발견되는 것에 대한 더욱 합리적인 설명이 되고 있다. 만일 우리가 성경을 신뢰한다면, 그 모든 것들은 너무나도 쉽게 풀리는 것이다.

 그러나 우리가 성경을 진정한 역사의 기록으로 믿지 않는다면, 중독, 질병, 소행성 충돌 등과 같은 어떤 원인을 고안해 내야만 하는 것이다. 그 경우에 그러한 아이디어들이 만들어내는 모든 문제점들, 특히 결코 설명될 것 같지 않는 커다란 문제, 즉 무엇이 그들을 그렇게 빠르게 파묻어버렸는가? 라는 문제는 결코 풀릴 수 없는 것이다.

〈Tas Walker, http://www.creation.or.kr/library/itemview.asp?no=4314〉

세계에서 가장 큰 공룡 화석무덤이
중국에서 발견되었다

　　중국의 차이나뷰 보도(2008. 12. 30)는 산동성 동부의 주청시 일대의 15개 지역에서 세계에서 가장 큰 것으로 여겨지는 공룡 화석무덤들이 발견되었다고 자랑하고 있었다. 지금까지 7,600개 이상의 화석들이 무더기로 발견되었으며, 그 수는 더 늘어날 것으로 보인다는 것이다. 이 화석들은 오리주둥이 공룡들, 각룡들, 안킬로사우루스, 티란노사우리드 등을 포함하고 있다. 그 도시는 1960년 대에 석유 탐사 도중에 커다란 오리주둥이 공룡 화석들이 발굴되었던 장소로, 그때 이후로 50톤 이상의 화석들이 발견되어 왔다. 세계에서 가장 큰 오리주둥이 공룡 화석은 1980년대에 이곳에서 발견되어 지역 박물관에 전시되어 있다.

　　한 새로운 화석 장소가 지난 3월 광산 탐사 도중에 발견되었다. 롱두에 있는 한 장소는 300m 길이, 10m 폭, 5m 깊이로 화석들이 무더기로 매몰되어 있었는데, 그 장소에서만 3,000개 이상의 화석들이 발견되었고, 새로운 공룡 속 또는 종들도 발견될 수 있을 것이라고 말했다. "이곳에서는 한 거대한 각룡의 2m 짜리 두개골도 발견되었다." 그 뉴스 기사는 전하고 있었다. "그러한 발견은 북아메리카 밖에서는 최초이다."

　　어떻게 그 지역에 그렇게도 많은 공룡 화석들이 보존될 수 있었을까? "지질학자들은 공룡들에 치명적인 화산폭발이 있었으며, 그 후에 한 홍수가 있어 그 화석들을 지금의 놓여 있는 장소로 운반해 왔을 것이라고 말했다." 화산폭발과 동시에 일어난 지역적 홍수였는가, 한 번의 전 지구적 홍수였는가?

〈CEH, 2008. 12. 30. http://www.creation.or.kr/library/itemview.asp?no=4496〉

02 육상 공룡이 물고기와 함께 묻혀 있었다

진화론만을 선전하는 텔레비전이나 만화에서, 공룡은 선사시대의 진화와 관련된 생물체의 상징물이기 때문에, 진화론자들이 한때 공룡의 존재를 인정하지 않았다거나, 심지어 '공룡'이라는 이름도 창조론자였던 리차드 오웬에 의해서 주어졌다는 사실은 놀라움으로 다가올 수 있다. 2004년 7월 미국 몬태나 주에서 이루어진 한 창조론 발굴팀의 공룡 발굴은 엄청난 성공을 거두었다. 조 테일러와 일단의 크리스천 발굴팀은 트리케라톱스, 하드로사우루스, 벨로시랩터의 뼈들 외에 많은 화석들을 발견했다. 그들은 기대하는 마음으로 놓여진 암석들을 제거하고 있었다.

"발굴 때에는 언제나, 뼈들이 어떻게 놓여 있을지, 그리고 다른 어떤 것들과 같이 묻혀 있을지 늘 흥미롭다. 그리고 이 점에 있어서 창조론자들에게 좋은 소식들이 많이 있다. 티라노사우루스 렉스를 발견한 장소에서 수마일 떨어져서, 우리는 석화된 무화과나무, 악어 이빨들, 거북이, 물고기 뼈들, 입을 다문 조개들, 그리고 18개의 티라노사우루스의 이빨과 혼합되어 으깨진 나무 조각들을 발견했다. 또한 6개의 벨로시랩터의 이빨과 수많은 물고기 이빨들이 있었으나, 나뭇잎들은 거의 없었다. 트리케라톱스가 발견된 장소에서는 점토층 내에 많은 식물들이 뼈들과 함께 혼합되어 있었다."

테일러와 그의 팀은 이 뼈들이 남동쪽으로 흐르는 물의 흐름에 의해서 묻혔음을 확인했다.

"호주의 창조론자인 존 맥케이는 3.6m 아래의 지층 위로 놓여 있는 식물들의 층을 걷어 내었다. 거의 모든 경우에서, 나뭇가지들과 식물들은 남동쪽으로 정렬되어 있었다.

이상하게도 잡다한 여러 종류의 식물들이 물고기와 공룡들과 함께 묻혀 있는 것이 발견되었다는 것이다. 식물들은 같은 기후에는 자랄 수 없는 무화과나무, 세쿼이어, 버드나무, 속새 등이 섞여 있었다. 점토는 또한 상당량의 호박을 함유하고 있었다. "이것은 신선한 부러진 가지들로부터 새어나왔던 수액이 나무들이 빠르게 묻힘으로써 보존되었음을 의미하는 것이다." 발굴팀에 의해 밝혀진 것처럼, 다양한 식물들, 육상동물들, 바다동물들이 함께 같은 퇴적층에 묻혀 있다는 사실은 "강력하고 광범위한 대격변과 빠른 매몰이 있었음을 강하게 증거하는 것"이었다. 많은 기간 동안 화석 발굴 경험을 가지고 있는 테일러는, 이것은 지역적인 특이한 상황이 아니라고 말한다. "나는 이것과 똑같은 전형적인 현상이 여러 주에 걸쳐서 발생되어 있다는 사실을 입증할 수 있습니다." 그가 말했다.

당신은 영화나 텔레비전에서 트리케라톱스와 벨로시랩터가 조개나 물고기가 있는 주변을 달리고 있는 장면을 본 적이 있는가? 이들 공룡 뼈가 묻혀 있는 주변 상황은 뼈들만큼이나 매우 중요하다. 공룡 뼈가 나오는 지층의 깊이, 지층 속에 같이 묻혀 있는 다양한 생물들, 그리고 몇 개 주에 걸쳐 펼쳐져 있는 광대한 지층의 넓이 등은 어떤 지역적 홍수라든가, 아니면 느리고 점진적인 지질과정으로는 설명될 수 없다. 이 동물들을 묻어버린 격변은 육상의 식물들을 휩쓸어 버렸다. 당신은 이러한 이야기를 방송매체나 잡지 등에서 들어보지 못한 이유를 무엇이라고 생각하는가? 이러한 발견은 그들의 우스꽝스러운 진화 이야기와 맞지 않기 때문이다.

〈CEH, 2004. 8. 22. http://www.creation.or.kr/library/itemview.asp?no=2171〉

공룡들이 머리를 젖힌 자세로 죽어있는 까닭은?

공룡들이 자주 머리가 뒤로 젖혀져 있고, 꼬리가 올라간 상태로 발견되는 이유는 무엇일까? 가장 간단한 설명은 그들은 물에 빠져 익사했다는 것이다.

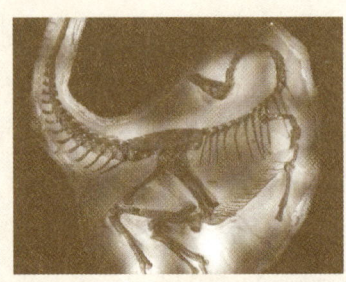

New Scientist 지(2011. 11. 23)의 한 기사는 "작은 시노사우롭테릭스이든지 엄청난 아파토사우루스이든지 간에 고생물학자가 하나의 완전한 공룡 골격을 발견할 정도로 운이 좋은 경우에, 그것은 머리가 뒤로 젖혀져 있는지, 그리고 꼬리가 위쪽으로 휘어져 있는지를 발견해볼 수 있는 좋은 기회이다"라고 시작하고 있었다. 이러한 현상은 1세기 동안 알려져 왔었다. 심지어 그것에 대한 이름도 있는데 "후궁반장 사망 자세(opisthotonic death pose)"라는 것이다.

브링햄 영 대학의 앨리시아 커틀러와 그녀의 동료들은 공룡들에서 이것이 너무도 자주 발생해있는 이유를 확인하기로 결정했다. 케빈 파디안의 이론은 그것은 공룡의 죽음에서의 마지막 고통을 나타내는 것이라고 했다. 커틀러는 털이 제거된 닭이 물에 빠졌을 때 어떻게 반응하는지에 대해서 시험했다. 그 기사에 의하면, "그 모든 것은 젖은 데에 빠졌을 때 일어난다"는 것이다. 물에 빠진 닭은 즉각적으로 특징적인 후궁반장 사망 자세를 보였다는 것이다.

그 결과는 소금물에서 차이가 있을까? 일부는 그럴 수도 있을 것이라고 생각한다. 그러나 커틀러는 말했다. "후궁반장 사망 자세에는 다수의 방식이 있을 수 있지만, 가장 간단한 설명은 물에 빠져 죽었다는 것입니다"

〈CEH, 2011. 11. 23. http://www.creation.or.kr/library/itemview.asp?no=5237〉

03 육상공룡이
바다생물, 조류, 포유류 등과
같은 지층에서 발견된다

캐나다 알버타의 포트 맥머리 근처 석유모래 광산에서 공룡 안킬로사우루스의 잔해가 발굴되었다. 네 다리를 가진 이 육상공룡의 사체는 많은 화석화된 척추동물의 경우처럼 납작해져 있지 않았다. 하지만 매우 이상하게도, 이 공룡은 바다생물 화석들이 주로 발견되는 지역에서 발견되었다.

석유모래 지층에서 발견된 이전의 척추동물 화석들은 어룡과 사경룡과 같은 해양파충류였다. 그리고 조개, 암모나이트 등과 같은 바다무척추동물 화석들이 이 지역에서 발견되는 전형적인 화석들이었다. 그래서 커다란 육상공룡 안킬로사우루스는 그곳에 있어서는 안 되는 동물이었다.

그러나 바다생물 화석과 육상생물 화석이 혼합되어 같이 발견되는 경우는 흔히 있는 일이다. 예를 들어, 공룡 화석들로 유명한 국립공룡유적지의 모리슨 지층에는 통나무, 조개, 달팽이, 포유류 화석 등을 포함하고 있다.

미국 창조연구소(ICR)에는 로키산맥의 동쪽에서 캐나다 에드먼튼까지 확장되어 있는 사암층인 투메디슨 지층에서 발굴된 어린 하드로사우루스 공룡이 전시되어 있다. 이 공룡은 바다조개와 달팽이뿐만 아니라 조류, 포유류, 다른 공룡들과 함께 화석화되어 있었다.

칼 워너는 진화론이 맞는지 틀린지에 관한 시험으로 화석 기준을 사용했다. 만약 진화론이 사실이라면, 그리고 공룡들이 독특한 "파충류 시대" 동안에 살았다면, 그리고 모든 자연적 과정들에 의해 그들이 화석화되었다면, 다른 시대의 생물(예를 들어 아직 진화되지 않은 생물) 화석들은 공룡 화석과 같이 섞여서 발견되어서는 안 되는 것이다.

하지만 워너는 화석기록에서 매우 다양한 종류의 생물 화석들이 혼합되어서 발견되는 것이 전형적임을 발견했다. 그는 창조지에서 말했다 :

"고생물학자들은 공룡 지층에서 432종의 포유류들을 발견해왔습니다… 하지만 이들 포유류 화석들은 어디에 전시되어 있습니까? 우리는 60여 곳의 박물관을 방문했습니다. 그러나 이들 박물관의 어느 곳에서도 공룡 지층에서 발견된 완전한 포유류 화석을 단 하나도 보지 못했습니다."

워너는 또한 공룡 화석이 들어 있는 암석 지층에는 "오늘날 살아 있는 모든 주요 무척추동물 문(phylum)들의 화석들이 들어 있으며, 공룡들은 다양한 물고기들, 양서류들, 앵무새, 올빼미, 펭귄, 오리, 아비새, 신천옹, 가마우지, 도요새, 되부리장다리물떼새 등과 혼합되어 있다"는 것을 알게 되었다. 만약 박물관이 깃털로 꾸며진 공룡 대신에 이들 실제로 발견되는 화석들을 전시했다면, 공룡이 진화하여 새가 되었다는 진화이야기는 허구라는 것을 쉽게 알아차릴 수 있을 것이다.

  바다생물 화석과 육상공룡 화석이 같이 발견되는 다른 많은 예들이 있다. 이런 종류의 증거는 성경 창세기에 기록된 전 지구적 홍수가 전 세계에 분포하는 생물 화석들과 공룡 화석들을 만들었다면 예상되는 일이다.

〈ICR News, 2011. 4. 14. http://www.creation.or.kr/library/itemview.asp?no=5032〉

식물과 분리되어 묻혀 있는 초식공룡들

  화석의 발견에서 매우 흥미로운 점 하나는, 수백만 년의 기간을 나타낸다는 일부 지층에서 극히 소수의 생물종만 발견된다는 것이다. 가끔 엄청난 식사를 하는 거대한 공룡이 발견된 지층에 다른 생물종이 거의 발견되지 않고 있다. 그 공룡은 다른 생물들이 없는 곳에서 수백만 년을 어떻게 살 수 있었을까? 예를 들면, 미국 서부에 있는 모리슨지층(후기 쥐라기)을 생각해 보자. 이 지층은 평균 두께가 100m로, 캐나다부터 텍사스, 다코타, 아이다호, 애리조나, 오클라호마까지 100만 km²에 걸쳐서 확장되어 있다. 그 지층은 세계에서 가장 풍부한 공룡 화석을 가지고 있는 지층들 중 하나이다. 그러나 또한 물고기, 개구리, 도룡뇽, 도마뱀, 악어, 익룡, 공룡알, 뒤쥐 등의 화석들을 포함하고 있다. 공룡 뼈들은 모리슨 지층 중간의 녹색 미사암층과, 아래의 사암층에서 발견되는데, 자주 밀집되어 화석무덤을 이루며 묻혀 있다. 이 광대한 지층은 고대에 고산지대에서부터 낮은 늪지 환경으로 강과 시내에 의해서 운반된 퇴적물들에 의해서 만들어졌다고 일반적으로 말해지고 있다.

그러나 어떻게 평온히 흐르던 시냇물과 간헐적인 작은 홍수들이 식물 화석들의 보존 없이 그렇게 많은 공룡 뼈들과 다른 많은 화석들을 밀집시킬 수 있었을까? 모리슨 지층에 있는 대부분의 지층들은 실제적으로 '식물 화석들의 황무지'처럼 보인다는 것이다. 그렇지만 보존된 화석들 중 일부는 엄청난 식물을 먹어치우는 초식공룡들이다. 예를 들어, 공룡 아파토사우루스는 매일 3~4톤의 식물을 소비하는 것으로 추정된다. 보존된 식물들의 상대적인 결여는 어떻게 그러한 거대한 동물이 그러한 환경에서 생존할 수 있었는지 의문을 불러일으킨다. 또한 이 지역에서 발견되는 화석들은 일반적으로 물의 흐름에 의해서 정렬되어 있다. 주변에 거의 식물화석을 가지고 있지 않고, 흐름에 의한 정렬을 보여주는, 모리슨 지층에서 발견되는 그러한 대량적이고 집중적인 매몰은 거대하고 급격한 매몰을 동반한 격변적인 홍수에 의해서 가장 잘 설명되는 것처럼 보인다.

⟨Sean D. Pitman, http://www.creation.or.kr/library/itemview.asp?no=2106⟩

육상공룡 뼈들이
해양저 2.3km 깊이에서 발견되었다

일찍이 발견된 것들 중에서 가장 깊은 곳에서 공룡 뼈들이 발견되었다. 이것들은 플라테오사우루스의 뼈들로서 북해 해양저 아래 2.3km 깊이에서 발견되었다. 노르웨이 오슬로 대학의 연구팀은 9년 전 유정 시추 작업중 채취된 지하 2.3km의 암석 표본에 박혀있던 화석을 분석한 결과, 약 2억 년 전인 트라이아스기에 살았던 플라테오사우루스의 부서진 앞발 관절 화석임을 밝혀냈다는 것이다. 이것은 공룡 화석의 발견 깊이에 대한 새로운 기록을 세웠다. LiveScience(2006. 4. 24)에 따르면, "연구자들은 그 아래에 더 많은 화석들이 묻혀 있을 가능성이 높다고 말했다"는 것이다.

4톤이나 나가는 육상동물이 대양 바닥 아래 2.3km 깊이에 파묻혀 있는 것에 대해 생각해 보라. 그 기사에서 기술되었던 것처럼 "한때 그 공룡은 강들이 있던 마른 평야를 달리고" 있었는가? 만약 공룡이 그러한 환경에서 살았다면, 무슨 일이 일어난 것일까? 그들은 그 아래를 더 조사해야만 할 것이다. 만약 그 공룡 화석이 바다 아래 깊은 곳에 묻혀 있는 공룡 뼈들의 작은 조각에 불과하다면, 전 세계에는 얼마만큼의 공룡 뼈들이 묻혀 있는 것일까?

〈CEH, 2006. 4. 25. http://www.creation.or.kr/library/itemview.asp?no=3271〉

04 공룡의 연부조직이
또 다시 발견되었다

최근에 발견된 공룡의 연부조직과 혈액세포들은 수억 수천만 년의 오래된 연대를 믿는 진화론자들에게 가장 큰 골칫덩어리이며 장애물인 것처럼 보인다. 십 년 전에 커다란 육식공룡 티라노사우루스 렉스의 대퇴골에서 연부조직이 발견됐었다. 그리고 몇 년 후에 더 많은 연부조직들이 또 다른 티라노사우루스에서 발견되었다. 그리고 최근에 몬태나 주에서 발굴된 한 하드로사우루스 공룡에서도 연부조직과 단백질들이 남아 있었다.

고생물학인 메리 슈바이처는 사이언스지(2009. 5. 1)에 게재한 하드로사우루스에 관한 그녀의 연구에서, 검출된 단백질의 정확한 아미노산 서열을 결정할 수 있었다. 왜냐하면 그 공룡의 연부조직은 8천만년 전의 것이라는 진화론적 추정 연대에도 불구하고 매우 신선한 상태를 유지하고 있었기 때문이다. 그녀는 기저막 격벽이라 불리는 흔한 결합조직에서 그녀가 이전에 공룡 티라노사우루스 렉스의 뼈에서 발견했던 것과 유사한 혈관들, 혈관들 안쪽의 혈액세포들, 그리고 주요한 단백질들을 모두 발견했다.

그 하드로사우루스 공룡에서 두 타입의 콜라겐이 검출되었다. 콜라겐은 피부와 뼈들에 경량의 힘을 부여하는 질기고 탄력적인 단백질 섬유이다. 또한 단백질 섬유인 엘라스틴과 라미닌도 기저막 물질에서 발견되었다. 비록 탄력적이었지만 콜라겐 섬유는 실험실 환경에서 수 주 내에 썩어버리는 것이 관찰되어 왔다. 단백질 분해에 관한 연구들은 콜라겐이 3만 년 이후에는 존재할 수 없음을 보여주고 있었다. 3만 년이라는 기간은 공룡 하드로사우루스에게 주어진 진화론적 연대인 8천만 년의 0.0375%에 불과한 극히 미미한 기간이다.

티라노사우루스 렉스에서와 마찬가지로, 이 공룡 표본에서 가장 주목할 만한 것은 혈관의 존재와 헤모글로빈과 같은 혈액 구성성분의 존재였다. 헤모글로빈 단백질은 콜라겐보다 훨씬 빠르게 분해된다. 그래서 공룡 사체 내에 헤모글로빈이 존재한다는 것은 명백히 그 공룡의 나이가 진화 과학자들이 주장하는 것처럼 8천만 년(=80만 세기)이라는 장구한 연대가 될 수 없다는 것이다.

비록 슈바이처는 진화론자이지만, 그녀의 수 년간에 걸친 발견들은 그녀의 동료들로부터 반대를 불러일으켰다. 몇몇은 연부조직은 박테리아에 의해서 만들어진 것일지도 모른다고 제안했다. 최근의 연구에서, 슈바이처 팀은 하이드록시프롤린이라 불리는 한 아미노산의 존재를 확인했다. 이 아미노산은 척추동물에 있는 콜라겐의 구성물질로서, 박테리아는 만들지 못하는 아미노산이다. 다른 과학자들은 아마도 슈바이처의 실험 방법이 잘못되어서 이러한 비정상적인 발견을 하게 되었을 것이라고 주장했다. 이러한 주장에 대해 슈바이처는 이들 하드로사우루스의 연부조직과 단백질을 "독립적으로 분리된 실험실에서 서로 다른 실험 세트들을 가지고" 추출하고 분석했다.

"그래서 가장 가혹한 설명은 원래의 유기분자가 일부 백악기 공룡에서 아직도 남아 있다는 것이다." 슈바이처와 그녀의 연구팀은 많은 주의를 기울여 실험을 했고, 의심했던 다른 과학자들과 같지 않게, 이들 공룡의 연부조직은 정말로 존재하고 있었고, 그것은 공룡들로부터 얻어진 것임을 고통스럽게 인정하고 있었던 것이다. 이제 전 세계의 과학자들은 수천만 년이라는 장구한 연대에 대한 그들의 믿음과 이 냉혹하고 받아들이기 힘든 사실을 조화시키는 일이 필요하게 되었다. 이 공룡 뼈들에서 혈관과 단백질들이 지금까지 존재한다는 사실에 대한 가장 간결하고 명확한 해석은 이 공룡 뼈들은 그렇게 오래되지 않았다는 것이다. 즉 이 공룡들은 수천만 년 전이 아니라, 수천 년 전에 전 세계적으로 관측되고 있는 전 지구적 홍수로 빠르게 파묻혔고 보존되었던 것이다.

〈ICR News, 2009. 5. 12.http://www.creation.or.kr/library/itemview.asp?no=4624〉

모사사우루스 화석에
연부조직과 단백질이 남아 있었다

벨기에의 백악층에서 발견된 7천만 년 전으로 주장되는 모사사우루스 화석에서 원래의 콜라겐 단백질이 남아 있는 것이 발견되었다(2011. 5. 2. PhysOrg). 2010년에는 8천만 년 전으로 주장되는 모사사우루스에서 연골, 부드러운 망막, 혈액잔존물 등이 발견됐었다. 진화론에 의하면 모사사우루스는 공룡시대에 살았던 해양 파충류이다. 룬드 대학의 연구자들은 주

사전자현미경, 투과전자현미경, 아미노산 분석, 항체 분석, 조직화학 분석 등과 함께 적외선 분광법을 사용하여, 모사사우루스의 콜라겐 스펙트럼이 현대 도마뱀의 콜라겐 스펙트럼에 잘 일치됨을 확인했다. 따라서 그들은 그 물질이 원래 조직의 것이었음을 확신하고 있었다.

바다생물 화석은 축축하며 미생물로 가득했던 해양 퇴적물 속에 묻혀 있었던 것이다. 화석의 형성에 관한 진화론의 설명을 생각해 보라. 7천만 년(=70만 세기)이라는 시간은 장구한 시간이다. 진화론에 의하면, 육상에 살던 커다란 포유류가 기껏 바꿔놓았던 다리를 다시 지느러미로 바꾸어 고래가 되어 바다로 돌아간 시간이 2천만 년이다. 기린, 코끼리, 박쥐, 호랑이, 개, 원숭이, 독수리, 참새, 벌새, 기러기… 등의 수많은 포유류들과 조류들과 사람이 무작위적인 돌연변이들과 자연선택에 의해서 이 기간보다도 짧은 기간 안에 생겨났다. 70만 세기라는 장구한 기간 동안 연부조직과 단백질이 분해되지 않고 남아 있었다는 이야기가 설득력이 있다고 생각되는가?

이들 뼈들은 단지 수천 년 전에 급격한 퇴적물의 퇴적에 의해서 빠르게 묻혔다고 가정해볼 수는 없는가? 이러한 가정은 발견되는 데이터와 완벽하게 적합하지 않은가? 왜 이러한 가정은 할 수 없는 것인가? 진화론에 필수적인 요소인 장구한 시간에 감히 도전하는 것이기 때문인가? 그러한 생각은 과학계를 점령하고 있는 진화론자들의 심기를 불편하게 만드는 것이기 때문에 절대로 가져서는 안 되는 생각인가?

〈CEH 2011. 5. 2. http://www.creation.or.kr/library/itemview.asp?no=5049〉

05 의심스러운 소행성 충돌에 의한 공룡멸종 이론 : 일부 공룡들은 충돌 이후에도 살아 있었다

공룡의 멸종에 대해 널리 가르쳐지고 있는 이론은 최근에 발견된 화석과 적합하지 않다고 내셔널 지오그래픽스 뉴스(2009. 5. 1)는 보도했다. 소행성 충돌은 중생대 백악기 말에 대멸종을 일으킨 것으로 오랫동안 여겨져 왔었다. 이 시기에(오래된 지구 옹호론자들이 믿고 있는 것처럼) 생물들의 70%가 죽었고, 수많은 생물들이(공룡을 포함하여) 완전히 멸종되었다는 것이다.

그러나 미국 지질조사국의 짐 파세트가 이끄는 연구팀은 지금까지 계속되던 이러한 진화 이야기를 완전히 뒤집어버렸다. 연구팀은 미국 산주안 분지에서 발견된 공룡 뼈들을 분석했다. 자기극성과 같은 오래된 지구 연대측정법을 사용하여, 파세트는 "정말로 그 공룡 뼈들은 독립적으로 멸종 이후의 것임을 가리킨다"는 것이다. 그 뼈들은 소행성 충돌 시기의 것으로 말해지는 오래된 뼈들과는 다른 농도의 드문 금속원소들을 함유하고 있었다.

오래된 지구 해석 방법에 의거하여, 일부 공룡들은 추정되는 멸종 사건 이후에도 살아 있었다는 것을 그 연구는 가리키고 있었다. 이 것은 오랫동안 그렇게도 선전되어 오던 공룡 멸종에 대한 유행하는 대중적 이야기가 틀렸을 뿐만이 아니라, 진화론자들이 소행성 충돌에 의한 공룡 멸종은 입증된 사실이라고 주장했던 말들이 모두 거짓이었음을 의미하는 것이다. 이제 이 연구 결과를 피해나가기 위한, 그리고 백악기 말에 일어난 공룡멸종 사건을 유지하기 위한 시도들이 행해질 것이다. 그들의 진화론적 세계관을 유지하기 위해 관측 사실들을 어떻게 끼워 맞춰 해석할지 궁금하다.

LiveScience의 기사는 또한 "많은 과학자들이 이제는 멸종에 관여한 다른 요인(증가된 화산활동에서부터 기후 변화까지)들도 의심하고 있다"고 보도하고 있었다. 사실 노아 홍수 동안과 홍수 이후에 일어난 모든 실질적인 지질학적 활동(화산 활동의 화학적 증거들은 동일하게 소행성 충돌의 화학적 증거들로 해석될 수 있다)들과 변화된 환경(결과적으로 공룡들의 파멸을 이끈)은 젊은 지구/홍수 모델이 예측하고 있는 것과 잘 부합되는 것이다.

〈AiG News, 2009. 5. 2. http://www.creation.or.kr/library/itemview.asp?no=4615〉

순환논법에 근거하고 있는
중생대 말 공룡들의 멸종

지층의 연대는 화석에 의해서 결정되고, 화석의 연대는 지층에 의해서 결정된다는 것을 창조론자들은 잘 알고 있다. 최근 한 기사는 진화론자들이 이러한 '순환논법(circular reasoning)'을 사용해서 어떻게 그들의 그럴 듯한 시나리오를 만들게 되었는지를 보여주고 있었다.

공룡에 의해 만들어진 것으로 추정되는 발자국들이 중국과 페루에서 발견되었다. 당연히 그 지층의 연대는 중생대, 즉 백악기로 결정되었다. 페루에서 발견된 발자국은 자그마한 공룡 하드로사우루스의 것처럼 보였다. 하지만 발자국을 재분석한 결과, 그 발자국은 포유류에 의해 만들어졌으며, 이 작은 포유류는 백악기에는 살지 않았던 것으로 강력하게 주장되었다.

이러한 주장은 신생대 제3기 초인 시신세로 연대가 잘 정해져 있는 미국과 유럽의 유사한 포유류 발자국과의 비교에 근거한 것이었다. 자 이제 중국과 페루에서 발자국들이 발견된 지층의 연대가 어떻게 정해질 것인지 추측해 보라. 지층들은 신생대 제3기 초로 다시 번복되어 정해졌다. 이유는 발자국들은 지층 내에서 가장 신뢰할 만한 연대 지표로 간주되기 때문이다. 물론 이전의 연대 결정은 잘못됐다는 말을 추가하면서 말이다.

또 다른 사례로, 프랑스의 신생대 시신세 지층에서 공룡 알들이 발견되었다. 그리고 이것은 충서학적으로 그 지층을 '재평가'하게 했다. 물론 그 공룡 알들이 발굴된 지층은 결국 백악기 말의 대륙성 퇴적암으로 변경되었다! 그리고 공룡의 알 껍질들과 다른 화석들이 데칸고원의 범람 현무암의 지층 사이의 층간에서 발견되었다. 그러자 이 층간 지층들은 신생대 제3기 초로 추정되는 화석들을 이미 가지고 있었으나, 지금은 백악기 말로 여겨지고 있다.

⟨Michael Oard, http://www.creation.or.kr/library/itemview.asp?no=2473⟩

06 공룡발자국은 노아의 홍수와 같은 격변적 사건을 가리키고 있다

퇴적암에서 수많은 공룡발자국들이 전 세계적으로 발견되어 왔다. 진화론자들은 약 1억여년 전에 살았던 공룡들의 정상적인 행동 양상을 나타내는 것으로 가정하면서, 그들의 믿음 체계 내에서 이 발자국들을 자연스럽게 해석해 왔다. 반면에 성경은 노아 방주에 있던 공룡들을 제외하고, 그 당시에 살고 있던 모든 공룡들은 대홍수로 멸망했다는 것을 명백하게 말하고 있다. 일견 보아서는, 홍수 동안에 공룡발자국들이 있는 지층을 설명하는 것은 어려운 듯이 보인다. 그러나 세부 사항들에 대한 더욱 정밀한 조사는 홍수가 더 합리적인 설명이라는 것을 증명하고 있다.

발자국 행렬은 똑바로 나 있다

첫째, 전 세계에 분포하는 개개의 공룡발자국 행렬(보행렬, 같은 공룡의 것으로 1개 이상의 발자국들)들은 거의 대부분 직선적으로 똑바로 나 있다는 것이다. 눈밭에서 쉽게 관측될 수 있는 동물 발자국처럼,

보통 정상적인 동물의 행동은 이리저리 배회하는 발자국을 만들어야 한다. 똑바로 나 있는 발자국 행렬은 동물이 마치 어떤 사건으로부터 도망가고 있는 것처럼 보인다는 것이다.

최근 연구자들은 영국 남부에서 두 종의 거대한 초식공룡에 의해서 만들어진 40개의 똑바로 나 있는 평행한 발자국 행렬을 발견했다. 또한 하나의 거대한 육식공룡의 발자국 행렬이 근처에서 같은 방향으로 나 있는 것을 발견했다. 이러한 발자국 행렬은 진화론자들에 의해서 포식자와 먹이의 관계로만 해석되었다. 그러나 이러한 발자국 행렬은 여러 종류의 공룡들이 어떤 사건에 의해 같은 방향으로 모두 도망가고 있다고 해석될 수도 있는 것이다.

어린 공룡의 것이 거의 없다

이상한 것은 나이 든 성체의 공룡발자국들과 함께, 아기 공룡이나, 어린 공룡의 발자국들은 거의 없다는(있다 하더라도 소수) 것이다. 정상적인 발자국들의 집합에는 새끼나 어린 동물의 발자국들도 풍부하게 나 있어야 한다. 예를 들어, 아프리카의 암보셀리 국립공원의 코끼리 발자국의 50%는 새끼 또는 어린 코끼리의 것이다. 미성숙한 공룡의 발자국이 극히 드물다는 것으로, 그 발자국 행렬들은 정상적인 활동에 의해서라기보다는 아마도 비정상적인 상황하에서 형성된 것처럼 보인다. 전 지구적 홍수시에 접근하고 있는 홍수물로부터 서둘러 도망하는 데 있어서, 걸음이 느린 아기 공룡과 어린 공룡들은 아마도 뒤에 남겨졌을 수 있다.

발자국 행렬은 홍수 암석에 나 있다

발자국들은 오로지 평평한 지층면에서만 발견된다. 앞에서 언급했던 최근 영국에서 발견된 발자국들이 좋은 예이다. 이것은 평면 지층을 형성하는 빠른 퇴적작용을 지지하고 있다.

이러한 비정상적인 특징을 갖는 공룡발자국들은 정상적인 동물 행동 양상과는 잘 일치하지 않는다. 이러한 사실은 그 당시에 전 세계적으로 공룡들에게 어떤 스트레스가 가해졌다는 것과 잘 일치한다.

발자국들은 홍수 내에서 어떻게 설명될 수 있는가? 발자국들은 살아 있는 공룡들에 의해서 만들어졌기 때문에, 노아 홍수 초기의 150일 동안에 만들어졌어야 한다. 왜냐하면 그 당시에 육지에 사는 코로 호흡을 하는 동물들은 다 죽었기 때문이다. 북아메리카의 록키산맥과 높은 고도의 평원에서, 공룡발자국들은 홍수에 의해서 퇴적된 수백에서 수천 미터 두께의 퇴적암 꼭대기에서 자주 발견된다. 이것은 그 발자국들 위로 놓여 있었던 수백 미터의 퇴적암들이 침식으로 사라지고 남은 침식 잔존물로서 알려져 있다. 이러한 발자국 이후에 쌓인 퇴적물들은 공룡발자국들이 발견되는 높이 아래쪽으로도 연속적으로 침식되어 있다. 이러한 거대한 침식은 솟아오른 대륙에서 가라앉은 대양저로 홍수물들의 후퇴에 기인한 것으로, 홍수 후기의 상황과 일치한다.

홍수는 전진 후퇴를 하였다

홍수는 하나의 복합적인 사건이다. 물은 홍수 이전의 육지를 부드럽게 뒤덮지 않았으며 점잖게 물러가지도 않았다. 홍수 초기, 수면의 상승 동안 해수면의 동요를 초래할 만한 힘이 있었다. 조수 간만 이외에도, 지구 지각의 수직적인 변동과 낮은 지형을 휩쓴 강한 조류 등에 의해, 해수면은 빠르게 오르고 내림을 진행했을 것이다. 지구물리학자인 바움가드너와 바네트는 완전히 홍수로 뒤덮인 지구에서 물의 흐름을 모델화하였다. 그들은 평온한 상태에서의 물에서부터 시작했다. 매우 짧은 시간 내에, 지구의 자전에 의한 회전은 낮게 침하한 대륙 위로 초속 40~80m(90~180mph)의 강한 조류를 일으켰다. 그러나 가장 흥미로운 것은, 어떤 지역에서는 해수면이 수백 미터가 내려가서 바닥과 교차하는 것을 발견했다. 이러한 패턴은 천천히 움직여서, 수 일 동안 육지가 드러나는 것이 지속되었고, 가장자리 부근에서는 해수면의 빠른 변동이 있었다.

공룡발자국은 언제 만들어졌는가?

공룡발자국들이 발견되는 북아메리카 서부의 넓은 지역들은 홍수 초기에 하나의 깊은 웅덩이(해분)로서 시작했을 것이다. 이 웅덩이는 그 지역을 침범한 퇴적물로 빠르게 채워졌을 것이다. 앞에서 언급한 메커니즘의 하나로 기인하여 해수면이 낮아졌을 때, 퇴적층들은 잠시 동안 노출되었을 것이다. 절망적인 공룡들은 아마도 일련의 여울과 둔덕을 발견했을 것이다. 수영을 하면서, 또는 떠다니는 나무 조각들에 매달리기도 하면서, 성숙한 공룡들은 근처의 높은 곳으로 올라가기 위해 신선한 퇴적층들을 밟으며, 발자국들을 남기고, 빨리 알들을 낳으며, 나아갔을 것이다. 물이 다시 올라갔을 때, 그들은 하나의 지층면에 똑바로 나 있는 발자국 행렬들을 남기면서 필사적으로 도망가려고 노력했을 것이다. 또한 올라가는 홍수물은 빠르게 발자국들을 묻었을(발자국이 보존되기에 필요한 상황) 것이다. 사실 공룡발자국들의 존재 그 자체가 빠른 매몰의 증거이다.

우리는 다시 한번 성경적인 세계 역사에서 '풀 수 없는 문제"처럼 보이던 것들이, 자세히 들여다보았을 때 어떻게 풀려지는지를 보게 된다. 오히려 발자국들은 진화론적 해석으로는 하나의 심각한 문제점이라는 것을 발견하게 된다. 그것뿐만 아니라, 우리가 성경을 통해 바라본다면, 공룡발자국들에 관한 사실은 성경이 기록하고 있는 진정한 역사와 일치하고 있으며, 그래서 이 공룡발자국들은 성경을 지지하는 강력한 증거가 되는 것이다.

한 방향으로 나 있는
3,000여 개의 공룡발자국

영국 BBC 뉴스(2010. 2. 6)에 따르면, 중국 과학자들은 산동성 동부의 주청 지역에서 3,000여 개의 공룡발자국을 발견했다는 것이다. 나에게 이러한 보고는 항상 흥미롭다. 왜냐하면 그것은 노아 홍수의 증거이지만, 사람들은 그것을 깨닫지 못하고 있기 때문이다.

"세계 최대의 공룡유적지인 중국 산동성 주청시에서 다시 한번 세계 최대 규모의 공룡발자국 군이 발견됐다. 중국 과학원 척추고생물 연구소는 주청시 황화진 황화구에서 3개월간의 발굴 결과 2천600㎡에 달하는 경사면에서 3천여 개의 공룡발자국들을 무더기로 발견했다고 2010년 2월 7일 신화통신이 보도했다. 이번에 모두 3개 지층에서 발견된 공룡발자국들은 1억 년 전인 백악기 중기의 것으로 추정되며, 숫자나 크기 면에서 세계 최대 규모라는 것이다. 공룡발자국의 길이는 10~80㎝로 다양했으며, 티라노사우루스, 코엘로사우루스, 하드로사우루스를 비롯해 최소한 6종류 이상의 공룡이 살았음을 보여주고 있었다. 또한 공룡발자국은 한 방향으로 나 있어 초식공룡들이 대규모 이동을 했거나, 아니면 육식공룡들에 쫓겨 달아나던 상황이 벌어졌던 것으로 추정됐다. 주청 지역은 2008년 30여 개의 공룡유적지에서 7천600여 점의 공룡 화석들이 발견되어 세계 최대의 공룡유적지로 평가되고 있다."

하나의 수수께끼 같은 현상은 그 공룡발자국들은 모두 한 방향으로 나 있었다는 것이다. 공룡들이 모두 같은 방향으로 지나간 이유는 무엇일까? 중국 과학자들은 "그 발자국들은 공룡들이 대규모 이동을 했거나 아니면 포식자인 육식공룡들에 쫓겨서 달아나던 상황일 수 있다"고 제시했다. 대규모 이동이라! 나는 공룡들이 부드러운 진흙을 밟으며 달려갔던 이유가 궁금해진다. 포식자에 쫓겨서 도망가던 중이었는가? 겁에 질려서? 그곳에서 과학자들은 티라노사우루스, 코엘로사우루스, 하드로사우루스 등을 포함하여 6종의 공룡발자국들을 확인했다고 말했다. 그리고 이들 공룡들이 모두 포식자에 쫓겨서 공포 상태로 도망가고 있다고 그들은 제안하고 있었다.

발자국들 중 일부는 거의 1m 크기였다. 도대체 포식자가 얼마나 큰 공룡이길래, 이러한 발자국을 가진 거대한 공룡이 도망가고 있는 것인지 궁금하다. 티라노사우루스는 육식공룡의 제왕이라고 말해오고 있지 않았는가?

공룡들은 노아 홍수의 불어나는 물로부터 도망가고 있었다. 따라서 공룡들이 공포 상태에 빠졌다는 것은 쉽게 이해된다. 발자국들은 그때까지 공룡들이 살아 있었음을 의미한다. 물은 계속해서 불어나고 있었지만, 아직 전 육지를 뒤덮지 않았고, 코로 숨을 쉬는 모든 동물들을 파멸시키기 전이었다(창 7:19~23).

과학자와 기자들은 그들이 갖고 있는 진화론적 철학 안에서 이러한 종류의 증거들을 해석한다. 수억 수천만 년이라는 개념은 어떠한 의심도 없이 받아들여지고 있는, 가정되고 있는 하나의 믿음 체계이다. 왜냐하면 진화론은 그러한 장구한 연대 없이는 존재할 수 없는 가설이기 때문이다. 그러나 당신이 성경에 기록된 것처럼 진정한 세계 역사를 이해하게 될 때, 이들 동물들에게 진정 무슨 일이 일어났었는지를 이해할 수 있다. 그리고 당신은 언론 매체들이 전하고 있는 우스꽝스러운 설명들을 즐길 수 있게 되는 것이다.

〈Tas Walker, http://www.creation.or.kr/library/itemview.asp?no=4882〉

07 나바조 사암층의 공룡발자국은 노아 홍수를 가리킨다

유타 대학의 지질학자들은 미국 애리조나-유타주 경계 지역에서 주목할 만한 공룡발자국들을 무더기로 발견했다고 발표했다. 그들은 '공룡들이 춤을 추던 마루'로서 그들의 발견을 묘사했다. 그리고 그것은 1억9천만 년 전의 한 모래사막에 있던 오아시스와 나란히 위치했었다는 것이다.

퇴적암에 나 있는 공룡발자국들은 더 이상 흔치 않은 것이 아니다. 그것들은 전 세계적으로 발견된다. 특히 미국 서부의 로키산맥과 고원지대에서는 흔히 발견된다. 오늘날 수백만 개의 공룡발자국들이 알려져 있고, 몇몇은 넓은 지역에 엄청난 양의 공룡발자국들을

유타대학의 지질학자인 윈스톤 세일러가 나바조 사암층에 나있는 수백의 공룡발자국들로 '짓밟힌 표면' 사이를 걸어가고 있다. 뒤로 사층리가 보인다.

남겨 놓고 있다. 어느 지역에서는 너무 공룡발자국들이 많아서 지층이 매우 뒤섞여 있거나, '공룡교란'이 일어나 있다.

원형 자국들은 공룡발자국들로 해석되었다

때때로 한 새로운 발견은 몇몇 이상한 특징들을 가지고 있을 수 있다. 이 새로운 공룡발자국 장소(사실 오래된 장소에 대한 새로운 해석)는 몇몇 이상한 특징들을 보여주었다. 나바조 사암층에 나있는 움푹 패여진 깊은 구멍같은 자국들은 이전에는 풍화작용으로 생긴 것들로 해석되어 왔었다. 이제 원형의 함몰 자국들은 공룡에 의해서 만들어진 것으로 믿어지고 있다. 그 자국들은 미국의 유타조와 애리조나주 경계에 있는 파리아 고원의 나바조 사암층 내에 위치해 있다.

30~50cm 크기의 자국들은 땅에 나 있는 단순한 구멍들처럼 보인다. 그러나 그것들은 척추동물(공룡들로 추정)들이 걸어가면서 생긴 것으로 보이는 특징들을 보여준다. 예를 들면, 드물게 꼬리를 끌고 간 흔적을 포함하여 발톱과 발가락 자국들이 있다. 가장 결정적인 증거 중 하나는 발자국들이 똑바로 보행렬을 형성하며 늘어서 있다는 것이다. 실제 모든 공룡 보행렬들은 서-남서 방향으로 나 있었다. 그 구멍들은 정확한 크기로 나 있었고, 한 층리면에 집중되어 있었다. 많은 수의 발자국들 때문에, 저자들은 그 표면을 '공룡들이 춤을 추던 마루'로 표현했다. 똑바로 나 있는 보행렬을 가진 공룡발자국들을 '춤추는 공룡'들로 표현한 것은 명백한 상상의 비약이며 왜곡이다.

이 공룡발자국의 흥미로운 특징들

강한 방향성을 가지고 있다는 것과 드물게 꼬리가 끌린 흔적이 있다는 것 외에도, 몇 가지 다른 특징은 주목할 만한 가치가 있다. 그 발자국들은 육식공룡과 초식공룡을 포함하여 4종류의 공룡들의 것이라고 주장되고 있다. 서로 적이었을 공룡들이 아마도 거의 같은 시간에 같은 경로로 지나갔다는 것은 흥미롭다. 또한 작은 발자국들은 새끼의 발자국들로 해석된다. 작은 자국들이 정말로 발자국들이라면, 새끼의 발자국들은 매우 드물기 때문에, 그것은 매우 진귀한 발견이 된다.

또한, 흥미로운 것은 저자의 모순된 해석이다. 이들 발자국들은 나바조 사암층에 나 있다. 진화론적 지질학자들은 이 지층을 사막 모래가 암석으로 석화된 것으로 해석하고 있었다. 그래서 그들은 그 장소를 '사막 오아시스' 또는 물웅덩이로 가정했다. 만약 이것이 정말 물웅덩이에서 일어난 경우라면, 왜 이들 공룡발자국들은 모두 같은 방향으로 나 있는가? 동물들이 물웅덩이에서 물을 마신다면 대개 여러 방향으로 발자국을 남기지 않겠는가?

공룡들은 거대한 사막 한가운데에서 무엇을 하고 있었던 것일까?

가장 모순된 점은 공룡발자국들이 거대한 사막이었다고 믿어지던 곳에서 발견되었다는 것이다. 나바조 사암층과 그것과 동일한 퇴적 지층은 265,000km²보다 더 넓은 지역을 차지하고 있다. 그리고 침식되기 전에는 지금의 모래 양의 2배 반은 더 많았을 것으로 추정되고 있다. 나바조 사암층은 남중부 유타주에서 대략 600m 두께나 된다. 이곳이 과거 사막이었다면 사하라 사막보다 더 큰 사막이었을 것이다. 그러면 공룡들은 이 거대한 사막 한가운데에서(비록 오아시스들이 있었다 하더라도) 도대체 무엇을 하고 있었는가? (거대한 초식공룡들이 먹어치웠을 식물의 양을 한번 생각해 보라). 그리고 사막의 오아시스들은 보통의 경우 매우 작다. 그러한 많은 수의 공룡들을 유지시킬 수 없었을 것이다.

더군다나 나바조 사암층에는 공룡발자국들이 발견되는 장소들이 60여 군데나 있다. 그 발자국들의 대부분은 육식공룡들의 발자국들이다. 동일과정설적 견해로서 하나의 미스터리인 것은, 나바조 사암층에는 뼈들이 거의 발견되지 않는다는 것이다. 어떤 사람은 이동하는 모래가 거대한 공룡들을 쉽게 파묻었을 것이라고 생각한다. 그렇다면 왜 뼈들은 발견되지 않는가?

나바조 사암층은 사막 퇴적이 아니다!

나바조 사암층에 나 있는 수천의 공룡발자국들은 이 사암층이 사막 환경에서 퇴적된 것이 아니라는 것을 강하게 암시하고 있다. 그랜드 캐년의 코코니노 사암층에서 보았던 것과 같이, 이 지층은 강한 물 흐름에 의해서 퇴적되었다는 여러 명백한 특징들을 가지고 있다. 첫째로 나바조 사암층은 아래쪽과 위쪽 접촉면에서 둘 다 평탄하거나 거의 평탄하다. 그러한 평탄한 접촉면을 가지는 사막 모래들은 얼마나 있는가? 설상가상으로, 위에 놓여져 있는 카멜 지층은 바다에서 퇴적된 지층이다. 그러나 그 접촉면은 매우 평탄하다.

미국 자이온 국립공원 체커보드 메사 근처의 사층리들과 다중 절단 평탄면을 가지고 있는 나바조 사암층.

둘째로, 두터운 나바조 사암층 내에 있는 사층리들은 가끔 수 km 씩 추적될 수 있는 평탄한 평탄면에 의해서 절단되어 있다. 나바조 사암층의 수직적 노출면에는 이들 평탄면들을 수십 개나 볼 수 있다. 어떤 종류의 사막 과정이 이들 모래 언덕을 잘라내었단 말인가? 동일과정설적 지질학자들이 그러한 특이한 모습들을 설명해보려고 시도해 왔지만, 단서가 될 만한 지푸라기 같은 그 어떠한 유사한 모습도 오늘날에 찾아볼 수 없었다.

셋째로, 사막 모래의 증거로 제시되었던 꽤 둥글고 광택이 없어진 모래 입자들은, 그 무광택이 바람에 의해서 생긴 마모가 아님을 보여주었다. 전자현미경 사진에서 광택이 없어진 표면은 사실은 식각(etched)되었음을 보여주었다. 다른 말로, 모래 입자들은 화학적으로 광택을 잃었다는 것이다. 아마도 퇴적된 후에 압력 하에 물들이 입자들 사이의 공간을 지나가면서 상처가 났을 것이다.

넷째로, 모래의 운반 방향이 바람에 의해서 퇴적되었다고 추정하는 콜로라도 고원의 모든 사암층들의 일반적인 운반 방향과 사실상 동일하다는 것이다. 어떻게 모든 곳의 바람 방향이 항상 일정할 수 있었는가? 그 방향은 북에서부터 북서 방향이다. 더 심각한 문제는 콜로라도 고원의 북쪽에 직접적인 모래 근원이 없기 때문에, 그 운반 방향은 수천 km는 아니더라도 최소 수백 km를 일정하게 유지해야만 한다는 것이다. 그리고 이러한 모래의 운반 방향이 추정되는 1억년의 기간 동안 지속되어야 한다는 것이다. 이것은 완전히 난센스이다. 1억 년이라는 장구한 기간 내내 왜 바람의 방향은 바뀌지 않았는가? 예를 들어 남쪽에서는 일부 모래 사구들은 다른 방향으로 퇴적될 수도 있지 않겠는가?

실제로 무슨 일이 일어난 것일까?

이들 이상한 공룡발자국들과 그들의 강한 방향성은 '일시적으로 노출된 홍수 퇴적물 가설'을 지지하는 증거가 될 수 있다. 공룡알들과 마찬가지로 공룡발자국들은 홍수 동안 물들이 상승하면서, 그들이 아직 살아있을 동안에 공룡들에 의해서 만들어졌다. 그들은 얼마 후에(적어도 150일 이내에) 전 지구가 물로 뒤덮이고, 육지에 있어 코로 숨을 쉬는 살아있는 모든 동물들이 죽을 때(창 7:20~24) 그들도 멸망했다. 수많은 공룡알들, 공룡발자국들, 공룡뼈들에 기초하여 추정하여 볼 때, 새롭게 쌓여지던 홍수 퇴적층들은 노아 홍수의 전반기 동안에 일시적으로 노출되었음에 틀림없다. 그러한 노출은 강한 퇴적 후에, 그리고 일시적인 해수면의 하강 후에(일시적 노출의 원인이 될 수 있는 적어도 4가지 메커니즘이 있다) 쉽게 일어날 수 있었을 것이다. 이러한 일시적 '땅' 위로 상륙한 공룡들은 발자국들을 남기고, 알들을 낳았을 것이다. 그들의 집단적 죽음은 간혹 수천의 공룡잔해들을 가진 화석무덤들로서, 화석기록의 여러 부분에서 발견되는 거대한 골층(bonebeds)들을 만들었을 것이다.

⟨Michael J. Oard, http://www.creation.or.kr/library/itemview.asp?no=4479⟩

일부 지역에서 여러 지층면에 나있는 공룡발자국은 무엇인가?

지질학자들은 간혹 일부 국소 지역에서, 수직적으로 지층면의 여러 깊이에서 나있는 공룡발자국들을 발견한다. 같은 상황이 공룡알에서도 발생한다. 홍수지질학에서 해석하기 가장 어려운, 공룡발자국들의 여러 지층면에서의 발생 사례는 한국의 진동층(Jindong Formation)에서이다. 이 지층에서는 100여 개 이상의 공룡발자국 보행렬들이 100~200m 두께의 얇은 다른 지층면 내에서 다수가 발견된다. 공룡발자국 전문가인 록클리는 그 공룡발자국들의 발생을 "성숙한 그리고 준성숙한 공룡 집단이 목적을 가지고 또는 먼 거리의 이동을 위해 이 지역을 통과했다고(즉 주변을 배회하거나 그 지역을 돌아다닌 것이 아니라고)" 설명했다. 홍수는 그러한 공룡발자국들의 수직적인 배열을 설명할 수 있는가?

실제, 그것은 그렇게 어렵지 않다. 앞에서 본문이 설명한 것처럼, 홍수가 해수면을 변동시켰다. 이것은 어떤 장소에서 공룡들에게 노출된 육지로 앞뒤로 움직이도록 강요했을 것이다. 얇은 퇴적지층들은 해수면이 오르면서 계속 퇴적되었고, 해수면이 낮아진 동안 같은 지역을 다시 되돌아갔을 것이다. 진동층의 경우, 공룡들이 나아간 지역이 꽤 작아서, 공룡들은 이전에 만들었던 발자국들이 나있는 같은 지역을 다시 걸었을 것이다.

하나의 유사한 연속체라는 것이 여러 공룡알들의 층위에 의해서 제안된다. 그것은 국소적 지역에서 발자국들보다 아주 소수의 층위에서 일어나있다.

록클리의 홍수 해석을 지지하고 있는 구체적인 증거가 있다. 진화론적 세계관에 의하면, 100~200m 두께의 지층 안에 나있는 공룡발자국들은 수백만 년에 걸친 오랜 기간 동안에 만들어졌을 것으로 기대하고 있다. 이 경우에서는 여러 종류의 공룡발자국들이 기대되어야 한다. 그러나 실제, 이러한 많은 지층면에 나 있는 모든 공룡발자국들은 각 층위에서 유사하다는 것이다. 록클리는 그 발자국들은 한 종의 공룡에 의해서 만들어진 것으로 추론했다. 이것은 진화론적 시나리오에 의하면, 거의 불가능한 발생인 것이다. 그러나 홍수 모델에서는 예상될 수 있는 것이다.

⟨Michael Oard, http://www.creation.or.kr/library/itemview.asp?no=1682⟩

VI

입증된 격변설 :
미졸라 홍수와 세인트 헬렌 산

01 미졸라 홍수를 입증한
하렌 브레츠

지질학 역사에서 가장 흥미로운 논쟁 중의 하나는 미국 워싱턴 주 동부의 '수로가 나 있는 화산용암지대(Channeled Scabland)'의 기원에 관한 것이다. 그곳의 지표면은 본질적으로 평탄하며 두텁고 광범위한 현무암이 기저에 놓여있고, 단지 얇은 토양층만이 그 위에 덮여있다는 것에 지질학자들은 주목했다. 그들은 이 지역을 화산용암지대(scabland, 딱지 땅, 암반용암지대)라고 불렀다. 또한 지질학자들은 표층 토양은 물론 아래에 있는 기반암인 현무암까지 침식을 일으켜 맨암석층을 노출시키며 흘렀던 '꼰 끈과 같은 패턴'의 깊은 수로들을 관측했다. 이들 수로들의 대부분은 지금은 말라 있고 '쿨리(coulees)'라고 불려지고 있다. 이곳 워싱턴 주 동부의 16,000평방마일의 지역은 '수로가 나 있는 화산용암지대'로 알려지게 되었다.

19세기 말 지질학자들은 '수로가 나 있는 화산용암지대'는 거대한 빙하들이 있던 시기에 형성되었다고 가정했다. 그래서 워싱턴 주 동부의 커다란 마른 수로들은 빙하기 동안에 물의 흐름으로 침식되었다고 생각했다. 이들 초기 지질학자들의 생각은 명백히 동일과정설에 기초한 것이었다. 그들은 화산용암지대 수로들의 침식과 퇴적은

장구한 세월 동안에 매우 느린 과정을 통해
일어났다고 상상했다. 그곳은 지질학적 진
화의 산물이었다고 믿고 있었던 것이다.

비록 관찰되는 지질학적 증거들 모두는 아
닐지라도, 일반적인 지질학적 지형들은 장
구한 시간에 걸쳐 작용한 규칙적인 과정으로
대부분 설명할 수 있다고 그들은 믿고 있었

미국 워싱턴 주 동부의 '수로가 나 있
는 화산용암지대'

다. 시카고 대학에서 지질학 박사 학위를 받은 하렌 브레츠(J. Harlen
Bretz)는 처음으로 이러한 개념에 대해 진지하게 이의를 제기했으나,
결코 쉽지 않았다. 브레츠가 많은 양의 뛰어난 증거들을 제시했음에
도 불구하고(이 이야기에 있어서 가장 흥미로운 점이 바로 이것이다), 그
시대의 주된 패러다임으로 자리잡고 있었던 독단적 교리를 바꾸는

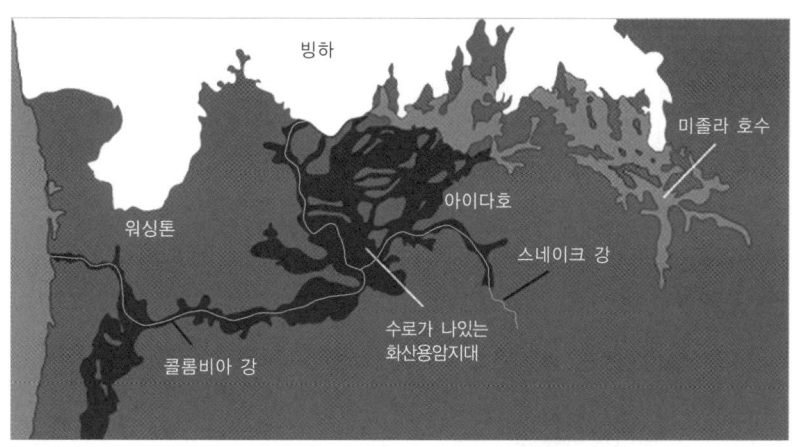

미졸라 홍수에 의해서 황폐화된 지역. 과거 한때 아이다호 북쪽에 있던 빙하 얼음 댐이 붕괴되면서, 미
국 몬태나 주에 3,000평방마일의 면적에 분포하고 있던 대략 500입방마일의 미졸라 호수 물(오늘날 미
시간 호수 물의 반 정도의 양)이 격변적으로 배수되었다. 50입방마일의 퇴적물과 기반암이 격변적으로 침
식되면서, 워싱턴 주 동부의 화산용암지대에 복잡한 그물망의 수로들이 형성되었다. 댐의 붕괴로 이틀
만에 이 거대한 호수가 비워졌는데, 쏟아져 나온 물의 양은 오늘날 전 지구상의 강물 배출량의 10배와
동일한 양이었다.

과정은 그에겐 엄청난 투쟁이었다.

과학자들은 진리에 대한 일반적 탐사에서 객관적이고 냉철하게 조사하고 결론을 내릴 것이라고 많은 사람들은 생각한다. 그러나 대부분의 과학자들은 기존에 알려진 이론과 다른 압도적인 증거들에 직면하고서도, 오랫동안 가지고 있던 자신들의 오류를 인정하고 싶어하지 않는 매우 감정적인 사람들이었다.

화산용암지대에 대한 브레츠의 관심은 1910년에 새롭게 출판된 그 지역의 퀸시 지형도에서 비롯되었다. 같은 해, 조셉 파디는 홍적세 후기 동안 몬태나주 서쪽의 산간 분지를 차지하고 있는 커다란 빙하호수에 대한 지형학적 증거를 기술한 논문을 발표했다. 그는 챔벌린에 의해 이전에 언급되었던 현저한 수평 호안선 또는 '해안선'을 기술했다. 미졸라(Missoula) 빙하호수는 호안선이 특별히 분명했던 미졸라 몬태나의 지명을 따서 이름이 붙여졌다.

하렌 브레츠는 몇몇 뛰어난 지질학과 학생들과 함께 1922년에 수로가 나 있는 화산용암지대에 대한 현장 조사를 시작했다. 그는 7년이라는 시간에 걸쳐 대부분 발로 다니며 여름마다 원정을 계속했다. 그가 본 것은 정말로 주목할 만했다. 예를 들면, 지금은 물이 없는 마른 폭포의 절벽은 5.6km 폭에 수직 높이는 120~180m나 되었다. 이와 비교해서 나이아가라 폭포는 단지 2.4km 폭에 수직 높이가 50m

워싱턴 주 그랜드 쿨리 지역의 마른 폭포(Dry fall)

일 뿐이다. 브레츠는 물에 의해 퇴적된 매우 큰 자갈층 사주의 존재뿐만 아니라, 매우 가파른 수로의 측면 벽과 그것들의 비교적 직선적인 길도 주목했다. 또한 브레츠는 화산용암지대 전체에서 마치 대대적인 빠른 물 흐름에 의해 깎

인 것처럼 보이는 유선형의 특징을 가진 주변 경
관으로부터 튀어나와 있는 거대한 언덕들을 보
았다.

브레츠는 1923년 미국 지질학회지에 그의 최
초의 관찰결과를 제출했다. 첫 번째 논문에서
그는 단지 여러 번에 걸친 현장 활동에서 보았던
것만을 기술했다. 그는 신중하게 그의 관찰내용

빠른 물 흐름에 의해 깎인 것처
럼 보이는 유선형의 언덕들

에 대해 어떠한 종류의 설명이나 해석도 제공하지 않기 위해 특별히
신경을 썼다. 하지만 그는 관찰된 수로 침식에는 엄청난 양의 물이
필요하다는 점을 언급했다. 1923년 브레츠는 자신의 두 번째 논문
에서 그의 동료 지질학자들을 약간이나마 자극하기로 결심했다. 그
래서 두 번째 논문에서 브레츠는 사실상 거대한 한 번의 격변적 홍
수로 말미암아 화산용암지대의 대부분의 현저한 지형들이 만들어졌
을 것이라고 제안했다.

물론 이러한 제안은 동료 지질학자들에 의해서 받아들여지지 않
았다. 이 지역은 명백하게 동일과정적 지질작용에 의해서 수백만 년
에 걸쳐 점진적으로 깎여져서 형성되었다고 생각했기 때문에, 대홍
수 모델과 같은 우스꽝스러운 개념을 제안한 것에 대해 브레츠는 공
개적으로 격렬하게 조롱당했다. 브레츠의 논문을 조롱하고 비웃는
데에, 워싱턴 주의 스포케인 근처 화산용암지대에 대한 1922년 파디
의 간략한 논문이 사용되었다. 그 논문에서 파디는 드문 빙하작용이
매우 장구한 시간 동안에 작용해서 화산용암지대가 만들어졌다고
제안했었다.

하지만 브레츠는 그 지역을 2, 3년 후에 방문했을 때, 파디의 '빙
하' 퇴적물이 사실은 범람 사주(flood bar)였다는 것을 알게 되었다.

매우 흥미로운 것은 브레츠의 생각을 듣고 난 후, 파디가 마음을 바꾸는 것처럼 보였다는 것이다. 파디는 실제로 1925년에 브레츠에게 편지를 써서, 격변적 홍수에 대한 가능한 원인으로 빙하호수의 배수를 고려할 것을 제안했다.

그렇다면 파디는 실제로 미졸라 호수에 대한 홍수가설을 고려했으나, 아마도 그 당시 파디의 상관이던 알덴과 브라이언에 의해 그런 이단적 개념을 더 이상 추구하지 못하도록 설득당한 것처럼 보인다. 이러한 추정은 이제는 수치가 되어버린 1927년의 '화산용암지대 논쟁'에서 브레츠가 충격적인 대홍수 아이디어를 제안했을 때, 파디가 침묵했던 것과 일치한다.

1927년 이전의 지질학자들은 브레츠가 제안한 주장의 심각함을 이해하고 있었다. 만약 이것이 사실이라면, 브레츠의 이론은 다름 아닌 동일과정설의 기초를 손상시키는 것이었다. 예상됐던 것처럼, 격변적 모델을 암시하는 브레츠의 주장에 대한 반대는 정말로 맹렬했다. 사실 당시 지질학자들은 브레츠를 공개적으로 깎아내리고 굴욕감을 주고 싶어 했다. 그래서 이러한 목적을 위해, 브레츠는 워싱턴 지질학회의 공개 포럼에서 그의 생각을 제시해줄 것을 요청받았다. 브레츠는 이 모임의 저변에 깔린 목적이나, 청중들이 그의 생각에 대해 얼마나 적대적인지에 대해서 알지 못했다. 브레츠 모르게, 여섯 명의 '도전적인 선임자들'이 공개토론에서 브레츠의 주장에 맞서서 그를 공격하도록 선발되었다.

브레츠의 발표에 대응하여 처음으로 말한 사람은 알덴이었다. 알덴은 브레츠가 관찰한 많은 특징들은 붕괴된 용암 동굴로 설명될 수 있을 것이라고 제안했다. 그는 또한 브레츠가 관찰한 특징들을 만들어낼 수 있는 홍수는 어마어마한 양의 물을 필요로 할 것이라고 언급했고, 그만한 양의 물을 얻는다는 것은 불가능할 것이라고 자신 있게 말했다. 그러므로 이러한 지형의 기원에는 다른 원인이 있음에 틀림없다는 것이었다. 다른 반대자들은 그 지역을 흐르고 있는 비교적 작은 하천들이 충분한 시간만 주어진다면 관찰된 모습들을 사실상 만들 수 있었을 것이라고 주장했다. 그 지역을 수일 만에 휩쓸어버린 엄청난 규모의 격변적 대홍수 대신에, 하천들이 수백만 년에 걸쳐 화산용암지대의 지형을 조금씩 깎아냈으며, 브레츠의 우스꽝스러운 격변적 개념은 폐기되어야 한다고 주장했다.

하지만 브레츠는 쉽게 패배당하지 않았다. 그는 그의 입장을 뒷받침하는 많은 증거들을 매우 잘 준비해서 그 회의에 왔다. 그는 화산용암지대에서 발견되는 수로와 사주들은 유량이 매우 풍부한 콜럼비아 강이 수백만 년에 걸쳐 만든 것보다도 훨씬 더 컸음을 지적하면서, 6명의 토론자들에게 맞섰다. 관찰된 증거들은 사실상 엄청난 속도로 빠르게 흘렀던 막대한 양의 물이 단지 며칠 만에 전체 지역을 침식했음을 암시하고 있었다.

브레츠의 해석을 뒷받침하는 압도적인 증거들에도 불구하고, '6명의 선임자들'은 그러한 증거들 중 어떤 것도 받아들이지 않았다. 특히 브레츠가 그렇게 많은 양의 물 근원을 입증하거나 설명할 수 없었기 때문에, 그러한 격변적 모델로 그들을 확신시킬 수 있는 것은 아무 것도 없었다. 비록 동일과정설적 가설은 관찰된 증거들과 잘 맞지 않았고, 브레츠의 격변적 모델이 더 적합한 것처럼 보였지만, 아무도 공개적으로 브레츠의 해석을 믿는다고 인정할 수 없었다. 신성한 교리가 되어버린 동일과정설은 인정되도록 강요되고 있었고, 그것은 텅 빈 독단적 교리 이상의 아무 것도 아니었다.

비록 파디가 이 토론에 참석하고 있었지만, 그는 브레츠를 변호하는 말을 하나도 하지 않았다. 그는 단지 토론에 귀를 기울이면서 조용히 앉아 있었다. 아마도 파디가 용기를 내어 더 일찍 말했더라면, 브레츠에 대한 상황은 달라졌을 수도 있었다. 그러나 지질학계의 지배적 패러다임이 되어버린 동일과정설은 화산용암지대에 대한 격변적 기원을 생각할 틈조차 주지 않았다. 결국 브레츠가 제공한 압도적인 현장 증거들은 고려되지 않은 채, 모든 사람들은 그러한 지질학적 특징들이 매우 오랜 기간에 걸쳐 서서히 점진적으로 형성되었다는 것과 완벽하게 일치한다고 믿게 되었다. 그렇게 브레츠에 대한 반대는 오랫동안 맹렬하게 지속되었던 것이다.

1940년 6월 18일이 되자 상황은 브레츠에 대해 서서히 바뀌기 시작했다. 시애틀 워싱턴에 있는 미국과학발전 협의회에서 주관한 '태평양의 제4기 지질학'이라는 제목의 한 학술대회에 '수로가 나 있는 화산용암지대'에 대한 비격변적 기원을 뒷받침한다는 많은 논문들이 제출되었다. 또한 대회 후에 예일 대학의 리차드 플린트가 비격변적 모델에 대한 증거들을 설명하기 위해서 제안한 현장 탐사여행이 조직되었다. 브레츠는 학술대회뿐 아니라, 현장 탐사여행도 참석해 달라는 요청을 받았으나 거절했다. 아마도 그는 그렇게 오랜 시간동안 계속해서 공개적으로 조롱당하는 것에 지쳤을 것이다.

어쨌든 리차드 플린트는 하천의 매적작용(퇴적작용으로 지표면을 평탄화하는 작용), 절개, 빙하성 하류(빙하가 녹은 물이 하천을 이루어 모래와 자갈을 운반하여 빙하연변이나 그 전방에 층상으로 퇴적시킨 것)에 대한 그의 복잡한 논점을 이야기했다. 플린트는 화산용암지대의 범람 사주의 표면 형태가 유수침식으로 인한 단구의 모습이라고 제안했다. 이어서 하쥐는 하천얼음에 의한 복잡한 둑 형성과 하천이 경로를 바꾸는 과정과 관련된 빙식작용을 포함하는 그의 시나리오를 제시했

다. 마침내 그 학술대회의 8명의 연사 중
한 명이었던 파디가 '미졸라 빙하호수 내
의 연흔'에 대해 차분하게 말했다.

카마스 초원에 나 있는 거대한 연흔(물결
무늬) 자국

겸손한 태도로 파디는 몬태나 대초원
지역에서 발견되는 명백하고 특이한 물
흐름 층들을 형성했던 물의 기원이 미졸
라 호수라는 그의 이전 이론뿐만 아니라, 몬태나 북서쪽에 있는 카
마스 대초원에 최고 15m 높이에 150m 정도의 공간을 차지하는 거
대한 '연흔(물결 무늬) 자국'들도 거대한 물 흐름의 증거라고 설명했
다. 그는 계속해서 과거 미졸라 호수에는 약 2,000km³의 물이 있었
으며, 한때 이 호수의 가장 자리를 빙하 댐이 막고 있었음을 보여주
는 증거들을 제시했다. 그리고 빙하 댐이 매우 급격하게 붕괴되었음
을 강하게 제시하는 호수 분지 내의 심하게 침식된 수축 현상들, 흐
르는 물에 의해 운반된 거대한 암설사주들, 그리고 거대한 물 흐름
에 의한 연흔 자국들을 포함한 확실한 증거들을 제시했다.

파디는 계속해서 이것이 일어난 방식은, 얼음 댐이 물을 막고 있
다가 물이 충분히 깊어져 얼음 댐을 들어 올리게 되자 막혔던 물이
거의 상상할 수 없는 힘으로 분출하게 되었고, 호수는 단지 48시간
만에 완전히 비게 되었다고 제안했다. 그는 코딜레란 빙하의 바깥
쪽 부분이 클락 포크강을 막았던 실제적인 빙
하 마개나 댐이었을 것이라고 제안했다. 이
얼음 댐에 의해 약 600m 깊이에 대략 3000평
방마일(7,700km²)에 달하는 미졸라 호수(해발
1,245m)가 형성됐었다. 얼음 댐이 붕괴되었을
때, 미졸라 호수로부터 500입방마일의 물이

미졸라 호수에 있었을 것으로 추정
되는 얼음 댐

시속 80~96km의 속도로 돌진했는데, 그것은 600m 높이의 물 벽이 태평양으로 들어갈 때까지 줄곧 엄청난 파괴력으로 휩쓸어버렸음을 의미한다.

이 거대한 유량의 물은 아이다호 북쪽에 있는 래쓰드럼 대초원을 가로질러 시속 75km로 이동하는 각각 최대 180m 깊이에 달하는 3개의 거대한 흐름으로 나뉘어 워싱턴 동부로 돌진했다고 여겨진다. 이러한 규모를 조금이나마 이해하기 위해서, 이 흐름은 오늘날 전세계에 있는 모든 강물의 흐름보다 10배나 더 큰 규모였다. 이 범람이 스포케인 계곡을 가로질러, 그리고 황토를 덮고 있는 용암대지를 가로질러 밖으로 격렬하게 분출되었을 때, 그것은 다수의 십자꼴이나 '구부러진' 수로뿐만이 아니라, 폭 32km의 체니-팔루스 트랙, 폭 22km의 크랩 크릭 수로, 그리고 80km 길이의 그랜드 쿨리를 파내었다. 서쪽의 호스 헤븐 구릉과 남쪽으로 블루 산맥에 의해 막혔을 때, 물은 콜롬비아 강이 태평양쪽인 서쪽으로 향하는 와룰라 협곡까지 질주했다. 이 협곡은 너무나 좁아서 많은 양의 물이 충분히 빠른 속도로 흘러갈 수 없었기 때문에, 홍수는 아이다호의 루이스톤을 지나 스네이크 강 상류까지 역행했다. 하지만, 결국 물은 태평양 쪽으로 빠졌고, 그 길을 따라 오리건의 윌리암에트 계곡을 범람시켰다.

미졸라 홍수에 의해서 단단한 현무암이 잘려지며 침식된 워싱톤 주 남동부의 팔루스 캐년. 절벽의 높이는 90~150m이다.

이 시간 동안 포틀랜드는 약 120m의 물 아래에 잠겨 있었을 것이다.

물론, 엄청난 양의 물 기원에 대한 파디의 증거는 브레츠가 필요로 했던 바로 그것이었다. 이 증거는 브레츠가 어디엔가 틀림없이 있었을 것으로 생각했던 물에 의한 격변의 원인과 근원을 확신시키는 데 충분했다. 그러한 격변의 결과를 뒷받침하는 모든 정보들은 이미 수년 전부터 준비되어 왔기 때문에, 나머지는 모두 다 맞아 떨어졌던 것이다. 그렇지만 흥미롭게도 파디 자신은 미졸라 호수와 워싱턴 주의 '수로가 나 있는 화산용암지대'의 명백한 연관성을 언급하지 않았다. 파디는 브레츠가 그 점을 말하도록 관대하게 남겨두었다고 몇몇 사람들은 생각했다.

워싱턴 대학과 시카고 대학의 지질학 교수였던 하렌 브레츠(1882~1981). 그는 1920년대에 미국 워싱턴주 동부의 지형 모습은 격변적인 거대한 홍수에 의해서 한 번에 만들어졌다는 제안을 했다. 지질학회는 처음에 그의 가설을 엉뚱한 것으로 취급했고, 격변적 홍수라는 개념을 거부했다. 당시 대부분의 지질학자들은 동일과정설의 편에 서 있었기 때문이었다.

1952년에, 브레츠는 다시 화산용암지대로 현장조사를 하러 가서, 상세한 지도, 항공사진, 그리고 퇴적학적 정보들을 포함하는 훨씬 더 많은 증거들을 가지고 돌아왔다. 그 후 1956년 논문에서, 브레츠는 격변적인 홍수에 대한 가장 확증적인 증거는 사주 표면 위에 있는 거대한 물 흐름에 의한 수류 연흔의 존재로 드러난다고 결론을 내렸다. 이 연흔(물결무늬)은 최대 30미터 높이의 사주가 거대한 물의 흐름에 의해 완전히 침수되었음을 분명히 보여주었다. 거대한 수류 연흔의 수많은 예들은 플린트가 전형적인 하안 단구로 해석했던 같은 사주에서도 발견되었다. 그것이 폭로됨에 따라, 미졸라 호수의 거대한 수류 연흔에 대한 파디의 인정에 뒤이어, 15개 이상의 화산용암지대의 연흔 현장들에 대한 브레츠의 증거자료와, 연흔이 나 있는 100개 이상의 지역들에 대한 베이커와 눔메달의

"하렌 브레츠(J HARLEN BRETZ). 격변적인 홍수가 자연의 펼쳐진 드라마에 때때로 중요한 역할을 할 수도 있었음을 우리에게 끈기 있게 가르쳤던 사람." 결국 격변설이 진실임이 밝혀졌다. 현장 관찰을 통해 그러한 사실이 비교적 쉽게 밝혀질 수 있었음에도, 그것이 알려지는데 50년 이상이 걸렸다.

확인이 있었다. 그러한 모습들은 정말로 엄청난 속도로 격변적으로 흘렀던 매우 깊은 물에 의해서만 만들어질 수 있는 것들이었다. 이것은 동일과정설을 신봉하던 지질학자들이 브레츠의 격변설적 주장을 인정하고 고통스럽게 받아들여야 했던 괴로운 시작이었다.

브레츠의 뛰어난 연구는 오랜 세월에 걸쳐 힘들게 이뤄졌으나, 최종적으로 수용될 때까지 그는 수십 년 동안 커다란 반대와 싸워야만 했었다. 마침내 지질학계는 브레츠가 사망하기 2년 전인 1979년에 지질학 분야에서 가장 권위 있는 메달인 '영예의 메달(Penrose Medal)'을 그에게 수여함으로써 공개적으로 브레츠의 연구를 인정했다. 브레츠가 90세 후반이 되었을 때, 50년 이상 주장해왔던 워싱턴 주 동부의 '수로가 나 있는 화산용암지대'의 형성에 대한 그의 '제정신이 아닌' 격변적 모델에 대한 전반적인 수용이 마침내 실현되었던 것이다.

〈Sean D. Pitman, http://www.creation.or.kr/library/itemview.asp?no=2224, 2226〉

〈Michael J. Oard, http://www.creation.or.kr/library/itemview.asp?no=1484〉

02 세인트 헬렌 산의 폭발로 밝혀진 사실들

지질학자들은 현재 일어나고 있는 지질학적 과정들을 연구하고 관측하여, 어떻게 퇴적지층이 전 지구를 뒤덮게 되었는지를 추론한다. 1800년대 이전의 지질학에서는 한 번의 전 지구적 대홍수가 이들 암석 지층들의 형성 원인이었다는 생각이 지배적이었다. 그러나 이러한 생각은 현대지질학의 창시자인 제임스 허튼과 찰스 라이엘 등이 동일과정설이라는 새로운 믿음 체계로 대체해 버렸을 때 바뀌어졌다.

창조 모델의 기본적인 가정은 한 번의 전 지구적 대홍수가 가까운 과거에 있었다는 것이다. 만약 그 가정이 맞는다면, 격변적인 대홍수 사건의 증거들이 있어야만 한다. 전 지구적 홍수는 식물계와 동물계에 대대적인 파멸을 초래했을 것이고, 지구 행성 전체에 막대한 양의 화석을 포함하는 엄청난 퇴적지층을 쌓아놓았을 것이다. 그런데 화석기록이 보여주고 있는 것이 정확히 이것이다.

창조 모델에 대한 비판 중 하나는 주장되는 대홍수 동안 발생한 과정들을 보여줄 수 있는 자연적 모델이 결여되어 있다는 것이었다. 그러나 세인트 헬렌 산의 폭발은 그러한 하나의 자연적 모델을 제공했다.

1980년 5월 18일 미국 워싱턴 주에 있는 세인트 헬렌 산(Mount St. Helens)의 폭발은 20세기 미국에서 가장 중요한 지질학적 사건 중의 하나로 기억되고 있다. 이 날의 폭발은 지진과 1/2입방마일의 바위들의 굴러 떨어짐으로부터 시작되었다. 그날 아침 화산 안쪽으로 압력이 증가하면서 정상과 북쪽 경사면을 따라 매우 뜨거운 증기를 폭발적으로 분출시켰다. 북쪽 면으로 터진 증기폭발은 2000만 톤의 TNT 폭발과 맞먹는 것으로 6분 안에 150평방마일의 숲을 쓰러트렸다. 화산 북쪽에 있던 스프릿 호수(Spirit Lake)에는 1/8입방마일의 바위 암석들이 떨어짐으로 발생된 엄청난 파도가 분출 전 호수면으로부터 255m 높이로 산 경사면의 나무들을 덮쳤다. 5월 18일에 분출한 화산의 총에너지는 TNT 4억 톤과 맞먹는 위력이었으며, 히로시마에 떨어진 원자폭탄 2만 개에 해당하는 위력이었다. 5월 18일과 연이은 후발폭발 동안 발생한 에너지는 빠른 시간 내에 엄청난 지질학적 과정들을 일으킬 수 있을 만큼 강력했다. 일련의 과정들은 대격변설의 축소형 실험실과 같은 역할을 수행했으며, 지구가 어떻게 생성되었는지에 관한 전통적인 동일과정설에 대해 중대한 도전이 되었다.

아래에 요약된 7가지 경이는 80년대에 세인트 헬렌 산의 분출 활동의 결과로 일어난 7가지 지질학적 모습들이며, MSH(Mount St. Helens) 창조정보센터에 전시되어 있다. 지질학적 모습은 매우 빠르게 형성되었기 때문에, 그러한 모습은 오랜 연대에 걸쳐 일어났을 것으로 믿고 있던 진화론적 사고에 심각한 도전을 불러일으켰다. 우리는 그것을 '경이'라고 부른다. 왜냐하면 그것은 두렵도록 경외스럽게 형성되었기 때문이다. 사실, 이 경이들은 하나님이 이 세상을 심판하셨을 때의 속도를 사람들이 생각해보도록 하는 메시지를 담고 있다.

1. 산은 9시간 만에 알아볼 수 없을 정도로 바뀌었다

　세인트 헬렌 산은 캐스케이드 산맥의 가장 아름다운 봉우리로 여겨지고 있었다. 원뿔 모양으로 눈에 덮인 산은 울창하고 거대한 나무숲을 가지고 있었고, 계곡을 따라 흐르는 물은 북쪽의 수정같이 맑은 스프릿 호수로 흘러들어 가고 있었다. 1980년 3월, 산 안쪽에서 올라오기 시작한 마그마는 틈을 벌리고 있었다. 5월 18일 오전 8시 32분에 일어난 강력한 지진은 산의 북쪽 경사면을 아래 계곡 쪽으로 무너지도록 유발했고, 압력은 측면으로, 북쪽 방향으로, 부채꼴 모양의 폭발을 일으키며 감소되었다. 이 초기의 8분 동안의 폭풍은 230 평방마일의 숲을 파괴했다.

　산은 저녁때까지 폭발을 계속했고, 9시간 안에 산의 중심부와 정상의 1/4이 사라졌고, 거대한 갈라진 틈을 가진 말굽 모양의 분화구를 남겼다. 깊은 계곡들은 메워졌고, 75m의 퇴적물이 호수바닥에 퇴적되었고, 산의 북쪽과 북서쪽으로 흐르던 강은 평균 45m 깊이의 퇴적층 아래로 묻혀버렸다. 단지 9시간 만에 그 지역은 끔찍하고, 생명이 살지 못하는 달 표면처럼 되어버렸다.

2. 침식은 빠르게 진행되었고, 협곡들이 5달 만에 형성되었다

　세인트 헬렌 산의 화산폭발동안 증기폭풍, 산사태, 호수의 파도, 뜨거운 화산재의 흐름, 진흙 흐름 등에 의한 쓸어냄으로 엄청난 침식이 동반되었다. 터틀강 계곡의 북쪽 요새 60km²는 3km³ 정도의 산사태와 화산분출물 등으로 막혀 1980년 이후 빠르게 침식되었다.

세인트 헬렌 산으로부터의 진흙 흐름(mudflow)은 가장 중요한 침식의 원인이었다. 1982년 3월 19일에 진흙 흐름은 터틀강 계곡의 노스폭 상류에 깊이 40m로 캐년과 같은 침식을 일으켰다. 분출 후 5개월 안에 2개의 캐년(협곡)이 진흙과 화산성 쇄설물질의 흐름에 의해서 형성되었고, 이것은 2.4×3.2km 분화구의 배수로를 이루었다. 최초의 배수로인 스텝 캐년은 210m 깊이까지 이르렀고, 그것의 동쪽으로 루이트 캐년이 형성되었다. 캐년들은 둘 다 단단한 암석을 30m 깊이로 자르며 지나갔다. 작은 시내들이 각 캐년을 따라 흘렀다. 캐년에 대한 전형적인 진화론적 설명은 시냇물이 광대한 세월 동안 천천히 점진적으로 파내서 캐년을 형성했다는 것이었다. 그러나 세인트 헬렌 산에서는 협곡들이 먼저 빠르게 형성되었고, 그 다음에 물의 흐름이 협곡을 따라서 시작되었던 것이다. 전 세계에서 가장 장엄한 광경인 그랜드 캐년은 수천만 년의 오랜 시간 동안 콜로라도강의 침식에 의해서 형성되었다고 교과서들은 말하고 있다. 오늘날 침식 분야의 전문 과학자들은 그랜드 캐년은 세인트 헬렌 산의 협곡과 같이 빠르게 형성된 것으로 믿고 있다.

　터틀강의 상류로 흘러 들어가고 있는 작은 지류들은 침식이 매우

세인트 헬렌산의 리틀 그랜드 캐년. 30m 깊이의 협곡이 화산쇄설물 등에 의한 침식으로 하루 만에 형성되었다. 이 협곡은 놀랍게도 그랜드 캐년의 1/40 스케일의 모델처럼 보였다. 이 캐년의 형성 과정을 직접 보지 못한 사람은 현재 바닥을 흐르고 있는 작은 시내가 수백 수천만 년에 걸쳐 파내었다고 생각할 수도 있을 것이다.

빠르게 발생했었다는 관측 사실을 제외하고는, 매우 오랜 기간 천천히 캐년을 만든 것처럼 보였다. 지질학자들은 지층과 지형이 매우 오래된 시간에 걸쳐 형성되었다고 훈련받아 왔다. 그러나 세인트 헬렌 산은 이러한 개념이 잘못되었으며, 모든 것을 잘못 해석하고 있을 수 있음을 가르쳐주었다.

3. 5일 만에 형성된 황무지

황무지 지형은 사우스웨스트와 사우스다코타에서 발견된다. 그것은 헐거운 물질들이 암석으로 되어 있는 지역에서 침식될 때 발생하는데, 뾰족한 그러나 아름다운 경관을 만들어 놓는다. 그러한 지형에 대한 표준 설명은, 수 세기에 걸쳐서 물이 헐거운 물질들을 씻어가 버려, 우뚝 서있는 탑들과 같은 암석 모습들을 남겨 놓았다는 것이었다.

세인트 헬렌 산에서 발생한 거대한 사태(landslide)는 거대한 양의 얼음과 눈을 같이 운반했고, 그것은 북쪽의 깊은 계곡을 묻어버렸다. 섭씨 290℃의 뜨거운 재가 하루에도 9m 두께로 퇴적되었는데, 이들 뜨거운 재들이 계곡에 쌓여 있던 얼음과 눈을 덮었을 때, 아래에 묻힌 물과 얼음은 가열된 후 증기로 되어 구멍을 뚫고 터져 나왔다. 그리고 어떤 것은 증기폭발 구덩이라는 것을 형성하여 38m 이상 깊이의 계곡과 물이 마른 협곡들을 만들었다. 그것들은 중력에 의해서 붕괴될 때까지 거의 수직의 측면을 가지고 있었다. 매우 골이 깊은 계곡과 마른 협곡들이 화산암이 덮여진 지 5일 이내에 증기폭발한 구멍의 가장자리에 형성되었다. 지형학적으로 계곡과 마른 협곡들은 지질학자들이 보통 수백에서 수천 년에 걸쳐 형성되었을 것으로 추정하는 침식에 의한 황무지와 너무나도 닮았다.

4. 3시간 만에 형성된 층을 이루며 쌓인 지층들

120m 이상 두께의 지층이 1980년 이후 세인트 헬렌 산에 형성되었다. 이러한 퇴적은 최초의 증기폭풍, 산사태, 호수 파도, 열쇄설성 흐름, 진흙흐름, 화산재, 물 흐름 등으로부터 만들어졌다. 아마도 가장 놀라운 퇴적은 붕괴된 화산 위로 분출 찌꺼기들이 덮이는 것처럼, 화산 옆구리로부터 매우 빠른 속도로 움직이는 지표면의 파여진 물질, 유동물질, 미세한 화산부스러기들의 맹렬한 현탁액 등으로 이루어진 열쇄설성 흐름에 의한 퇴적이었다. 이러한 퇴적층은 수초에서 수분 안에 1mm에서부터 1m 두께까지 다양한 미세한 재와 경석(pumice)으로 된 얇은 층리들을 형성했다.

1980년 6월 12일, 세 번째의 폭발성 분출은 지질학자들도 깜짝 놀랄 만한 7.5m의 층리를 만들었다. 연속적으로 쌓여 있는 지층들은 오랜 시간에 걸쳐 형성되었다는 것이 전통적인 생각이었다. 그러나 100개가 넘는 층리들이 밤 9시에서 12시 사이에 대부분 쌓였다. 연기 기둥이 산 위로 14.4km를 솟아오르는 동안 화산쇄설성 흐름은 계속해서 연속적으로 분화구 밖으로 토해져 나와 북쪽 경사면 아래로 흐르기 시작했고, 또 다른 층구조를 이루며 계곡 아래로 쌓여 갔다. 1인치(2.54cm)에서 1야드(91.4cm) 정도 두께의 각 층들이 형성되는 데 수 초에서 수 분 정도밖에 걸리지 않았다.

지질학자인 스티븐 오스틴은 이러한 화산쇄설성 흐름을 땅에 붙

세인트 헬렌 산의 폭발은 지층들이 매우 빠르게 형성될 수 있음을 보여주었다. 사진의 하단 1/3은 1980. 5. 18일 오후에, 중간 1/3의 7.6m 두께로 쌓인 화산쇄설성 퇴적물은 1980. 6. 12일에 형성되었고, 상단의 검은 색의 이류퇴적물은 1982. 3. 19일 후발 폭발로 쌓였다.

어, 유동화된, 미세한 화산성 찌꺼기의 맹렬한 혼합물 흐름으로 묘사했다. 그것들은 허리케인과 같은 속도로 산의 측면 아래로 움직이면서, 섭씨 538℃의 침전물들을 남겼다. 각 침전물은 철저하게 혼합되어 균질화될 것으로 기대됐었다. 놀랍게도 고속으로 흐르는 시뻘건 재와 경석의 이 혼합물은 거친 입자층과 미세한 입자층으로 완전히 분리되었다. 그러한 모습은 인공 수로 퇴적 실험에서 증명되었던 퇴적 모습을 보여주고 있었다.

이것과 유사한 얇은 층리현상이 그랜드 캐년의 타핏 사암층에 나타나 있다. 일반적인 통념은 오랜 시간에 걸쳐 느리고 지속적인 퇴적작용에 의해서 그 지층이 만들어졌다고 말해져왔다. 세인트 헬렌 산의 지층을 형성했던 가스-함유 혼합물과 타핏 사암층을 형성했던 물-함유 혼합물은 둘 다 똑같은 물리법칙을 적용할 수 있다. 화산 분출은 그러한 지층들을 빠르게 형성할 수 있음을 보여주었다. 그러므로 전 지구적인 홍수는 빠른 시간 내에 타핏 사암층을 형성할 수 있었을 것이다.

5. 9시간 만에 형성된 하천 계

1980년 5월 18일의 산사태는 스프릿 호수로 흘러들어가는 강과 고속도로를 평균 45m 깊이로 파묻어버렸다. 그것은 또한 터틀 계곡 위쪽의 23평방마일에 존재하던 대부분의 다른 수로들을 파묻어버렸고, 계곡의 입구를 막아버렸다. 22개월 동안 태평양으로 들어가는 어떠한 확보된 물의 통로도 존재하지 않았다.

그리고 1982년 3월 19일에 일어난 분출은 겨울동안 분화구 안에 축적되어 있던 많은 다져진 눈들을 녹였다. 물은 산 경사면의 푸석푸석한 물질들과 혼합되어 거대한 진흙 흐름을 만들었다. 눈으로 볼 수 없었던 9시간 동안에, 진흙 흐름은 계곡의 많은 지역에 걸쳐 완전한 배수로를 조각했고, 태평양으로 들어가는 길을 다시 열었다. 배수로는 30m 깊이의 협곡을 적어도 3개를 포함하고 있었다. 하나는 리틀 그랜드 캐년이라는 닉네임을 가지게 되었는데, 그것은 그랜드 캐년의 1/40 크기의 축소 모델이었기 때문이었다. 적은 물이 장구한 시간 동안 만들어 놓았다는 모습을 많은 물(또는 진흙)은 빠르게 만들어 버렸다.

진화론적 지질학자들은 워싱톤 주 동부의 16,000평방마일의 '수로가 나 있는 화산용암지대'의 형성에 장구한 시간이 걸렸다고 주장했었다. 1970년대에 들어서서 그들은 마침내 그랜드 쿨리를 포함하여 이 지역의 방대한 지질학적 지형들의 대부분이 격변적 사건(미졸라 빙하호수의 자연적 붕괴)의 결과로 단지 2일 만에 형성되었음을 인정했다. 격변적 사건들은 지구 표면의 거대한 침식 지형들을 매우 잘 설명하고 있는 것이다.

6. 수직으로 가라앉은 통나무들은 단지 10년 만에 오래된 숲처럼 보였다

　세인트 헬렌 산의 주 분출이 있던 날 100만 개의 통나무들이 스프 릿 호수로 밀려들어갔다. 호수 표면의 5km²를 수백만 그루의 거대 한 통나무들이 떠다니며 매트처럼 덮어버렸다. 이 통나무들은 자유 로이 바람에 따라 떠다녔고, 부유 통나무들은 점점 감소했는데, 이 것으로 나무들이 점차적으로 호수바닥으로 가라앉고 있다는 것을 알 수 있었다. 떠다니는 통나무들에 대한 세밀한 관찰결과 많은 나 무들이 수직으로 떠 있었다. 통나무들의 약 10% 정도는 뿌리 부분 이 치밀한 나무들이었는데, 이러한 나무들은 뿌리 쪽은 물속에 잠겨 있었고, 반대 끝은 물 밖으로 나와 있었다. 시간이 지나가면서 그 통 나무들은 수직으로 서있는 모습으로 바닥으로 가라앉았다. 그들의 뿌리는 호수 안으로 계속 밀려들어오는 퇴적물에 의해 빠르게 덮여 졌다. 수직으로 묻힌 나무들은 오랜 세월에 걸쳐 한 숲이 그 자리에 서 자라서 죽고 묻히고, 그 위로 또 다른 숲이 자라서 죽고 묻힌 것 처럼 보였다.

　이러한 수직으로 묻힌 통나무들은 수백 년 이상 그곳에서 자라난

1980년 세인트 헬렌 산 폭발 후 스프릿 호수에 떠 있는 백만 그 루 이상의 나무들

세인트 헬렌 산의 스프릿 호수에 수직으로 떠 있는 통나무들

스프릿 호수는 폭발 후 바닥에 약 90m의 퇴적물이 쌓였고, 수면은 75m 상승하였다. 이들 나무들은 수직으로 선 채로 여러 지층 높이에서 묻혔다.

나무처럼 보였다. 이것은 옐로스톤 국립공원에서 발견된 수직으로 서있는 화석화된 '숲'을 해석하는 기준이 되었다. 스피릿 호수의 수직으로 퇴적되는 통나무들에 대한 더 많은 정보를 얻기 위해서, 몇몇 연구자들은 수중음파탐지기와 스쿠바를 이용하여 호수 바닥을 조사했다. 똑바로 선 채로 완전히 물속에 잠긴 수많은 통나무들이 음파탐지기로 발견되었고, 잠수부들에 의해서 실제로 확인되었다. 호수바닥 전체에 대한 조사가 실시되었는데, 1985년 8월까지 호수 바닥 층에는 수직으로 묻혀 있는 19,000그루 이상의 나무들이 있는 것으로 조사되었다. 수직으로 선 채 침전된 나무들의 평균 높이는 6m였다.

음파탐지기 기록과 잠수부에 의한 조사결과 수직으로 묻혀진 나무들 중 많은 수가 밑둥 부분에 뿌리 덩어리들을 가지고 있는 것으로 밝혀졌다. 게다가 나무들은 함께 뭉쳐져 있지 않고, 불규칙적으로 떨어져 존재하여, 마치 본래의 장소에 숲을 이루고 자랐던 모양처럼 나타났다. 수직으로 선 나무들에 대한 잠수조사 결과 밑부분이 퇴적물에 쌓여 있지 않은 것도 있었지만, 몇몇은 이미 바닥으로부터 90cm 이상이 퇴적물에 의해 묻혀서 고체화되어 있었다. 이것은 똑바로 선 나무들이 비슷한 시간에 다른 높이의 지층에서 뿌리를 가진 채 퇴적될 수 있다는 것을 입증했다. 만약 이렇게 묻힌 나무들이 층 서학적 시각으로 조사된다면, 수천 년의 시간차를 두고 다른 지층에서 자라난 다중숲으로 해석되었을 것이 틀림없었다.

그러한 지형 모습은 옐로스톤 국립공원의 스페시멘 능선을 포함하여 여러 장소들에서 발견되고 있다. 그곳에서 지질학자들은 산등성이의 27개의 다른 지층들에서 뿌리를 가진 화석화된 나무숲들을 발견했고, 27개의 연속적인 숲을 관측했다. 스페시멘 능선에 있는 안내 표지판에는 그들의 실수가 적혀 있었다. "산을 구성하는 화산성 암석 내에는 5천만 년 전에 번성했던 27개의 분명한 층을 가진 화석숲이 묻혀 있다"

이제는 그 진실이 밝혀졌다. 그 표지판은 지금은 치워졌다. 과학자들은 스프릿 호수에서 보여진 현상이 스페시멘 능선을 설명하고 있다는 것을 깨달았다. 나무들은 호수 위를 떠다녔고, 물먹은 통나무가 되어서 상당 기간에 걸쳐 바닥으로 가라앉으며, 하나 위에 또 하나의 숲이 자랐던 것처럼 다중숲의 모습을 보였던 것이다. 5천만 년에 걸쳐 일어났다는 모습이, 그리고 나무가 화석화하는 데 걸린다는 시간(100~1000년)까지 더해서 이 모든 것들이 단지 몇 개월 만에도 형성될 수 있었던 것이다.

7. 빠른 석탄 형성의 새로운 모델

스피릿 호수에 떠다니는 수많은 통나무 매트들은 바람과 파도에 의해 서로 부딪쳐 껍질과 가지들을 잃어버렸다. 호수 바닥에 대한 잠수부 조사에 의하면, 물에 흠뻑 젖은 나무껍질들은 바닥에 매우 풍부했는데, 호수바닥은 호수해안으로부터 밀려오는 화산 침전물에 의해 덮여지면서 수인치 두께의 토탄이 축적되고 있었다. 스피릿 호수의 토탄은 구성물내용이나 형태상으로 나무껍질이 많고, 떠다니던 통나무 매트 아래에 축적된 모습이 미국 동부의 석탄층들과 매우 유사했다.

석탄은 늪지대에 자라던 식물들이 그 자리에 묻혀서 축적된 유기물질들로부터 만들어진다고 전통적으로 생각하고 있었다. 늪지대에 토탄의 축적은 매우 천천히 일어나기 때문에, 지질학자들은 석탄 1인치가 형성되는 데 천 년 정도의 석탄형성 물질들이 축적되어야 한다고 생각하고 있었다. 그러나 스피릿 호수의 이탄층은 매우 빠르게 토탄이 축적됨을 증명했다. 늪지대의 토탄들은 나무껍질들을 극히 드물게 가지고 있다. 왜냐하면 나무뿌리의 뻗어나가는 작용에 의해 토탄들은 분해되고 균질화되기 때문이다. 반면에 스피릿 호수의 토탄은 나무껍질들을 가지고 있어서 조직구성에 있어 석탄과 매우 유사했다. 스피릿 호수의 토탄이 석탄으로 변형되기 위해서 필요한 모든 것은 매몰과 약간의 가온이었다. 이와 같이 스피릿 호수에서 석탄형성의 첫 번째 단계가 관측될 수 있었다.

스티븐 오스틴 박사는 켄터키 탄전에서의 그의 연구에 기초하여 석탄 형성에 관한 새로운 모델에 대해 펜실베이니아 주립 대학에서 박사 논문을 썼다. 지질학자들은 100년 이상 동안 석탄 형성을 설명하기 위해서 토탄 늪지 모델을 사용해 왔다. 오스틴은 그 설명이 적절하지 않다고 주장했다. 왜냐하면 석탄은 늪지의 토탄과 같이 미세한 조직이 아니라, 나무껍질과 같은 거친 조직으로 되어 있기 때문이었다. 늪지 토탄은 뿌리 부분을 자주 가지고 있지만, 석탄은 그렇지 않다. 늪지 토탄은 토양층 위에 놓여 있었지만, 석탄은 자주 암석층 위에 놓여 있다. 어떠한 늪지 토탄도 석탄 안에서 부분적으로 발견되지 않았다.

오스틴은 대홍수에 의한 격변이 수백만 에이커의 숲들을 뒤집어엎은 후, 뽑혀져 나온 식물들이 뒤엉켜 물 위에 매트를 이룬다는 떠다니는 매트 모델(floating mat model)을 착안했다. 그 매트들은 켄터키 주 위의 바다를 섬처럼 떠다녔고, 서로 부딪치면서 껍질들을 바닥으로 떨어뜨렸다. 연속해서 발생한 화산 활동은 열과 압력을 제공했다. 최종 물질들은 실험실에서와 같이 석탄을 만들었다. 그 결과 켄터키 주에 얇은 석탄층들이 풍부하게 존재하게 되었다는 것이었다. 그리고 오스틴은 박사학위를 취득했다.

세인트 헬렌 산이 폭발한 후 단지 10개월 만에, 백만 개의 통나무들을 포함하여 막대한 양의 식물들이 스프릿 호수 안으로 쏟아 부어졌다. 오스틴 박사는 호수에서 껍질이 벗겨진 통나무들을 발견했다. 호수 바닥에는 90cm 두께로 나무껍질들이 다른 식물과 퇴적물과 섞여진 채 가라앉아 있었다. 지금까지 그 물질들은 단순히 천천히 썩어가는 식물들로 남아 있다. 그러나 만약 격변이 적절한 열과 압력을 가했다면, 그 물질들은 빠르게 석탄으로 변했을 것이다. 오스틴 박사의 연구는 석탄이 형성되는 데 수백만 년이 걸린다는 이론이 매

스티븐 오스틴이 제안했던 석탄의 기원에 대한 '떠다니는 매트 모델'이 스프릿 호수에서 그대로 재현되었다.

우 의심스러운 생각임을 밝혀냈던 것이다.

결 론

우리들이 보고 있는 지질학적 모습을 만든 것이 "적은 물과 오랜 시간인가, 아니면 많은 물과 적은 시간인가?" 이 둘 중에 오직 한 견해만이 옳은 것이다. 그리고 이 둘 중에 오직 한 견해만이 성경의 기록과 일치하는 것이다. 당신은 어느 견해가 옳은 것이라고 생각하는가? 우리는 노아 홍수를 목격하지 못했다 할지라도, 현대의 격변들을 목격하고 있다.

세인트 헬렌 산의 폭발은 급격하게 일어나는 지질학적 과정들을 공부할 수 있는 극히 드문 기회를 제공했다. 지질학자들이 수천 년이 걸렸을 것이라고 생각했던 변화를 수개월 만에 일으켰던 것이다. 그러므로 세인트 헬렌 산의 폭발은 지형이 어떻게 만들어졌으며, 얼마의 시간이 걸렸는지에 관한 개념에 중대한 도전이 되고 있다. 세인트 헬렌 산의 폭발로 일어난 지질학적 결과와 과정들은 격변설에 대한 소형 실험실로서 역할을 했다. 세인트 헬렌 산의 폭발은 노아 홍수의 날이 이와 같았을지도 모른다고 상상하는 데에 많은 도움을 주었던 것이다.

⟨Steven A. Austin, http://www.creation.or.kr/library/itemview.asp?no=285

Lloyd & Doris Anderson, http://www.creation.or.kr/library/itemview.asp?no=1814⟩

노아 홍수 동안
육상 식물에 무슨 일이 일어났는가?

성경은 분명히 거대한 홍수가 전 지구를 덮었었다고 가르치고 있다. 홍수의 주된 목적은 노아의 시대에 타락한 세상을 심판하시기 위함이었다(창 6:7). 그러나 이 심판은 동물들과 지구 전체에까지 확장되었다. 홍수 이전에 식물들은 특별히 언급되어 있지 않다. 그러나 홍수물은 모든 육지의 식물, 나무, 농작물, 숲, 습지들을 황폐화시켰을 것이다. 그들 중 남은 것에게는 무슨 일이 일어났을까? 분명히 많은 식물들은 홍수의 퇴적물로 파묻혔고 화석화되었다. 화석화된 나무들은 전 세계적으로 홍수로 퇴적된 퇴적지층의 어떤 층들에서 발견된다. 자주 화석화된 작은 나뭇가지, 잎, 또는 양치류들의 인상 화석들이 발견되지만, 이들은 꽤 드물게 나타난다. 명백히 식물들의 대부분은 화석화되지 않았다. 이들 나머지들은 어디에 있는 것인가?

석탄은 식물의 변성된 잔유물로서 오래 전부터 확인되어 왔다. 매장된 석탄량과 극지방에서도 발견되는 석탄은, 홍수 이전의 세계가 오늘날과는 다르게 울창한 숲을 이룬 식물들로 번성했었음을 알게 해준다. 석탄기의 석탄층에서 화석화되어 있는 전형적인 나무들은 광범위하게 얕은 뿌리를 가진 채, 홍수 동안에 식물들의 떠다니는 매트(floating mats)가 되어 해안가 근처의 떠다니는 '섬'처럼 존재했을지도 모른다는 증거가 있다. 이것들은 파묻혔고, 석탄으로 변형되었을 것이다. 일부 매트의 크기는 오늘날의 어떠한 토탄 습지보다도 크고 거대했었음에 틀림없다. 왜냐하면, 몇몇 경우에서 그들이 남겨놓은 석탄층들은 한 주(state) 전체를 덮을 정도이기 때문이다.

홍수물 위에 있던 매트들은 격변적인 폭풍 동안 여러 동물들이 죽기 전까지 수 주 또는 수 개월 동안 생존할 수 있는 일시적인 피난처가 될 수 있었을 것이다. 또한 떠다니는 식물 매트들은 곤충들이 그들의 알이나 유충들로서 생존할 수 있었던 장소가 될 수 있었을 것이다. 이곳에서 살아남은 곤충들은 전 세계적으로 분포되고 재번성하여, 홍수가 끝난 후에 씨앗, 싹, 화분들로 살아남은 식물들의 수분을 용이하게 했을 것이다.

성경은 그러한 식물 재성장의 경우 하나를 언급하고 있다. 그것은 방주로 돌아온 비둘기가 물고 온 감람나무(olive)의 새 잎사귀이다. 감람나무는 생명력이 강한데, 홍수 물이 물러가면서 떠다니던 감람나무 가지는 땅에 닿았고, 짧은 기간 내에 새 잎사귀를 내었다는 것은 매우 합리적일 수 있다. 그리고 이러한 것들은 홍수의 상세한 것들을 설명할 수 있게 한다. 전 지구적인 홍수의 규모는 우리를 놀라게 할 수 있다. 그러나 성경에 기록된 그대로를 믿으며 연구할 때, 어려웠던 문제들은 하나둘씩 해결되는 것이다.

⟨John D. Morris, http://www.creation.or.kr/library/itemview.asp?no=2075⟩

03 옐로스톤의 석화된 숲

미국 최초의 국립공원인 옐로스톤 국립공원은 3개 주에 걸쳐서 200만 에이커의 면적을 포함하고 있다. 그곳 자연의 아름다움과 독특한 경관은 옐로스톤을 자주 방문하는 사람들에게 인상적이다. 한때 활화산이었던 옐로스톤은 오늘날 다양한 야생생물과 끓는 진흙 웅덩이, 그리고 많은 간헐천과 온천으로 유명하다.

주기적으로 분출하는 올드 페이스풀 간헐천은 가장 인기 있는 장소로서 매년 수백만 명의 관광객들을 이곳 국립공원으로 불러 모으고 있다. 또한 옐로스톤은 회색곰, 들소, 큰뿔양, 늑대들이 살아가는 삶의 터전이며, 많은 야생동물의 피난처이다. 아름다운 태고의 자연적 경관 외에도, 옐로스톤은 또한 매우 독특한 돌로 된 석화림(Petrified Forests, 화석화된 숲)으로 유명하다.

석화된 숲

옐로스톤의 석화된 숲은 절벽 가장자리가 침식되어, 돌로 변한 나

미국 옐로스톤 국립공원의 똑바로 선 채로 화석이 되어 있는 화석나무들

무들이 많은 지층에서 보일 수 있게 되면서 드러났다. 스페시멘 능선(Specimen Ridge)에는 27개 이상의 석화된 나무의 층이 하나의 꼭대기 위로 다른 하나가 놓여져 석화림을 이루고 있으며, 50개 이상의 석화된 나무의 층들이 드러나 있다. 이들 석화된 나무들은 광충작용이라고 불리는 과정을 통해서 형성되었는데, 나무의 세공이 규소가 풍부한 물에 의해 광물로 채워지면서 일어났다. 그리고 이들 광물로 채워진 세공은 나무의 원래 형태를 유지하면서 나무가 부패되는 것을 막는다. 풍부한 실리카로 치환된 나무는 각 세포도 자주 인식할 수 있을 정도로 석화되어 보존된다. 석화가 일어나면 물체의 원래 모습은 변화되지 않는다.

석화된 숲은 언제 형성되었는가?

진화론적 견해　진화론자들은 옐로스톤의 석화된 숲을 순환적 주기가 반복된 결과로서 설명한다. 즉, 1)한 숲이 자랐다. 그 다음에 화산재와 다른 암석 부스러기에 의해서 파묻혔다. 2)용해된 광물이

나무에 스며들었고, 그들을 석화시켰다. 3)화산재는 점토와 토양으로 풍화되었다. 4)새로운 숲이 이전의 숲 위에서 자라났다. 이 숲은 다시 화산재에 의해서 연속적으로 묻혔고, 위의 과정이 되풀이되었다. 이 과정은 옐로스톤에서 발견되는 27~50개의 화석 숲 층들을 만들기 위해서 수십 번은 되풀이 되었을 것이고, 적어도 3만년 이상 걸렸을 것으로 추정하고 있다. 그리고 이들 석화된 숲을 포함하고 있는 지층들이 침식되어 오늘날 옐로스톤에서 우리가 보고 있는 것이 드러나게 되었다는 것이다.

성경적 견해　성경을 믿는 창조론자들은 다른 방법으로 이 숲을 설명한다. 증거들은 격변적인 과정을 가리킨다. 이것은 대략 6,000년 전의 창조와 그 후에 일어난 한 번의 전 지구적인 홍수가 있었다는 성경적 가르침과 일치한다. 옐로스톤의 석화된 숲은 창세기 홍수 동안에 일어난 격변적 매몰의 결과이다. 세인트 헬렌 산에서 수직으로 파묻혔던 나무들처럼, 화산 폭발을 동반한 노아의 홍수는 이들 나무들을 빠르게 퇴적시켰고 빠르게 석화시킬 수 있었던 적절한 환경을 제공했다.

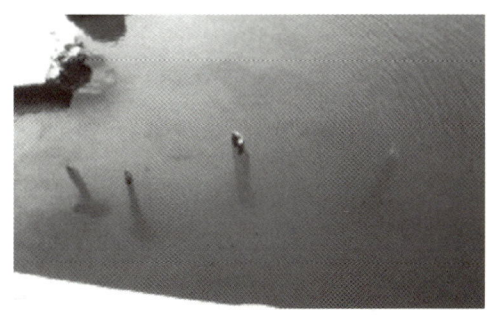

세인트 헬렌 산 폭발 후 스프릿 호수에 수직으로 떠있는 통나무들

어떤 증거들이 관측되고 있는가?

어느 해석이 옳은지를 알기 위해서는 옐로스톤에 존재하는 증거들을 살펴보아야만 한다.

뿌리   정상적인 환경하에서 나무들은 잘 발달된 뿌리를 가지고 있다. 이들 뿌리는 빠르게 땅 속으로 확장되며, 나무가 똑바로 서 있도록 지지해준다. 그러나 옐로스톤에서 많은 석화된 나무들의 뿌리(그리고 가지)는 매몰되기 전에 사실상 부러져 있었다. 나무들이 제자리에서 성장하다가 화산재에 묻혀서 석화가 일어났다면, 나무들에서 잘 발달되어 넓게 확장되어 있는 석화된 뿌리들을 발견할 수 있어야 할 것이다. 그러나 실제로 관찰되는 것은 작은 근괴들뿐이다. 이것은 그들이 강력한 힘으로 뽑혀졌고, 다른 장소 즉 옐로스톤으로 운송되어 그곳에서 수직으로 묻혔다는 것을 가리킨다.

토양   조사된 또 하나의 증거는 이들 석화림에 있는 주변 토양이다. 분출 후에 화산재는 대략 200년 정도가 지나면 점토로 풍화되어 다음 숲이 자랄 수 있는 토양이 된다. 각각의 성숙한 숲은 부식토 층을 발달시키고, 나무와 식물들로부터 정상적인 유기물 부스러기들을 남겨 놓았을 것이다. 따라서 연속적인 숲들 사이에는 두터운 유기물 층으로 교대되어 있는 점토층에 대한 증거가 있어야만 한다. 그러나 이들 옐로스톤의 화산성 층에는 어떠한 점토층도 발견되지 않고 있으며, 평균 유기물 층도 단지 1인치(2.54cm) 두께밖에 되지 않는다. 또한 옐로스톤 석화림에 있는 퇴적물은 입자 크기에 따라 분류되어(물에 부유했다가 가라앉은 것처럼) 얇은 층을 이루고 있다. 이것은 물에 의한 작용을 받았다는 것을 가리킨다. 만약 이 숲이 화산재에 의해서 덮여진 숲이었다면, 그러한 특징들을 보여주어서는 안 된다.

화석들　숲에는 전형적으로 포유류, 조류, 곤충들, 지렁이… 등의 수많은 동물들이 산다. 그러므로 화산폭발이 일어나 이들 숲을 묻어버렸다면, 분출 동안에 그 숲을 벗어나지 못한 숲에 살던 수많은 동물들도 함께 파묻어버렸을 것이다. 그래서 이들 동물도 일부는 보존되었다가 이후의 발굴시에 발견되어야만 한다. 그러나 이곳 엘로스톤 석화림 지역에서 이들 동물들은 전혀 발견되지 않고 있다.

석화　석화는 적절한 화학적 환경이 주어진다면, 수 일 또는 수 개월 만에 매우 빠르게 일어날 수 있다는 것이 입증되어 왔다. 실험실에서뿐만 아니라, 자연에서도 석화 과정은 매우 빠르게 일어나는 것이 관측되어 왔다. 따라서 석화림의 형성에 대한 시간 틀은 수천 년의 성경적 시간 틀과 완전히 일치한다.

결론은 무엇인가?

부러진 뿌리들, 토양의 결여, 동물화석들의 결여 등은 우리에게 몇 가지 명백한 결론을 내리게 한다. 첫째로, 이들 나무(토양도 물론)들은 한 지역에서 다른 지역으로 아마도 물에 의해서 이동되어 왔을 가능성이 높다. 둘째로, 그것들은 빠른 매몰의 증거를 보여주고 있다. 새로운 나무들의 성장에 필요한 충분한 점토와 유기질 토양은 연속적인 층에서 발견되지 않는다. 이것은 그 석화된 나무들이 수만 년에 걸쳐서 자라고 매몰되었다가 풍화되고 다시 재성장하는 과정을 반복한 것이 아니라, 격변적 사건에 의해서 빠르게 연속적으로 퇴적되었고 매몰되었음을 가리키고 있는 것이다.

이제 숙고해 보라

많은 자연의 경이들이 보존되어 있는 옐로스톤 국립공원은 또한 대격변이었던 창세기 대홍수와 그 후발 영향들에 대한 증거들을 보존하고 있는 것이다. 진화론적 지질학자들과 성경적 지질학자들 모두 이곳 옐로스톤에서 발견되는 관측 증거들에 대해서는 동의한다. 그러나 그 증거들을 어떻게 해석하는지에 대해서는 서로 의견이 다르다. 한 부류의 사람들은 전 지구적 홍수를 거부하고 수억 수천만 년의 진화론적 연대를 받아들인다. 그리고 다른 한 부류의 사람들은 죄에 대한 하나님의 심판의 결과로서 대홍수의 결과들을 확인하면서 성경적 조망으로 그 증거들을 바라보는 것이다.

〈Answers, July 17, 2008, http://www.creation.or.kr/library/itemview.asp?no=4469〉

VII

그랜드 캐년 :
노아 홍수의 기념비

01 그랜드 캐년은 어떻게 형성되었는가?

미국 애리조나 주의 그랜드 캐년(대협곡)은 세계적으로 가장 뛰어난 자연 경관 중 하나로서, 동서 방향으로 약 445km 길이로 파여 있으면서, 애리조나 주의 북서지역을 나머지 지역과 분리시키고 있다. 그랜드 캐년은 1.6km 깊이에, 6~29km의 폭을 가지고 있다. 북쪽 가장자리 지역의 해발 고도는 2590m이고, 위에서 보면 작게 보이는 콜로라도 강은 많은 양의 물과 토사를 나르면서 바닥을 고도 730m의 높이로 흘러가다가 메드 호수를 통과하여, 마침내 캘리포니아 만으로 빠져나간다. 초기 탐사대 중의 한 사람은, 여행자들이 통과할 수 없는 장벽으로, 지구상에서 '끔찍한 갈라진 틈'으로 표현하면서, 전혀 쓸모없는 지역이라고 말했다. 그리고 수백만의 사람들이 이해하기

어러운 광대하게 펼쳐진 절벽들, 파여지고 남은 날카로운 봉우리들, 기타 경이로운 지질학적 모습들의 장엄한 전경을 경탄의 눈으로 바라보면서 수백 마일을 여행해 왔다. 특히 이곳은 세계 그 어느 곳보다 두텁게 쌓인 퇴적 지층들이 보일 수 있도록 노출되어 있다.

오랫동안 과학자들은, 그랜드 캐년은 수백만 년의 장구한 기간동안 콜로라도 강에 의해서 천천히 파여져 생겨났다고 말해 왔다. 그것은 물의 힘이 장구한 기간 동안 작용했을 때, 엄청난 침식력을 가지게 된다는 대표적 사례로서 간주해 왔던 것이다. 그러나 오늘날 대부분의 지질학자들은 이러한 설명이 확실히 잘못되었다는 것을 인정하고 있다.

최근 십수 년 안에, 그랜드 캐년은 창세기 6~9장에서 기록된 엄청난 대홍수의 결과이며, 심판주 하나님의 권능의 기념비가 되어가고 있다. 스티븐 오스틴은 이러한 변화된 관점을 그의 훌륭한 책「그랜드 캐년: 대격변의 기념비(Grand Canyon: Monument to Catastrophe)」에서 잘 설명하고 있다. 어떻게 그랜드 캐년이 침식됐는가? 라는 질문에 대한 대답은 다음과 같은 여러 지질학적 모습들에 대한 대답에서부터 시작해야만 한다.

1)대략 1000입방마일의 퇴적물이 그랜드 캐년으로부터 제거되었다. 또한, 지층 조사에 의하면 상부의 300~900m 두께의 지층들이 콜로라도 고원 100,000평방마일에 걸쳐 침식되어 없어지면서 거대한 준평원을 형성하고 있다. 이 모든 퇴적물들은 어디로 갔는가? 그것들은 증발할 수 없다. (그림에서 점선 이하가 사라진 부분).

2)유타-애리조나 경계의 북동쪽인 강의 동쪽 지역에서, 콜로라도

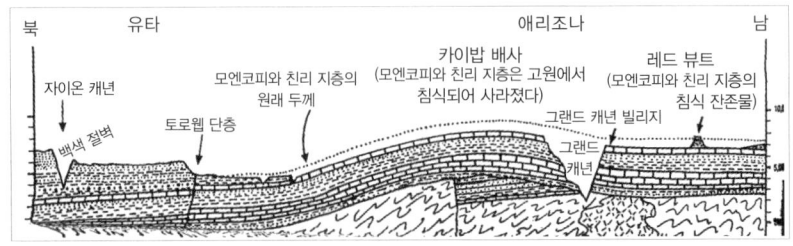

북　　　유타　　　　　　　　　　　　　　　　　　　　애리조나　　　　　　　　남

자이온 캐년　　　　　　　　모엔코피와 친리 지층의　　카이밥 배사　　　　　레드 뷰트
　　　　　　　　　　　　　원래 두께　　　　(모엔코피와 친리 지층은 고원에서　(모엔코피와 친리 지층의
백색 절벽　　토로웹 단층　　　　　　　　침식되어 사라졌다)　　　침식 잔존물)

강은 높은 고도의 발원지로부터 바다 쪽으로 쉬운 길을 찾아 정상적
으로 흘러가고 있는 것처럼 보인다. 현재 포웰 호수를 형성하고 있
는 글렌 캐년댐 근처의 지역은 해발고도가 1500m 정도이다. 그러나
그랜드 캐년이 시작되는 서쪽 지역은 수백 마일에 걸쳐서 광대한 콜
로라도 고원이 융기되어 자리잡고 있다. 이것은 이전에 평탄한 지층
을 900m 정도 들어올린 카이밥 배사(또는 카이밥 단사)에 의해서 원
인되었다. 이것은 강의 흐름을 막는 거대한 장벽으로 나타났을 것이
고, 콜로라도 강을 리오그란데 강과 합류시켜 남동쪽으로 강의 흐름
을 돌려 멕시코 만으로 들어가게 했거나, 또는 남쪽이나 남서쪽으로
흐르게 하여 캘리포니아 만을 지나 태평양쪽으로 들어가게 했을 것이
다. 그러나 콜로라도 강은 미스터리하게도 900m가 더 높은 거대

포웰 호수가 있는 글렌 캐년댐 근처의 고도
는 1500m 정도이나, 그랜드 캐년의 서쪽지
역은 융기된 광대한 콜로라도 고원이 자리
잡고 있다. 콜로라도 강은 그곳에서 900m
가 더 높은 그랜드 캐년의 서쪽 지역을 관통
하여 흐르고 있다.

한 고원지역을 관통하여 자르고 서쪽으로 흘러가고 있다.

3)이 융기는 언제 일어났는가? 그랜드 캐년은 언제 침식되었는가? 지질주상도의 분류체계를 사용하는 동일과정설적 지질학자들은 카이밥 고원의 가장 높은 곳에 습곡된 지층은 백악기 말인 7천만 년 전에 일어난 것으로 추정하고 있다. 더 북쪽으로 가면 이 지층은 경사져 있고, 평평하게 놓여 있는 와사치 지층(이 지층은 융기되지도 않았으며 습곡되지도 않았음)으로 덮여져 있다. 와사치 지층은 대략 5천만년 전의 신생대 제3기의 시신세 지층이다. 따라서 진화론적 시간 틀에 의하면 융기는 이 두 시점 사이에서 일어났음이 틀림없다. 브라이스 캐년 근처에는 그랜드 캐년을 침식한 일부가 와사치 지층 암석의 일부를 침식하고 지나가고 있다. 이것은 대대적인 그랜드 캐년의 침식이 와사치 지층이 쌓여진 이후, 즉 5천만 년 이후에 발생했었다는 것을 보여주고 있다. 분명히 광대한 콜로라도 고원은 이미 그 자리에 있었다. 그렇다면 콜로라도 강이 높은 고원을 거슬러 올라가(?) 침식을 일으켜 뚫고 지나가야만 한다. 무언가 이상하지 않은가?

4)콜로라도 강에 글렌 캐년 댐이 건설되면서 1926년에서 1950년까지, 강이 매일 운반하는 퇴적물의 양이 정밀하게 측정되었는데, 평균 하루에 50만 톤(년간 1억6800만 톤)의 퇴적물을 강물에 실어 나르는 것으로 조사되었다. 1927년 발생한 홍수에서, 이 양은 하루에 2300만 톤으로 증가되었다. 또 하나 흥미로운 사실은 오늘날 그랜드 캐년 밖으로 흘러나가는 퇴적물의 대부분은 상류지역에서 기원한 것으로써, 그랜드 캐년 자체에서 침식된 퇴적물이 아니라는 것이다. 현재 그랜드 캐년은 많은 침식이 진행되지 않고 있다.

'선행적 강 이론(Antecedent River Theory)'은 어떻게 그랜드 캐년이 형성되었는가? 라는 질문에 대한 최초의 대답에 대해 붙여진 이름이다. 이것은 100년 이상 교과서에 기록되어 왔고, 아직도 국립공원 안내 책자 등에서 볼 수 있는 이론이다. 그 이론은 1869년 강을 따라 뗏목 여행을 했던 지질학자 존 웨슬리 포웰에 의해서 시작됐다. 그는 동일과정설을 믿는 사람이었고, 그래서 자연적으로 그의 믿음과 조화가 되는 아이디어를 생각하게 되었다. 콜로라도 강은 콜로라도 고원이 융기되던 5~7천만 년 전의 라라미드 조산운동 이전부터 현재의 위치에 존재해 왔음에 틀림없다고 그는 말했다. 융기는 천천히 일어났기 때문에 강은 융기된 부분을 계속 침식시켜 현재 흐름의 높이를 계속 유지할 수 있었다는 것이다. 그래서 이 이론은 융기율과 침식률이 정확하게 일치해야 할 것을 요구한다. 그때 이후 100여 년 동안 지질학자들은 그 이론을 따르게 되었던 것이다.

　그러나 많은 지질학자들은 이 이론에 여러 문제점들이 있다는 것을 인정하고 있다. 가장 심각한 의문점 중의 하나는 그 막대한 양의 퇴적물은 어디로 갔는가? 라는 것이다. 만약 강이 그러한 장구한 기간 동안 엄청난 양의 퇴적물을 운반했다면, 그 양은 1억6천8백만톤/년 × 7천만년 = 11.8million billion tons으로, 130만 입방마일에 해당하는 어마어마한 양이다. 이것은 그랜드 캐년 자체의 1,500배에 해당하는 양으로, 어딘가에서 쉽게 발견될 수 있어야만 한다. 그러나 그러한 거대한 삼각주 퇴적물은 전혀 찾아볼 수 없다.

　단지 그랜드 캐년의 서쪽 끝인 피어스 페리 지역에 약간의 퇴적층이 조금 있을 뿐이다. 그 퇴적층의 대부분은 부분적으로 화강암 자갈들을 포함하고 있는 석회암이다. 그것은 수백만년 동안 대대적인 침식으로 인해 기대되는 모습을 가지고 있지 않다. 그것은 머디크릭

층이라 불리고, 2천만 년 전의 중신세 지층으로 평가되고 있다.

1964년에 그랜드 캐년의 서쪽 끝을 주로 연구해 왔던 맥키, 윌슨, 브리드 등과 같은 지질학자들이 이 선행적 강 이론을 검토하기 위해서 만났다. 이 심포지움의 내용은 「애리조나 주 콜로라도 강의 진화」라는 제목으로 발표됐다[Museum of Northern Arizona Bulletin 44 (1967), pp.1~67]. 이것은 오스틴의 책 「그랜드 캐년: 대격변의 기념비」에서도 인용되었다. 그들의 결론은 만장일치로 이 이론은 사실이 될 수 없다는 것이었다. 가장 근본적인 문제점은 콜로라도 강에 의해서 수백만년 동안 침식되었다면, 강 하류에 퇴적물이 있어야할텐데 그것이 발견되지 않는다는 것이었다.

1960년대에 대부분의 지질학자들은 선행적 강 이론을 포기했다. 그러나 어떤 분명한 대체 이론이 없었다. 그러다가 '강 포획 이론'이라는 별칭을 가지고 있는 '조숙 우곡 이론(Precocious Gully Theory)'이 제안되었다. 이 이론은 그랜드 캐년의 대부분은 카이밥 고원의 상층부에서부터 흘러내린 후알라파이 배수로라는 우곡(gully, 빗물의 침식작용으로 지표면이 깎이어 생기는 작은 골짜기 모양의 지형)의 배수에 의해서 파였다는 것이다. 이것은 약 1천만 년 전인 중신세에서부터 일어났다는 것이다. 콜로라도 강은 오늘날 서쪽으로 흘러가고 있지만, 이 우곡은 위쪽 끝에서 동쪽으로 침식을 일으켰다고 추정했다. 위쪽 콜로라도 강은 지금의 그랜드 캐년처럼 서쪽으로 흘러가는 대신에, 일정 기간 현재의 위치까지 흐르기 시작했고, 강은 지금의 리틀 콜로라도 강을 따라 남동쪽 방향으로 흘러서, 카이밥 고원의 동쪽을 따라 흐른 후 마침내 리오그란데 강이나 길라 강과 연합되었다고 생각하는 것이다.

마침내 우곡은 카이밥 고원의 남아 있는 부분이 부서질 때까지 그 길을 동쪽으로 침식시켰고, 콜로라도 강의 주요 부분들을 '포획하여' 흐름의 방향을 서쪽으로 바꿨다는 것이다. 이러한 방식으로, 우곡은 그랜드 캐년의 대부분을 비교적 단기간 내에 팔 수 있었으며, '잃어 버린 퇴적물' 문제를 조금 완화시킬 수 있는 것처럼 생각했다. 그러나 다른 여러 문제점들이 생겨나게 되었다.

주된 문제는 그것이 상식적이지 않다는 것이다. 어떻게 우곡이 이러한 방법으로 작용할 수 있었냐는 것이다. 전 세계적으로 이와 유사한 사례는 없으며, 그 지역에서 우곡 흐름의 방향을 결정하기 위한 동-서 방향 단층이 없다는 것이다. 그리고 현재 고원의 지표면은 자연적으로 서쪽이 아니라, 남쪽으로 경사져 있다.

우곡이 있었다고 주장되는 여러 중요한 지점들에 있는 화산성 용암 퇴적물에 대한 K-Ar 연대측정이 실시되어 왔다. 이들은 240만 년에서 1천만 년 정도의 연대를 나타내었다. 그들은 이러한 조숙 우곡 이론을 지지할 만한 적절한 연대 순서를 나타내지 않았다. 또한 그들 중에서도 서로의 결과가 일치하지 않았다. 이것은 대부분의 지질학자들을 혼란스럽게 만들었고, 이 이론이 맞는다고 확신하는 사람은 거의 없었다.

창조 지질학자들은 이것에 관해 걱정하지 않는다. 왜냐하면 그들은 방사성 동위원소 연대측정법이 유효하다고 생각하지 않기 때문이다. 그리고 그들은 이 이론에 대해 너무도 의심스러워한다. 라이스는 난처한 입장을 다음과 같이 요약하였다. "1세기에 걸친 연구를 통해, 그랜드 캐년이 어떻게 만들어졌는지를 이해한다는 것은 이전보다 더 멀어진 것처럼 보인다."

고려되는 세 번째 이론은 '댐붕괴 이론(Breached Dam Theory)'이다.

이것은 합리적이고, 여러 증거들과 잘 들어맞기 때문에, 창조론자들은 그랜드 캐년의 기원에 대한 진실된 설명이라 믿고 있다. 그러나 대부분의 지질학자들은 이 이론을 거부한다. 왜냐하면 그 이론은 대격변을 의미하기 때문이다. 이 이론은 사실 여러 이론들 중에서 가장 오래된 이론이다. 이것은 그랜드 캐년 내에서 오늘날도 살고 있는 허바수파이 인디언 전설에도 등장하고 있다. 전설에 의하면 그랜드 캐년은 전 지구가 대홍수로 덮여진 후에 만들어졌다고 전해오고 있다. 이것은 수많은 민족과 종족들이 가지고 있는 100여개 이상의 전 지구적 홍수 전설들 중의 단지 하나에 불과하다.

이것은 최근에 창조 지질학자들에 의해서 제안되었다. 그림의 지도는 전체 콜로라도 고원 지역을 나타내고 있다. 짙은 부분은 1700m 높이의 등고선을 따라 그려진 것으로 컴퓨터에 의해서 만들어졌다. 만약 그랜드 캐년 동쪽 끝에 1700m 높이의 자연적 댐이 있어 물을 가둔다면, 이 짙게 그려진 지역이 물에 잠길 것이다.

이 자연적 호수는 30,000평방마일의 면적에, 미시간 호수 물의 3배인 3,000입방마일에 해당하는 물을 가지게 된다. 오스틴과 몇몇

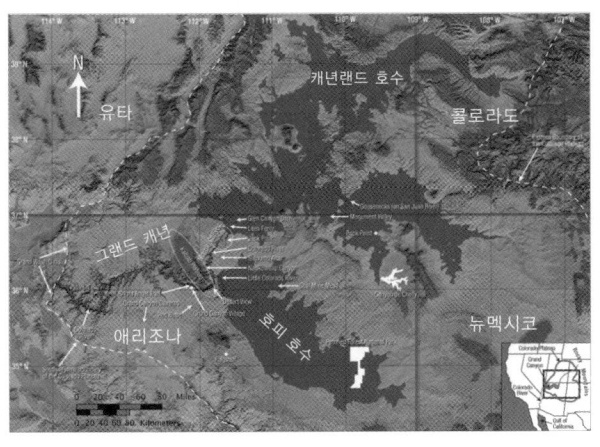

최근 연구에 의하면 그랜드 캐년의 주변은 분지 지형임이 밝혀졌다. 대홍수 후 그랜드 캐년 동쪽 카이밥 배사 끝 1,700m 높이에 자연적 댐이 존재했다면 3만 평방마일에 3천 입방마일의 물(미시간 호수 수량에 3배의 양)이 갇혀 있을 수 있었다. 4개 주가 만나는 경계선 지역의 지질이 호수 밑바닥이었다는 사실이 밝혀졌고, 콜로라도 고원에서 민물고기, 양서류, 비버 등의 화석 등 호숫가 흔적들이 발견되었다.

연구자들은 노아 홍수 이후 수 세기 동안 카이밥 고원의 동쪽 끝은 그 위치에 있었고, 대륙의 대부분은 아직 물에 잠겨 있었으며, 바다로 흘러들어갈 길을 아직 찾지 못하고 있었다고 제안했다. 초기의 침식들이 시작되고, 파도작용, 물의 넘침, 관통, 새핑(sapping) 등의 현상으로 파국적인 결과를 피할 수 없었다는 것이다.

오늘날 대부분의 지질학자들은 그랜드 쿨리와 워싱톤 주의 화산 용암지대는 빙하기 후기에 몬태나 주 미졸라 호수에 갇혀 있던 500 입방마일의 빙하가 녹은 호수물이 일시에 붕괴하여 터져 내려가면서 격변적으로 형성되었다는 것에 동의하고 있다. 이 이론은 1923년 하렌 브레츠에 의해서 최초로 제안됐었다. 그러나 1960년대까지 받아들여지지 않았었다.

광대한 콜로라도 고원에는 호수 해안선의 흔적들이 남아 있는 것이 발견되고 있다. 민물고기, 양서류, 비버 등 많은 화석들이 오래된 호수 퇴적물로서 확인되고 있다. 산주안 강의 심하게 파여진 구불구

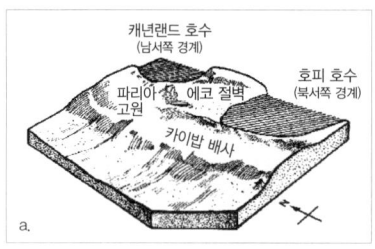

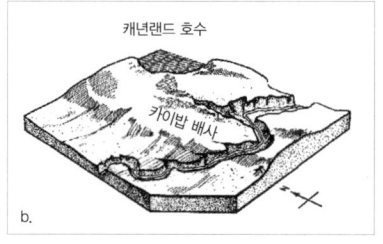

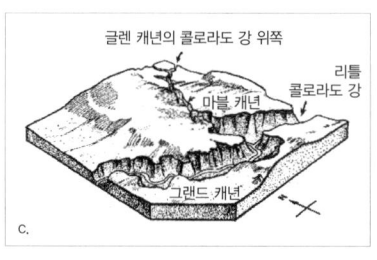

그랜드 캐년의 형성 이론인 '댐 붕괴 이론'. 전 지구적 홍수 이후 이 지역에 남아 있던 두 호수(호피 호수와 캐넌랜드 호수)가 붕괴되면서 배수되어 오늘날의 그랜드 캐년이 만들어졌다는 격변론적 형성 이론.

불한 흐름들은 과거 한때에 매우 강력한 물의 흐름이 지나갔었다는 증거이며, 그랜드 캐년의 도처에 남아 있는 알코브사이드 캐년(원형 경기장처럼 움푹 들어간 협곡)과 캘리포니아만 끝에 혼탁류로 운반된 심해퇴적물의 리드믹한 지층도 이 이론을 뒷받침해주는 증거들이다.

이러한 영역에서의 연구들은 계속되고 있다. 그랜드 캐년의 형성에 대한 진실된 설명은 성경 창세기에 기록된 노아 홍수 이후에 일어난 지구 지형의 재구성과 밀접한 관계가 있는 것으로 보인다.

⟨Curt Sewell, http://www.creation.or.kr/library/itemview.

asp?no=554, 563⟩

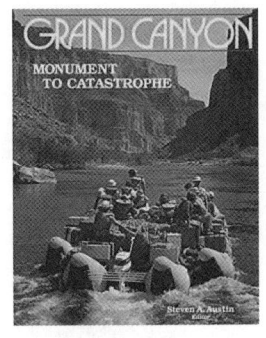

스티븐 오스틴 박사의 책, 「그랜드 캐년: 대격변의 기념비」. 저명한 지질학자인 스티븐 오스틴 박사는 그랜드 캐년이 어떻게 형성되었는지를 성경적 관점에서 설명하고 있다. 이 책은 크리스천들이 창세기, 6일 창조, 전 지구적 홍수 등을 방어하기 위해서 가져야 할 지질학과 생물학에 관한 풍부한 정보들을 담고 있다. 또한 세인트 헬렌 산의 폭발에 관한 자료들을 포함하고 있다.

그랜드 캐년의 절벽과 협곡 자체에 '장구한 시간'이 흐르지 않았다는 많은 정당한 이유들이 있다

지층 사이의 간격들. 지층 사이의 시간 간격들이 너무 크다. 한 간격은 1천만 년이다. 다른 것은 6천만 년이고, 또 다른 것은 1억 년이다. 대부정합 위로는 10억 년 이상의 간격이 있다. 그리고 그들 사이에, 그리고 그 위에 놓여 있는 퇴적지층들 사이에 토양층이 없다.

평탄한 접촉면들. 많은 지층들의 접촉면은 그들 사이에 어떠한 침식의 증거도 없이, 칼날처럼 얇고 똑바로 이어진 채 수백 평방마일에 걸쳐서 놓여 있다.

평탄한 퇴적지층들. 통속적인 개념에 의하면, 콜로라도 고원은 해수면 위 아래를 몇 차례에 걸쳐서 융기와 침강을 반복했다는 것이다. 그러나 이것은 엄청난 넓이의 퇴적지층들이 평탄하게 유지된 채로 방해받지 않으며 반복적으로 일어나야 할 것을 요구한다. 이것은 불합리한 개념이다.

중력. 그랜드 캐년은 콜로라도 강 상류보다 1마일은 더 높은 카이밥 고원을 가로지르며 파여 있다. 분명히 강물은 산 위로 거슬러 올라가며 흐르지 못한다. 판상침식이 일어났던 격변적인 기간 이후에, 그 지역을 빠르게 파고 지나가며 대협곡을 만들었던 무엇인가 격변적인 원인이 있었다.

퇴적물질의 공급처. 세속 지질학자들은 대륙들을 뒤덮고 있는 두터운 퇴적물질들이 어디에서 왔는지 알지 못한다. 일부 사람들은 어찌됐든 애팔래치아와 같이 먼 거리로부터 이동되어 왔을 것으로만 추정하고 있다. 반면에 전 지구적 홍수는 엄청난 양의 석회, 진흙, 모래들을 끌고 와서 분류시키고 미분쇄하여 빠르게 물 아래에 퇴적시킬 수 있었을 것이다.

화석들. 레드월 석회암층에는 수십억 마리의 나우틸로이드 화석들을 포함하고 있는데, 분명히 단지 하루 동안에 5,700평방마일이라는 광대한 지역에 매몰된 것으로 보인다. 화석들은 먼 거리를 강력한 물의 흐름에 의해서 이동되어 왔고, 빠르게 퇴적물 속으로 파문혔음을 가리키고 있다.

진화는 없었다. 그랜드 캐년의 북쪽 가장자리에 사는 다람쥐들과 남쪽 가장자리에 사는 다람쥐들은 약간의 점진적인 변화를 보이는 아종들이다. 그들의 주된 차이점은 털 색깔이다. 만약 이 종들이 적어도 500만 년 동안 지리적으로 격리되어 있었다면, 왜 그들은 더 많은 진화를 하여 구별된 모습을 보이지 않는가? 사람의 한 세대의 기간은 다람쥐보다 훨씬 길다. 같은 기간 동안에 사람은 원숭이 같은 조상으로부터 진화했다고 진화론자들은 주장하고 있지 않은가?

하류. 만약 콜로라도 강이 오랜 세월에 걸쳐서 그랜드 캐년을 팠다면, 강 하류의 거대한 퇴적 삼각주가 있어야 할 것이 기대되지만 발견되지 않는다.

상류. 상류에는 댐 붕괴로 인해 그랜드 캐년을 파버릴 수 있는 충분한 양의 물을 가둘 수 있는 거대한 분지 지형이 식별되고 있다. 또한, 그랜드 캐년의 일부분(마블 캐년, 안쪽 협곡)은 세속적 지질학자들에 의해서도 그것이 빠르게 파였음이 확인되고 있다.

구조학. 단층들은 여러 지점에서 줄곧 바닥 지층에서 꼭대기 지층까지 캐년을 가로지르고 있다. 그러나 부분만 일어나 있는 곳은 없다. 이것은 이들 지층들이 빠르게 퇴적되었으며, 그 전체가 한 단위로서 단층이 함께 일어났음을 가리키고 있다.

습곡. 습곡이 일어날 당시에 전체 지층들은 마치 부드러웠던 것처럼, 그리고 암석화되지 않았던 것처럼 함께 습곡되어 있다. 가령 카본 캐년과 같은 곳에서의 일부 습곡들은 균열이나 부서짐 없이 90° 이상의 습곡을 보여주고 있다.

화산들. 화산성 암맥과 화산추는 바닥부터 꼭대기까지 모든 지층들을 통과하여 뚫고 나갔다. 그러나 부분적인 통과만 일어나 있는 곳은 없다. 퇴적이 일어나는 데에 수억 수천만 년이 흘렀다면 이것은 매우 이상한 일이다.

판상침식. 그랜드 캐년 위에 있는 막대한 양의 암석들은 캐년이 파여지기 이전에 판상침식(지표면이 편평하게 침식된 현상)에 의해 사라져 버렸다. 이것은 시다산과 캐년 위로 튀어나와 있는 다른 뷰트(고산)들에 남아 있는 지층들로 알 수 있는데, 이것들은 그랜드 캐년의 파여짐이 시작되기 전에 쓸려 가버린 수직으로 수천 피트의 퇴적지층 중에서 남아 있는 잔존물들이다.

모래 언덕이 아니었다. 오랫동안 코코니노 사암층은 모래 언덕(사구)이 암석으로 변했다고 주장됐었다. 그러나 모래 입자들은 바람에 날린 모래가 될 수 없고, 너무나도 광대한 지역(북미 대륙의 대부분)을 덮고 있기 때문에 이 시나리오는 설득력이 없다. 또한 코코니노 사암층에 있는 사층리는 깊은 바닷물 흐름에 의한 모래 파도로 쌓일 수 있음이 밝혀졌다. 그랜드 캐년에 있는 다른 모든 지층들은 논란의 여지없이 물에 의해서 퇴적된 지층들이다. 코코니노 사암층 아래에 놓여 있는 물에서 퇴적된 허밋 셰일층과의 접촉 경계면은 평탄하고 매끄럽다. 이것은 허밋 셰일층의 퇴적 이후에 즉시로 코코니노 사암층의 퇴적이 시작되었음을 가리키고 있는 것이다.

계절풍. 빙구 사교층리라고 불리는 일종의 3-D 사층리는 그랜드 캐년의 수많은 장소에서 볼 수 있는데, 이것은 오늘날에 관측된 어떠한 것보다도 거대한 스케일로 일어났던 초거대한 주기적 태풍들을 증거하는 것이다.

새핑. 레드월 석회암은 새핑(sapping, 물이 위의 암석을 약화시켜 암석이 무너져 내리는 현상)의 증거를 보여주고 있다. 레드월 석회암층에서의 거대한 원형경기장 같은 움푹 들어간 모습들은 그 두터운 지층이 형성될 때, 아직도 부드러웠고, 암석화되지 않았으며, 물을 함유하고 있었음을 가리키고 있다.

재연된 댐 붕괴. 캐넌의 아래쪽에 형성된 커다란 용암 댐들은 콜로라도 강을 막아 캐넌이 형성된 이후 여러 번 거대한 호수들을 만든 것으로 알려져 있다. 이 댐들은 곧 붕괴되었고, 격변적으로 빠르게 물들을 배수했다. 그런데 왜 똑같은 메커니즘이 그랜드 캐넌 자체의 형성 메커니즘으로는 제시되지 못하는 것인가?

용암의 연대측정. 그랜드 캐넌의 가장 낮은 위치(모든 퇴적지층의 아래)에 있는 용암의 방사성동위원소 연대가 가장 위쪽에 있는 용암의 연대보다도 더 젊은 것으로 나타났다. 이것은 수억 수천만 년의 연대 결과를 보이는 방사성동위원소 연대측정 방법들이 신뢰할 수 없음을 가리키고 있다. 또 하나의 오류는 다른 방사성동위원소 연대측정 시계들을 같은 시료에 적용시켰을 때 커다란 편차를 보이며 다양한 연대를 가리킨다는 것이다. 덧붙여서, 그랜드 캐넌 주변의 석탄층에 방사성탄소(C-14)가 아직도 남아있는 것이 발견되었다. 그러나 방사성탄소의 반감기는 약 5,730년이다. 석탄이 수억 수천만 년이 되었다면 어떠한 방사성탄소도 남아 있지 않아야 한다.

〈CEH, 2005. 9. 16. http://www.creation.or.kr/library/itemview.asp?no=2912〉

02 그랜드 캐년의 기념비 계곡

그랜드 캐년의 기념비 계곡(Monument Valley)과 같은 장소는 지질학적으로 하나의 중대한 문제점을 가지고 있다. 이 계곡에는 아무것도 없는 땅 위로 우뚝 서서 남아 있는 지층 기둥들이 있다. 이것들은 지질주상도와 조화되는 퇴적지층이다. 그러나 그들 주변의 모든 나머지 지층들은 사라져버렸다. 이 지층들은 서로 일치되는 수평적 퇴적지층들로 구성되어 있다. 분명히 이들 기념비(지층 기둥)를 만들었던 퇴적지층들은 한때 연결되어 있었고, 이들 사이에 쌓여져 있던 지층들은 침식으로 사라져 버렸다.

그러면, 이들 지층 기둥들이 아직도 그곳에 남아있는 이유는 무엇인가? 이것에 대한 오늘날 유행하는 설명에 의하면, '풍화작용'이 5천만 년 이상 동안 일어나, 경로에 있던 지층 기둥의 나머지 부분들을 멀리로 이동시켜

버렸고, 계곡의 가운데에 있던 저항성이 강한 이 거대한 기둥들만이 남게 되었다는 것이다. 오늘날 대부분의 지질학자들이 믿고 있는 것처럼, 도대체 5천만 년 이상 진행된 엄청난 풍화작용 속에서, 어떻게 이 부분만이 그것을 피할 수 있었을까? 그리고 전체 계곡의 나머지 부분들은 어떻게 풍화되어 사라졌을까? 아니면 어떤 대홍수 동안에 일어났던 격렬한 물 흐름의 결과를 보고 있는 것은 아닐까? 부드러운 토양에 홍수가 일어난 지형의 모습이 어떤는지 잘 연상되지 않지만, 그것은 기념비 계곡과 같을 것이다.

　우리가 기념비 계곡에서 보는 것은, 광대한 시간에 걸친 선택적 침식이라는 오늘날의 대중적인 생각보다는, 거대한 홍수, 빠른 퇴적, 그리고 급속한 지표류에 의한 빠른 물의 이동이라는 생각과 훨씬 더 잘 일치하는 것 같다. 또한 앞에서 말했던 것처럼, 이 지역에 대한 (진화론적인 추정으로) 5천만 년 이상의 침식은 밑에 놓여 있는 화강암층에 이르기까지 모든 퇴적 지층들을 충분히 제거했을 것이다. 퇴적지층이 융기된 후 5천만 년 동안의 침식력에도, 아직도 두터운 퇴적지층들이 콜로라도 고원을 뒤덮고 있다는 사실은 정말로 미스터리이다.

　다시 이 지역의 그림을 보라. 그리고 기념비들이 한 줄로 늘어서 있는 듯이 정렬되어 있는 것을 주목하라. 그리고 마치 주변 지형으로부터 거대한 쿠키 절단기로 찍어 놓은 듯이, 그들의 측면이 매우 수직적임을 주목하라. 이것은 그랜드 캐년 지역을 포함하고 있는, 콜로라도 고원의 도처에서 볼 수 있는 것과 매우 유사하다.

아래 쪽에 거대한 물결자국을 볼 수 있다.

또한 기념비(지층 기둥)들 사이의 지형은 비교적 평탄하다는 것에 주목하라. 그림들 중 하나에는, 계곡의 중앙에 매우 큰 물결자국의 증거도 볼 수 있다. 이러한 지형적인 모습은 수일에서 수주 안에 상상을 초월하는 거대한 홍수에 의해서, 모든 것들이 빠르게 형성되었음을 가리키고 있는 것이다.

항공사진에 의해서 이 지역을 거대한 스케일로 바라보면, 흐름에 의한 정렬을 분명히 볼 수 있다. 그러한 모습들은 점진적으로 천천히 형성될 수 없었다. 명백히 한 번의 갑작스런 격변 또는 단기간에 일어난 거대한 크기의 격변들에 의해 형성되었음을 가리키고 있는 것이다.

이것은 워싱턴 주 동부의 '수로가 나 있는 화산용암지대'의 형성에서 볼 수 있었던 것과 매우 흡사하다. 20세기 지질학자들의 대부분은 화산용암지대는 수천만 년의 장구한 시간동안 느리고 점진적인 침식작용에 의해서 형성되었다고 주장했었다. 수십 년 동안 조롱과 비웃음을 받으면서, 하렌 브레츠는 단지 한 번의 격변적인 범람이 화산용암지대의 지형들을 만들었을 것으로 제안했었고, 오늘날 마침내 그가 옳았음이 증명되었던 것이다.

〈Sean D. Pitman, http://www.creation.or.kr/library/itemview.asp?no=2081〉

그랜드 캐년의
격변적 형성 이론이 부각되고 있다

지질학자들은 그랜드 캐년에 대해서 창조론자들이 오랜 전부터 알고 있었던 두 가지 사실, 즉 그랜드 캐년은 매우 젊으며, 격변적으로 파였다는 사실을 깨닫기 시작하고 있다. 2000년 9월 30일자 Science News 지는 지질학자들이 그랜드 캐년의 형성에 관한 이러한 웅장한 이야기가 지질학적으로 사실일 수도 있음이 밝혀지고 있는 중이라고 보도했다. 19세기에 과학자들은 그랜드 캐년은 장구한 연대를 가지는 것으로 추정했었다. 잡지는 다음과 같이 말하고 있었다. "그러나 1930년대에 들어서서 지질학자들은 캐년이 비교적 젊음을 가리키는 단서들을 축적하기 시작했다"

2000. 9. 30. Science News 지의 겉표지에는 그랜드 캐년의 사진을 실으면서 "광대하고 빠른 침식(Erosion, Vast and Fast)" 이란 대담한 표제를 달았다. 부제목은 "장엄한 협곡의 조각은 오랜 세월에 의한 것이 아닐 수도 있다"이었다.

뉴욕 주립대학의 지질학자 리처드 영은 다음과 같이 논평했다. "50년 전만 해도, 지질학자들은 얼마나 빠르게 침식이 발생할 수 있는지를 깨닫지 못했다. 암석의 침하가 있고, 강물이 관통하여 흐를 때, 그것은 믿을 수 없을 만큼 빠르게 침식을 일으킬 수 있다." 잡지가 언급하고 있는 중요한 요점은 그랜드 캐년은 빠르게 흐르는 물에 의해서 형성되었다는 것이다. 이것은 창세기 홍수에 의해 형성되었다는 창조론자들의 이론을 지지하는 것이다.

지질학자들은 격변이 500만 년 전에 일어난 것으로 추정하고 있기 때문에, 이러한 연대가 성경적 연대와는 들어맞지 않는다. 더군다나, 그들은 전 세계적인 거대한 한 번의 홍수가 아닌, 국소적인 꽤 컸던 홍수를 가정하고 있다. 그럼에도 불구하고, 그들은 그랜드 캐년의 형성에 대한 성경적 기원의 시나리오로 점점 이동하고 있는 중이다. 19세기가 끝나면서 지질학자들은 그랜드 캐년은 극도로 오랜 세월 동안 매우 천천히 형성되었다는 이론으로 이동했었다. 이제 그들은 그랜드 캐년은 젊고, 격변적인 물 흐름으로 형성되었다는 이론으로 다시 이동하고 있는 것이다.

⟨Stephen Caesar, http://www.creation.or.kr/library/itemview.asp?no=2071⟩

03 빠르게 흐르는 물의 파괴력과 캐비테이션

제1차 세계대전 중 영국 해군의 선박들이 프로펠러에 설명할 수 없는 심각한 손상을 겪고 있을 때, 물리학자들은 격렬한 '기포 캐비테이션(bubble cavitation)'이 그 원인이었음을 밝혀내었고 그 문제를 해결했다. 이것은 아주 작은 기포들이 자라나고 프로펠러 주변에 격렬한 물 흐름으로 인한 압력변화의 결과로서 붕괴가 일어나기 때문에 생기는 것이었다. 그러나 기포들이 그들의 파괴적인 에너지를 방출하기 전에 얼마나 뜨거워지는지는 아무도 정확히 알지 못했었다.

그러나 최근에 과학자들은 작은 기포 안의 온도가 매우 높게 올라갈 수 있어서 기포들이 작열하여 빛을 내기 시작한다는 것을 발견했다. 실제로 온도들은 15,000도(K) 까지도 올라갈 수 있다는 증거가 있다. 이것은 붕괴된 기포들이 하나의 뜨거운 플라스마 핵을 가지고 있음을, 즉 예컨대 밝은 별의 표면만큼 뜨거울 수 있음을 시사한다.

그렇다면 1983년 그랜드 캐년의 글렌 캐년 댐에서 발생했던 것과 같이, 빠르게 흐르는 물은 댐의 방수로 터널의 단단한 콘크리트 벽과 기반암을 뜯어낼 수 있다는 것이 확실해졌다. 예상 밖의 홍수는 글렌 캐년 댐의 방수로를 열게 했고, 며칠 후 방류로 인한 '소음과 진동'이 접합부와 댐 자체에서 느껴지기 시작했다. 그때 방수로 출구에서 분사되는 방출수를 관찰했던 사람들은 빠른 물 흐름으로 인해 강제적으로 배출되는 부스러기들을 목격했다. 그 부스러기들은 콘크리트 덩어리들, 철근 파편들, 그리고 아주 당황스럽게도 사암 조각처럼 보이는 것들을 포함하고 있었다.

비가 그치지 않으면서, 글렌 캐년 댐의 수위는 더욱 높아졌다. 방수로 터널 중 하나의 방출수는 댐 아래의 강물을 선명한 호박색으로 바꿔놓고 있었다. 그 사건에 대한 하나의 분석은 다음과 같은 것이었다 : "사금 채취시 수압노즐 앞의 토양처럼 나바조 사암층이 파이고 있었다"

1983년 6월에 발생한 콜로라도 강의 홍수로 글렌 캐년 댐의 방수로를 열어 불어나는 강물을 배수하였다. 6월 28일 초당 32,000ft³로 방류되자 지진계에 진동이 감지되며, 방출수가 붉게(사암의 색) 변했고, 단단한 기반암들이 떨어져 나가기 시작했다. 방수로는 즉각 폐쇄되었는데, 조사 결과 강철 같은 사암층에 거대한 침식 구멍이 생겨났다.

댐의 기저부에 있는 수력발전소 근처에 위치한 식당에서 근무했던 한 근로자는 후에 그 소리는 마치 베트남 전쟁시 경험했던 연속적으로 발사되는 대포 소리와 비슷했다고 말했다.

그 일 후에 최악의 영향을 받은 한 방수로를 조사한 결과, 강화 콘크리트를 관통하여 사암 안으로 파여진 거대한 구멍이 나타났다. 그것은 깊이가 거의 15m, 길이가 45m에 달했다. 하나의 거대한 표석(3×4.5m)이 터널 아래 중간 부근에서 발견되었다. 다른 터널들은 손상이 좀 덜했다. 그러나 25mm 크기의 철근이 요리된 생선에서 뽑혀진 뼈처럼 콘크리트에서 뽑혀져 나왔다.

미국 내무부는 나중에 손상의 시작은 캐

비테이션(cavitation, 공동현상) 때문이었고, 이어서 극적으로 증가된 기계적 침식이 뒤따랐다고 보고했다. 흥미롭게도 1997년에 캐비테이션 전문가이며 창조론자인 에드먼드 홀로이드 박사는 한 인터뷰에서, "캐비테이션은 대대적인 침식이 대홍수 초기 단계에서 어떻게 일어날 수 있었는지에 대한 우리의 이해를 돕는 데에 매우 중요하다"라고 강한 신념을 가지고 말했다. (그가 말한 대홍수는 물론 창세기 대홍수를 의미했다). 홀로이드 박사는 캐비테이션을 일으키는 물의 잠재적인 파괴력에 너무나도 익숙해 있었다 :

> "물이 10m 이하의 깊이에서 매우 빠른 속도(초당 30m 정도)로 흐르면서 한 돌출부위를 넘어갈 때, 물은 작은 기포들을 형성하면서 수증기로 변화될 수 있다. 이들 기포들은 압력이 회복될 때 다시 붕괴된다. 그리고 그것은 초음속의 속도로 그렇게 진행되며, 믿기 어려울 만큼의 압력을 가진 충격파를 만들어낸다. 이것은 기포들이 붕괴되는 곳의 바로 다음 표면을 가루로 만든다. 그래서 그것은 정상적인 침식보다 엄청나게 빠른 속도로 바위의 표면을 '먹어치울' 수 있다. 실험실에서 그러한 캐비테이션 물은 심지어 강철의 표면도 빠르게 '먹어치울' 것이다".

격렬하게 흐르는 물이 엄청난 파괴력을 가지고 있다면, 당신은 전 지구적 홍수의 유산을 상상해볼 수 있는가? 오늘날 지구의 지형을 둘러보면, 창세기 6~9장에 기술된 격변적인 대홍수의 남겨진 '흔적들'을 쉽게 발견할 수 있다. 전 세계는 엄청난 홍수물이 대륙들로부터 물러갈 때 그 빠져나가는 물에 의해 침식된 가파른 협곡들과 계곡들로 가득하다! 이 캐비테이션 현상에 대한 우리의 증가되는 지식

은 분명히 대홍수 기간에 작용했던 강력했던 침식력을 이해하는 데
도움을 주고 있다.

〈David Catchpoole, http://www.creation.or.kr/library/itemview.asp?no=4305〉

그랜드 캐년의 새로 조정된 나이 :
7천만 년, 5백만 년, 이제는 72만 년?

　2007년 11월 미국지질협회지에 게재된 한 논문은 이렇게 시작하고 있
었다. "그랜드 캐년에 대한 한 세기 이상의 연구에도 불구하고, 그랜드 캐
년의 나이와 형성 과정에 대해서는 아직도 근본적인 의문들이 남아 있
다." 연구팀은 그랜드 캐년의 나이를 재평가하기 위해서, ^{40}Ar과 ^{39}Ar의 비
율을 조사하여 용암들의 연대를 측정했고, 단층선들을 조사했으며, 콜로
라도 강에 의해 파여지는 율을 모델화하였다. 그 결과는 어떻게 되었을
까? 그랜드 캐년의 나이는 이전에 생각했던 것보다 절반 정도인, 아마도
72만3천 년 이내(최대 120만 년, 최소 10만2천 년)라는 것이다.

　이것은 세계에서 가장 유명한 협곡의 나이가 계속해서 줄어들고 있음
을 보여주는 또 하나의 소식이다. 존 웨슬리 포웰은 그랜드 캐년의 나이
를 7천만 년이라고 생각했었다. 이 연대는 거의 백여 년 동안 변하지 않
고 내려왔었다. 얼마 전에 와서야 그랜드 캐년의 나이는 5백만 년으로 줄
어들었다. 이제 그것은 수십만 년으로까지 내려갔다. 교과서들은 과학자
들이 계속 번복해서 말하고 있는 그랜드 캐년의 줄어드는 나이를 따라가
지 못하고 있다.

〈CEH. 2007. 11. 30. http://www.creation.or.kr/library/itemview.asp?no=4102〉

04 6일 만에 생겨난 협곡!

창조론자들은 오래 전부터 장엄한 그랜드 캐년에 대해 깊은 관심을 가져 왔었다. 이러한 자연 세계의 경이로운 모습을 바라보는 방문자들에게 가르쳐지는 설명은, 그랜드 캐년은 장구한 기간 동안 매우 천천히 형성되었다는 것이다. 오늘날 우리가 볼 수 있는 정도의 적은 흐름을 가진 콜로라도 강이 수천만 년 동안 이 장엄한 대협곡을 조각해 왔다는 것이다.

그러나 최근에 지구과학자들은 그러한 생각을 거부하기 시작했다. 비록 아직까지는 수백만 년이라는 용어를 사용하며 말하고 있지만, 그들은 한때 엄청난 양의 물이 그 지역을 통과하여 흐르면서 그랜드 캐년의 대부분들을 파내었다고 말하기 시작했다. 창조 지질학자들은 엄청난 양과 속도로 흐른 물이 그랜드 캐년을 한 번에 파내었다고 생각하고 있다.

그러나 불행하게도 일반 대중들의 마음에 매우 확고히 자리잡고 있는 생각은 그랜드 캐년의 대협곡이 형성되는 데에는 장구한 시간이 걸렸을 것이라는 생각이다. 슬프게도 오늘날 대부분의 학생들은 학교에서 그랜드 캐년은 매우 장구한 기간에 걸쳐서 퇴적되었고, 장

한 작은 배수 도랑은(맨 위) 30m 깊이의 인상적인 협곡으로 바뀌어갔다. 물이 흐르며 파여졌을 때 땅은 층리를 이루며 쌓여 있었다는 것이 드러났다.

구한 시간에 걸쳐서 파였다는 오래된 연대 모델만을 배우고 있는 것이다.

당신에게 워싱톤 왈라왈라 근처에 있는 작은 규모의 그랜드 캐년과 같은 버링검 캐년(Burlingame Canyon)을 소개하려고 한다. 이 협곡은 6일보다도 적은 시간에 형성되는 것이 관측되었다. 그 협곡은 깊이 35m에 길이 450m로 다시 넓어졌다가 언덕 중간을 돌아나간다.

1904년에 고도가 높은 건조한 지역에 용수를 공급하기 위하여, 가데나 농업 지구에 일련의 수로용 운하가 건설됐다. 1926년 3월 바람에 의해서 약간 높은 지대에 위치한 한 수로에 잡초더미가 쌓이게 되었다. 물의 흐름은 막혔고, 내린 비로 인해 초당 2m³의 많은 물이 흐르고 있었다. 사람들은 장애물을 치우기 위해서, 물의 흐름을 한 작은 도랑으로 돌려서 근처의 지류로 유도했다. 이전까지 그 도랑은 깊이 3m에 폭 1.8m 정도로 매우 작았고, 자주 물의 흐름이 전혀 없던 곳이었다.

비정상적인 많은 물의 흐름이 그 도랑으로 가득 흐르게 되었고, 대지 아래로 인상적인 폭포를 만들며 떨어지게 될 때까지 파여 갔다. 물의 높은 압력과 속도에 의해, 갑자기 아래 놓여졌던 지층이 무너지게 되었고, 보다 안쪽으로의 침식이 점점 일어나기 시작했다. 한때 중요하지 않던 시시한 한 도랑이 작은 골짜기가 되었고, 골짜기는 작은 협곡이 되었다가, 소규모의 그랜드 캐년이 되었다.

침식된 지층은 최근의 강우에 의해 적셔진 부드러운 모래와 점토로 구성되어 있었다. 열려진 도랑 안으로 젖은 퇴적물의 배수 작용은 침식을 강화시켰다. 빠르게 흐르는 물은 모래와 점토 입자들을 뜯어낼 수 있었고, 훨씬 더 침식이 잘 일어날 수 있는 밑의 지층들을 드러내었고 그들을 하류로 운반했다. 6일 동안에 흐른 도랑물에 의해서 침식 제거된 점토, 모래, 암석들의 양은 모두 150,000m³나 되었다.

그렇다, 캐년은 빠르게 만들어질 수 있었다. 기억해야만 하는 말이 있다. "적은 물이 오랜 시간에 걸쳐 한 것인가, 아니면 많은 물이 짧은 시간에 한 것인가?" 우리는 지금까지 적은 물이 천천히 한 협곡을 만드는 것을 결코 보지 못했다. 과학적 관측이 이루어질 때마다 확인되는 것은 많은 물이 짧은 시간에 만들어낸 것들뿐이다.

⟨John D. Morris, http://www.creation.or.kr/library/itemview.asp?no=2205⟩

3일 만에 생겨난 텍사스 주의 한 협곡

세속적 과학자들도 텍사스 주의 약 2.4km 길이(최고 깊이 24m)의 캐년 레이크 협곡이 생겨나는 데에 수백만 년이 걸리지 않았다는 것에 동의하고 있다. 그 협곡은 2002년 7월에 단지 3일 만에 파여졌다(2007. 10. 5. AP).

5년 전 미국 텍사스 주 캐년 레이크의 방수로가 넘쳐흘렀을 때, 격렬한 급류는 단지 3일 만에 암석 지층들을 관통하여 잘라내었고, 애리조나 주에 있는 그랜드 캐년의 축소판처럼 보이는 캐년을 만들어냈다. 협곡보존협회의 공식 웹사이트는 당시 홍수물의 최대 흐름은 초당 1,900m³로서 보통 때의 거의 200배의 흐름이었다는 것이다.

깊은 협곡이 홍수물에 의해서 단지 며칠 만에 생겨날 수 있다는 직접적인 증거를 눈으로 보고 있으면서도, 왜 세속 과학자들은 다른 협곡들은 수백만 년에 걸쳐서 형성되었다고 주장하는 것일까? 수백만 년이라는 세월은 아무도 관측하지 못한 것이 아닌가? 이러한 동일과정설적 해석은 '지질주상도'를 유지하는 데에 필수적이다. 그리고 진화하는 데에 필요한 장구한 시간을 제공해주는 지질주상도는 진화론에서 절대적으로 필수적이다.

그렇지만, 세속 과학자들도 전 세계의 지질학적 모습들이 빠르게 형성되었다는 수많은 증거들을 부정할 수는 없다. 특별히 그 증거가 바로 눈앞에서 발생했을 때 말이다! 작은 지역에서 단지 한 번의 넘쳐흐른 물이 길이 2.4km, 깊이 24m의 협곡을 3일 만에 만들어낼 수 있었다면, 일 년 이상 지속된 전 세계적인 홍수와 대륙들을 뒤덮었던 물들이 후퇴될 때 얼마나 엄청난 지질학적 대파괴를 일으켰을 것인지를 상상해보라!

⟨AiG News, 2007. 10. 13. http://www.creation.or.kr/library/itemview.asp?no=4048⟩

VIII

격변적 판구조론

01 대류이동설과 격변적 판구조론

당신은 지구를 볼 때, 지구에 금이 갔다고 생각해본 적은 없었는가? 또는 남아메리카와 아프리카의 해안선이 거의 완벽하게 들어맞는 것을 볼 때, 거대한 조각그림 맞추기가 생각나지는 않았는가? 과거에 그러한 대류 덩어리는 무엇처럼 보였을까? 오래 전에 지구는 하나의 거대한 대류이었을까? 무엇이 대류들을 현재의 위치로 움직이게 했을까? 노아 시대의 전 지구적 홍수는 대류들에 어떠한 영향을 주었을까?

1900년대 이전 대부분의 지질학자들은 대류은 움직이지 않는다고 생각했다. 대류이 이동했다고 생각한 학자들은 불과 몇 명에 불과했다. 이들은 대다수의 학자들로부터 비난당했다. 오늘날에 이르러 그 생각은 뒤바뀌었다. 즉 대류이동설로 통합된 판구조론이 주도적인 이론이 되었다. 1859년 창조론자였던 안토니오 스나이더는 처음으로 창세기 대홍수 기간에 격변적으로 대류들이 수평적으로 이동했다고 주장했다. 그는 창세기 1:9~10절에서 천하의 물이 한 곳으로 모여 있었다는 것은 하나의 땅이 존재했었다는 것을 암시한다고 해석했다.

지질학자들은 대륙들이 한때 모두 하나로 연결되어 있다가, 각각 분리되어 나갔다는 많은 증거들을 여러 측면에서 제시했다. 그들이 제시하는 증거들은 다음과 같았다.

- 대륙 간 경계가 조각 맞추기처럼 들어맞는다(대륙붕까지도 고려하여).
- 대양을 건너 화석들의 종류가 일치한다.
- 자기장 역전의 줄무늬 패턴(얼룩말 무늬 패턴)이 열곡을 따라 형성된 화산암에서 해저 열곡과 평행하다. 이것은 열곡을 따라 해저가 확장되고 있음을 의미한다.
- 지진 관측들에 의하면 예전의 해저 암석판들이 지금은 지구 내부에 위치하는 것으로 해석되고 있다.

해저확장설과 대륙이동설을 병합한 이론이 오늘날의 '판구조론(plate tectonics)'으로 알려진 이론이다.

판구조론

판구조론의 일반적인 원리는 다음과 같이 설명될 수 있다. 지구 표면은 단단한 지판들로 짜맞춰져 구성되어 있고, 각 지판은 근접한 지판에 대해 상대적으로 움직인다. 지각변동은 지판의 가장자리에서 일어나는데, 그것은 세 가지 유형의 수평운동에 의하여 이루어진다. 1)확장(또는 열곡, 분리), 2)변형단층(단층선을 따라 수평으로 미끌어짐), 3)압축(한 지판이 다른 지판 아래로 밀려들어가는 섭입에 의해서 대부분 일어남).

확장은 해저가 열곡에서 벌어짐으로써 일어난다. 변형단층은 하나의 지판이 다른 지판을 지나치면서 수평이동 할 때 일어난다(예로 캘리포니아 주의 산안드레아 단층). 압축 변형은 하나의 지판이 다른 지판 밑으로 밀려들어갈 때 일어난다. 일본 열도 밑에 있는 태평양 판과 중앙아메리카 밑에 있는 코코스 판이 한 예가 될 것이다. 다시 말해서, 두 개의 대륙 지판이 충돌하여 산맥을 형성한다는 것이다. 예컨대, 인도-호주 대륙 지판이 유라시아 대륙 지판과 충돌하여 히말라야 산맥을 형성했다는 것이다. 화산들은 지판의 섭입이 있는 지역에서 자주 발생한다.

해저확장설

판구조론에서 더 나아간 이론이 해저확장설이다. 대양저에 대한 관측에 의하면, 대양의 중앙에 있는 해저산맥들(예: 대서양 중앙해령과 동태평양 융기부)을 따라 지판들 사이에 생긴 갈라진 틈으로 맨틀 용암이 솟아올라와 흘러 퍼지면서 냉각되어 지판들이 확장되고 있다고 해석하는 것이다.

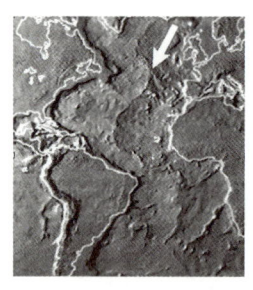

대서양 중심부를 가로지르고 있는 대서양 중앙해령(Mid-Atlantic Ridge). 행성 지구의 가장 극적인 모습 중 하나인 중앙해령은 1950년대에 발견되었다. 바다 속에 존재하는 이 거대한 산맥은 지구를 둘러싸고 있다. 이것은 왜 대륙들 가운데에 나 있는 것일까?

가장 젊은 표면 지각은 해저산맥의 능선 축에 있고, 능선 축으로부터 거리가 점점 멀어지면서 점차로 늙은 지각이 위치한다. 현재 전 세계적으로 매년 약 20km³의 용암이 솟아올라 새로운 해저지각을 형성한다고 추산하고 있다.

용암이 냉각되는 동안에 암석 내에 있는 어떤

광물질은 지구의 자기장으로부터 자성을 얻게 되는데, 당시의 자기장의 방향을 기록하고 있다. 지구 자기장의 방향이 과거에 여러 번 역전했다는 증거들이 발견되고 있다. 그래서 용암이 식어가는 동안 어떤 해저지각은 역방향으로 자기장을 띠게 된다. 만약 해저확장이 계속된다면, 해저는 자기장의 역전들을 기록한 자기장의 '테이프 기록'을 보유하게 될 것이다. 사실, 중앙해령의 지각과 평행하게 달리고 있는 선형의 '자기장 이상'의 줄무늬 패턴이 여러 지역에서 기록되어 있었다.

'완만하고 점진적인' 판구조론의 문제점

줄무늬 패턴이 확인된 해저산맥 근처 현무암에 대해 지하로 구멍을 뚫어 얻은 정보에 의하면, 자기측정계가 해저산맥 위를 지나면서 기록된 정교한 패턴이 현무암의 실제 샘플에서는 나타나지 않았다. 자기장의 극성은 구멍을 따라 내려가면서 조각들처럼 변화되었는데, 깊이와 일치되는 패턴을 보이지 않았다. 이것은 동일과정론자들의 가정처럼 느린 자기장의 역전과 완만하고 점진적인 현무암의 형성이 아니라, 빠른 자기장의 역전과 함께 현무암이 신속하게 형성되었음을 가리키는 것이다.

물리학자 러셀 험프리 박사는 수 주 내에 냉각이 가능한 얇은 용암 흐름에서 신속한 자기장 역전의 증거들이 발

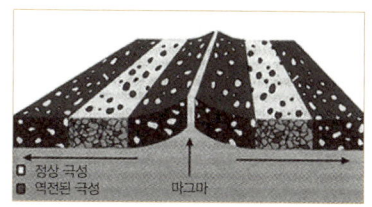

중앙해령의 해양저에 형성되어 있는 화산암에서의 자기장 패턴은 수백만 년이 아니라, 매우 빠른 과정을 가리키고 있다. 극성(polarity)의 조각 패턴은 암석이 빠르게 형성되었다는 증거이다.

견될 것이라고 예측했다. 그는 또한 그러한 신속한 자기장의 역전은 노아 홍수 기간 동안 일어났을 것으로 제안했다. 그러한 신속한 자기장 역전의 증거는 코와 프리봇에 의해서 발견되었다. 그들은 후속 연구에서 이와 같은 발견들을 재확인했고, 자기장의 역전은 '놀랍도록 신속하게' 이루어졌다는 것을 보여주었다.

성경적 견해

대륙들이 과거에 분리되어 나갔다는 것을 가리키는 증거들이 있지만, 오늘날에 추정되는 연간 대륙이동률 2~15cm를 먼 과거로까지 동일하게 적용할 수 있을까? 동일과정설 지지자들이 언제나 주장하는 것처럼, 과연 현재는 과거를 알 수 있는 진실된 열쇠일까? 오늘날의 대륙이동률을 적용하여 대양저나 해저산맥들의 형성은 대략 1억 년은 걸렸을 것이라고 말해지고 있다.

성경에 대륙이동설이나 판구조론이 직접 언급되어 있지는 않지만, 창세기 1:9~10절에 의하면 한때 대륙들은 한 곳에 모여 있었던 것처럼 보인다. 이와 같은 성경적 견해와 단지 수천 년이라는 시간이 조화될 수 있을까?

로스알라모스 국립실험실의 바움가드너 박사는 지구 맨틀의 이동 과정을 모델화하기 위하여, 슈퍼컴퓨터를 사용해 대륙 지판들의 이동이 매우 신속하고, '자연적으로' 일어날 수 있었음을 보여주었다. 이 개념은 '격변적 판구조론(catastrophic plate tectonics)'으로 알려져 있다. 창조과학자인 바움가드너는 당시 세계 최고의 판구조론 3-D 슈퍼컴퓨터 모델을 개발했다는 것을 인정받았다.

격변적 판구조론

존 바움가드너 박사가 제안한 모델은 홍수 전 슈퍼대륙과 치밀한 해저 암석들에서부터 시작한다. 그 과정은 차갑고 치밀한 대양저가 보다 부드럽고 덜 치밀한 맨틀 밑으로 빠져 들어가면서 시작한다. 이러한 이동으로 인한 마찰은 열을 발생시키고(특히 가장자리 주변), 이것은 인접한 맨틀 물질을 물렁하게 하여, 대양저가 가라앉는 데에 저항을 적게 받도록 했다. 가장자리가 빠르게 가라앉으면서, 마치 컨베어 벨트처럼 대양저의 나머지 부분은 끌려 들어갔다. 빠른 움직임은 주변 맨틀에 더 큰 마찰과 열을 발생시켰고, 저항력을 더욱 약화시켜 대양저는 점점 더 빠르게 움직였다. 최고 정점에서 이러한 불안정한 열적 탈주는 대양저를 초당 수 미터라는 가공할 속도로 침몰시켰을 것이다. 이러한 개념을 '탈주 섭입(runaway subduction)'이라고 부른다.

가라앉는 대양저는 전체 맨틀을 통과하는 매우 큰 스케일의 움직임을 시작하면서 맨틀 물질을 대체할 것이다. 그리고 대양저가 가라앉고, 빠르게 슈퍼대륙의 가장자리 근처로 빨려 들어감에 따라, 지구 지각의 나머지는 상당한 긴장 상태에 빠지게 되어, 마침내 찢겨 나가고, 들려지면서, 홍수 이전의 슈퍼대륙과 대양저는 분산되었을 것이다.

이렇게 되어, 무려 9,600km를 뻗어 있는 대양저의 균열들을 따라 지각의 확장 영역은 빠른 속도로 확장되었을 것이다. 가라앉는 암석 판들에 의해서 대체된 뜨거운 맨틀 물질은 확장된 지역을 따라 지표면으로 분출되었을 것이다. 대양저에서 이 뜨거운 맨틀 물질은 엄청난 양의 해수를 증발시켰을 것이며, 지각 확장의 중심지역을 통해서

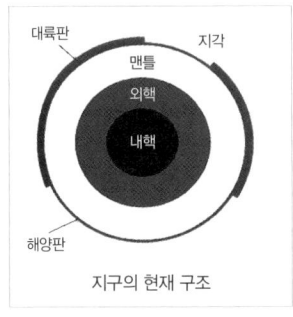

대륙판　지각
맨틀
외핵
내핵
해양판
지구의 현재 구조

일렬로 늘어선 초고온의 온천수들을 분출시켰을 것이다(아마도 "큰 깊음의 샘들이 터지며" 창 7:11). 이 증기는 대기권 속으로 흩어졌다가 응축되어 지구 전체에 엄청난 비가 되어 집중적으로 내렸을 것이다("하늘의 창문들이 열려" 창 7:11). 이것은 40주야를 계속 내린 비를 설명할 수 있다(창 7:12).

바움가드너가 제안한 격변적 판구조론을 수반한 홍수 모델이야말로 수천만 년이 걸렸다는 오늘날의 전통적인 판구조론보다 지질학적 데이터들을 오히려 더 잘 설명할 수 있다. 예를 들어 맨틀 속으로 홍수 이전 대양저의 빠른 섭입은 극적으로 뜨거운(특히 위쪽 60마일은) 새로운 대양저를 만들어냈다. 이런 현상은 해령이 펼쳐지는 지역만이 아니고, 대양저 전역에서 있었을 것이다. 새로운 대양저는 점점 뜨거워지고, 치밀도가 낮아지면서, 전보다 900~1800m가 올라갔다. 그리고 이것은 전 지구적으로 해수면의 극적인 상승을 의미한다.

바로 이와 같은 해수면의 상승이 대륙 지표면에 대홍수를 유발했고, 대륙 내의 정상적인 고지대 위에 광범위한 퇴적물의 퇴적을 가능하게 했을 것이다. 미국의 그랜드 캐년에서 우리는 시루떡 형태로 수평적으로 퇴적된 대규모의 퇴적물들을 볼 수 있다. 그 곳의 퇴적층은 장장 960km에 걸쳐 끊어지지 않고 이어져 있다. (완만하고 점진적인) 동일과정설적 판구조론은 그러한 광대한 지역에 수평적으로 쌓여 있는 두꺼운 대륙 퇴적물을 설명할 수 없다.

더군다나 홍수 이전의 차가운 대양저가 빠른 속도로 맨틀 속으로 침몰함으로써, 맨틀 안에 점성의 액체 암석의 순환을 더욱 증가시켰을 것이다. 이러한 맨틀-흐름(즉, 맨틀 내부에 휘젓는 움직임)은 맨틀

핵심부 경계에서 온도를 갑자기 변동시켰을 것이다. 핵 근처의 맨틀
은 핵 주변보다 더 크게 냉각될 수 있기 때문에, 핵심부의 열 손실과
대류는 점점 가속화되었을 것이다. 이 모델은 핵심부에서 대류가 가
속화되는 상황하에서 지자기의 빠른 역전이 일어날 수 있었음을 제
시하고 있다.

이러한 현상은 지구 표면에 나타날 수 있지만, 소위 자기줄무늬
안에 기록되었다. 그러나 일찍이 동일과정론자들이 인용했던 것처
럼, 이것들은 데이터가 가리키고 있듯이 깊이와 측면에 따라 변덕스
럽고 부분적으로 나뉘어져 있다.

이 모델은 대류 지판들이 어떻게 맨틀 위로 상대적으로 빠르게(수
개월의 기간에) 이동하여 가라앉을 수 있었는지에 관한 메커니즘을
제공하고 있다. 그리고 그것은 오늘날에는 대류 지판들의 이동은 거
의 일어나지 않을 것임을 예측하게 해준다. 왜냐하면 홍수 이전의
대양저가 침몰하고 나서는 전 대륙의 이동이 거의 정지됐기 때문이
다. 이것으로부터 오늘날 관측되는 것처럼 함몰된 지역 근처에 생긴
거대한 해구들은 홍수 말기나 홍수 이후에 방해받지 않은 퇴적물로
채워졌을 것이 기대될 수 있다.

바움가드너의 맨틀 모델의 여러 측면들은 독립적으로 모방되기도
했고, 다른 사람들에 의해서 입증되기도 했다. 바움가드너의 모델에
의하면, 냉각된 대양저 암석판의 열적
탈주 섭입은 비교적 멀지 않은 과거인
노아 홍수 기간에(약 4,500여 년 전) 발
생했기 때문에, 그 암석판들은 그 주변
의 맨틀로 완전히 동화되는 데에 충분
한 시간을 가지지 못했을 것이다. 그래

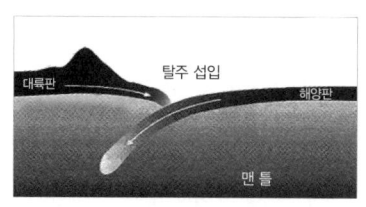

노아 홍수는 탈주섭입(runaway subduction)에
의한 지각판들의 급격한 이동을 동반했다.

서 맨틀 핵심부 경계 위쪽에 암석판들의 증거가 오늘날까지도 발견되어야 한다는 것이다. 정말로 동화되지 않아 상대적으로 차가운 암석판들이 맨틀 내에 존재한다는 증거가 지진파 연구에 의해서 발견되고 있다.

이 모델은 또한 홍수의 후퇴 메커니즘도 제공하고 있다. 시편 104:6~8 말씀은 산 위에까지 와 머물렀던 물이 물러가는 모양을 묘사하고 있다. 8절은 이렇게 되어 있다. "…산은 오르고 골짜기는 내려갔나이다." 이 구절은 노아 홍수가 끝날 때쯤에 활발했던 판상 지각운동의 주도적인 힘은 땅의 수직운동이었음을 암시하고 있다. 이것은 확장 기간에 대류 지판의 주도적인 힘이 수평운동이었던 것과 대조된다.

판상 대륙의 충돌이 산맥을 밀어 올리고 있을 때, 다른 한편에서는 식어가는 새로운 해저바닥의 치밀도가 높아가고 있었을 것이다. 그렇게 해서 새로운 해저분지는 쓸려 내려오는 홍수의 물을 받아 담

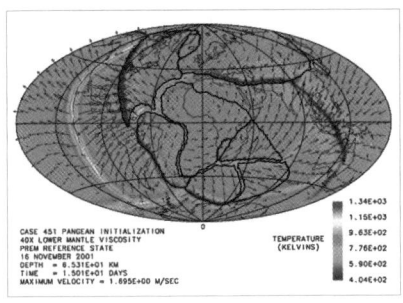

대격변 시작 15일 이후의 격변적 판구조론 모델. 이것은 15일 후의 3차원 모델링 해석에 의한 스냅 사진이다. 그림은 지표면 65km 아래의 둥근 맨틀 표면의 등적 투영도이며 색깔은 절대온도를 표시한다. 화살표는 횡단면에서의 속도를 표시한다. 짙은 선은 대륙지각이 존재하는 지각판 경계를 표시하거나 또는 대륙과 대양이 모두 같은 지각판에 존재하는 곳의 경계를 표시한다.

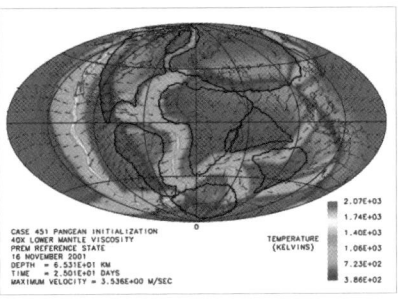

대격변 시작 25일 후의 격변적 판구조론 모델. 이것은 25일 후의 3차원 모델링 해석에 의한 스냅 사진이다. 이에 대한 상세한 설명은 바움가드너 박사의 논문 "노아 홍수에 숨겨져 있는 물리학"에 기술되어 있다.

았을 것이다. 그런데 홍수 150일이 지난 후에 방주가 머물렀다는 '아라랏 산'은(창 8:4) 세 곳의 지판의 접합점에 해당한다고 믿어지는 지역에 위치하고 있어서, 판상대륙 이동이 활발한 곳이었을 것이다.

만약 오늘날의 연간 대륙이동 거리인 수cm를 동일과정론자들이 주장하는 것처럼 과거에도 일률적으로 적용한다면, 그들의 전통적인 판구조론 모델은 그 힘의 원천에서 한계에 부딪친다. 예컨대, 연간 이동거리를 10cm로 잡는다고 해도, 인도-호주 지판과 유라시아 지판이 충돌하는 힘이 히말라야 산맥을 밀어 올릴 수 있을 만큼 강했을까 하는 의문이 생긴다. 이와는 대조적으로, 홍수 기간에 있었을 것으로 보이는 격변적인 판구조론은 거대한 격변적인 힘에 의해 짧은 기간 동안 지판들이 점성력이 있는 맨틀의 제동력을 어떻게 극복할 수 있었는지, 그리고 오늘날에는 그 속도가 왜 그렇게 느려졌는지를 설명할 수 있는 것이다.

대륙의 분리는 명백한 지질학적 수수께끼를 풀어주고 있다. 예컨대, 미국의 북동부 지역에 있는 퇴적지층이 영국에 있는 퇴적지층과 놀랍도록 유사하다. 대륙의 분리는 미국과 영국 사이에 있는 북대서양 대양 바닥에는 그러한 퇴적지층이 없다는 것을 설명할 수 있을 뿐만 아니라, 호주와 남아프리카, 그리고 남극 대륙이 지질학적으로 유사한 부분들을 가지고 있다는 것을 또한 설명할 수 있다.

결 론

판구조론은 상당한 설득력을 지니고 있었기 때문에, 처음에 있었던 회의론자들의 비판은 대개 사라지고 말았다. 이제 홍수로 유발됐다는 격변적 판구조론은 이와 같은 설득력 있는 요소들을 가지고 있을 뿐만 아니라, 거대한 홍수가 있었다는 전 세계적인 증거들과 대륙들에 있었던 격변적인 지질학적 과정들과 잘 일치한다. 이 모델이 잘 다듬어진다면, 창세기 홍수와 관련되어 화석기록에서 관찰되는 화석분포와 순서를 설명하는 데에도 도움을 줄 수 있을 것이다.

많은 창조론자들은 이 개념이 지구의 역사를 설명하는 데 도움이 된다고 믿고 있지만, 아직도 일부 사람들은 조심하고 있다. 이 개념은 상당히 새롭고 혁신적이다. 그리고 자세한 설명을 위해서 많은 작업들이 추가되어야 하고 다듬어져야 한다. 이 이론의 설득력을 증가시키기 위해서는 대대적인 수정이 필요할지도 모른다. 어쩌면 장차 뜻하지 않은 사실이 발견되어 이 모델을 포기해야 할지도 모른다. 그런 것이 과학의 특성이다. 과학적 모델은 성쇠를 거듭하게 되어 있다. 그러나 "오직 주의 말씀은 세세토록 있도다…"(벧전 1:25).

⟨Christiananswers.net, http://www.creation.or.kr/library/itemview.asp?no=516⟩

⟨Andrew A. Snelling, http://www.creation.or.kr/library/itemview.asp?no=3964⟩

미국 네바다 주의 땅속 깊은 곳에서 맨틀 내로 가라앉고 있는 거대한 암석 덩어리가 발견되었다

이것은 싸구려 공상 과학 영화에 나오는 이야기처럼 들린다. 한 거대한 가라앉고 있는 암석 덩어리가 미국 네바다 주 땅속 깊은 곳에 은신해 있다는 것이다(LiveScience, 2009. 5. 26). 이것은 창조과학자들에게 무엇을 말해주고 있는 것일까?

전문적인 용어로서 '블롭(blob)'은 스푼에서 떨어지고 있는 꿀처럼, 지구 지각을 통과하여 천천히 가라앉고 있는 암석 물질의 한 부분이다. 애리조나 주립대학의 과학자들은 지구 암석권(지각과 상부 맨틀)에 대한 지진파 토모그래피 연구 중에 원통기둥 모양의 블롭을 발견했다. 그 암석 덩어리는 직경이 50~100km 정도이고, 지표면 아래로 75~500km 깊이의 지점을 지나가고 있었다.

과학자들에 의하면, 지구 내부로부터의 열이 그 덩어리를 천천히 가열시키고 있는 중이라는 것이다. 그러한 가열은 무거운 그 암석 덩어리가 가볍고 덜 치밀한 주변 암석들을 통과하여 천천히 가라앉도록 하는 원인이 된다는 것이다. 애리조나 주립대학의 알렌 맥나마라에 의하면, 지구 내부를 지각, 맨틀, 핵으로 구분하는 현재의 방법은 다소 부정확하다는 것이다. 대신에 네바다 주 아래에 있는 것처럼, 고도로 압착된, 유동하는 암석 덩어리들이 있다는 것이다.

한편 과학자들은 그 가라앉는 일이 1500~2000만 년 전에 시작됐다고 믿고 있는 반면에, 격변적 판구조론 모델을 제안해왔던 창조과학자들은 그러한 일과 주요한 지질학적 변화들은 대격변이었던 노아 홍수 동안에 시작되었을 것으로 믿고 있다. 격변적 판구조론 모델(그리고 어떤 판구조 모델)에서 핵심 사항은 열과 다른 힘에 의해서 일어난 암석의 유동성이다. 네바다 주 아래의 거대한 땅덩어리는, 우리가 단단한 지표면을 걸을 때 일반적으로 가지게 되는 생각보다 훨씬 더 지구는 동적이라는 것을 상기시켜주고 있다.

〈AiG News, 2009. 5. 30. http://www.creation.or.kr/library/itemview.asp?no=4640〉

02 지구 맨틀 속에 들어 있는 물

최근 아시아대륙 땅속 깊숙이, 지표면 아래 700~1,400km(대략 맨틀의 중간쯤) 지점에 거대한 물 덩어리가 존재하고 있음이 추정되고 있다. 지진파를 약화시키는 맨틀의 한 구획을 가리키는 이 거대한 '지진파 이상'은 약 60만 장의 진동도(진동기록)들을 분석함으로써 드러났다(진동도는 지구 행성 내부를 관통하여 여행한 충격파들의 도해 기록이다). 발견자인 위세션과 로렌스에 따르면, 이 '베이징 이상'(Beijing anomaly, 지진파의 약화가 가장 심하게 일어나는 곳이 중국의 수도 베이징 밑이였기 때문에 이 맨틀 속 바다에 '베이징 이상'이라는 이름을 붙였다) 안에 들어있는 물의 양은 북극해의 수량과 동일하다는 것이다.

지구 내부를 들여다 '보기'

지구 내부를 직접 조사하는 것은 불가능하다. 세계에서 가장 깊은 광산(남아프리카의 비트바테르스란트 지역에 있는 한 금광)은 암석권 속으로 3.5km를 내려간다. 지금까지 인간이 지구 속으로 시추해 내려간 가장 깊은 깊이는 러시아의 콜라 반도에서 굴착된 것으로, 그곳의 시추 코어는 지표면 아래 12.26km로부터 회수되었다. 그 지점으로부터 지구 중심까지의 약 6,365km는 온통 "미지의 영역"이다. 우리가 할 수 있는 모든 것은 우리가 가지고 있는

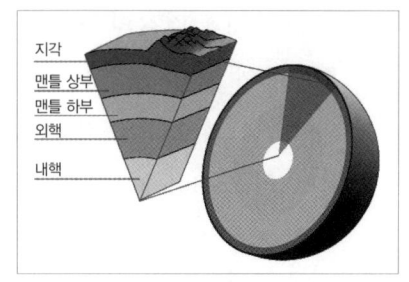

지구의 내부 구조

제한적인 정보로부터 그 아래에 존재하는 것을 추론하는 일뿐이다.

그런 추론을 할 수 있게 하는 근거로서, 우리가 잘 알고 있는 첫 번째의 것은 지구의 무게이다. 1789년 헨리 카벤디쉬가 뉴턴의 법칙을 사용하여 지구의 무게를 계산해냈다. 또한 '지각' 또는 '암석권'이라고 알려져 있는 지구의 최상부 '층'의 평균 밀도를 (시추공들이나 표면에 노출된 암석으로부터) 구할 수 있다. 그러나 지각이 얼마나 두꺼우며, 그 밑에 무엇이 있는지 어떻게 알 수 있었는가? 그것은 지진파 탐사로부터 조사된 것이다. 지진이나 폭발로부터 얻게 되는 파동인 충격파는 전 지구를 관통하며 여행할 수 있다. 그리고 그들의 속도는 그들이 여행하며 지나가는 장소의 밀도에 따라 변한다. 수시로 이들 충격파들은 속도가 변할 때마다 반사와 굴절을 겪는다. 이들과 다른 많은 파생된 특성들에 기초하여, 지구의 내부 이미지는 일련의 동심원적 구체로서, 내핵, 외핵, 맨틀, 지각으로 구성되어 있는 것으로 나타난다.

이들 구역에서 구별되는 주된 특징은 밀도이다. 밀도는 대체적으로 깊이가 깊어질수록 증가한다. 지표면에서는 2보다 약간 높게 시작하여(물의 밀도는 1이다), 코어 부근에서는 11에 달하는 것으로 추정된다(그곳은 니켈과 철로 이루어져 있을 것으로 믿어진다). 동심원적으

로 이루어진 각각의 구체는 속도가 매우 크게 변하는 얇은 지역을 경유하여 앞의 구역과 구별된다. 그런 지역을 불연속면이라 한다. 콜라 반도의 초심도 시추공은 그 지점에서(육상에서는 가장 가까운 지표면) 약 15km 아래에 위치한 모호로비치 불연속면(이것을 발견한 크로아티아의 지진학자인 모호로비치의 이름에서 유래)에 이르도록 설계되었다. (최상층부에 암석권이 없는 해양 아래에서는 모호 불연속면이 대양저로부터 6km 지점 아래에까지 올라와 있다). 다른 주요한 불연속면들로는 비헤르트-구텐베르크 불연속면(2,900km 지점)과 레만 불연속면(5,100~5,200km 지점)이 있다.

저 아래에 무엇이 있는가?

동심원적 구체 구조가 지진파 자료와 광물들의 특성으로부터 드러났다. 지구 내부의 각 구체를 구성하는 물질은 또한 각기 다른 화학적 조성을 가지고 있다고 믿어진다. 여러 깊이에서 압력, 온도, 점성도의 기본적 조건들은 행동양식과 동력학에 관한 어떤 예측을 할 수 있게 하는 것으로 평가되었다. 그러나 이들 예측들 중의 어떤 것도 베이징 이상과 같은 것에 아무런 참조도 되지 못했다. 그러한 깊이에 이렇게 많은 물들이 들어 있다는 것은 상상할 수조차 없었다! 그렇지만 하나의 예외가 있었다. 즉 그것은 지구 내부 동력학에 대한 창조론적 모델로부터 나온 예측으로, 판구조들이 어떻게 움직이기 시작했는지를 설명하고 있는 방법이다. 그 모델은 존 바움가드너 박사에 의해서 창안된 격변적 판구조론 모델이다.

격변적 판구조론 모델은 노아 홍수에 대한 좋은 창조론적 모델을 제공하고 있다. 그 모델에 따르면, 지각(해양저) 판의 첫 번째 부분이 지구 내부로 가라앉기 시작했을 때, 그 판들은 1년에 몇 cm씩(대류판들이 오늘날 이동하는 속도)이 아니라, 매초당 몇 m씩을 이동했다. 그런 속도로 가라앉는 지판들은 15일 내에 맨틀의 바닥(표면으로부터 2,900m 지점)에 도달할 수 있었을 것이다. 실제로 지진파 토모그래피(지구 내부에 대한 일종의 단층촬영)는 맨틀의 바닥에 너무 길어서 거기 있을 수 없는, 주위보다 차가운, 대륙 크기의 암석 판들이 있다는 증거를 제시했다(오랜 시간이 흘렀다면 그 암석판들은 맨틀 물질들과 함께 완전히 녹아서 구분할 수 없을 만큼 섞여 버렸을 것이다).

결 과

만일 지판들이 매초당 몇 m씩의 빠른 속도로 섭입(탈주섭입)되었다면, 대양저 위에 있던 퇴적물과 엄청난 양의 물들이 판들과 함께 끌려 내려졌을 것이다. 그들이 맨틀 내부의 높은 온도와 압력 지대에 도달하면, 그 물과 물을 포함한 퇴적물은 매우 활발한 화학적 용액과 증기, 가스들로(간혹 휘발성 물질로도) 변했을 것이다. 그리고 그들은 매우 가볍기 때문에 표면 쪽으로 올라오려는 경향이 있었을 것이다. 최근 실험은 맨틀에서와 유사한 압력과 온도에 접했을 때, 철의 존재하에서 방해석($CaCO_3$)이 메탄가스로 바뀌었다는 것을 밝혀냈다. 이 같은 상황에서 거대한 크기의 대양저가 갑자기 맨틀 안으로 끌려 내려갔을 때, 일련의 매우 크고 극적인 유사한 화학적 변화들이 연속적으로 일어났을 것이다. 이에 반해 오늘날처럼 느린 속도로 일어나는 섭입에서는, 대양저는 끌려 들어가면서 녹아 버리고,

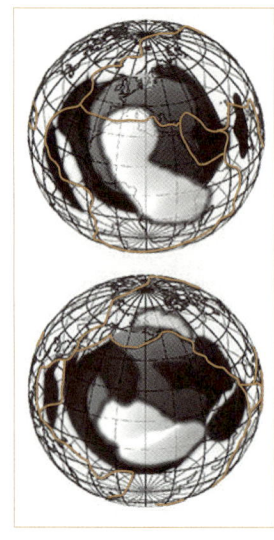

지진파 토모그래피로 얻어진 동반구(위)와 서반구(아래)의 맨틀 밀도의 구조. 검은 부분은 저온의 암석이고, 하얀 부분은 고온의 암석이다. 윤곽선은 오늘날의 섭입 지역을 표시한다.

휘발성 물질들은 지표면으로부터 상당히 가까운 곳에서 조기에 분리된다. 결국 그들은 다른 화학적 특성을 가질 것이고, 그들 대부분은 맨틀 내부에 잔류하지 않고 표면에 이르게 될 것이다.

대략 맨틀의 중간쯤인 지표면 아래 700~1,400km 지점에 거대한 물 덩어리가 존재하고 있다는 '베이징 이상'은 탈주섭입이 원인일 수 있다. 그리고 광물질을 함유한 많은 양의 유체(열수용액, hydrothermal fluids)가 상부 맨틀과 지각에 도달할 수가 있었을 것이다. 이 열수용액이 퇴적지층(노아 홍수는 확실히 엄청난 양의 퇴적층을 만들었다)을 통과하면서 여과되는 곳에서는 어디서나, 용해되어 있던 광물질들이 침전되면서 퇴적지층을 단단한 암석으로 응결시켰을 것이다. 모든 퇴적암의 90%는 육지에서 생성되었다고 간주되고 있다. 즉 대륙에서 침식되어 떨어져 나온 이전 암석의 부서진 조각들이 화학적 시멘트에 의해서 함께 결합되어 굳어졌던 것이다. 이들 퇴적물을 단단한 암석으로 응결시킨 화학적 시멘트의 근원(그들의 원액 양은 막대하다)은 오랫동안 수수께끼가 되어 왔다. 그러나 이제는 아니다.

노아 홍수 기간에 퇴적되었던 퇴적물들은 대량의 식물성 부스러기들과 헤아릴 수 없이 많은 동물들의 잔해를 함유하고 있었다. 동일한 열수용액이 그것들을 빠르게 화석화시켰을 수 있었을 것이다. 그리하여 알려져 있는 모든 화석기록은 빠른 시간 안에 형성될 수 있었다. 그러한 깊은 열수용액은 지금은 지표면에 존재하지 않는 것으로 알려져 있다(지표면의 물이 침투하여 존재하는 지하수는 수 km 이상의 깊이로는 존재할 수 없다). 이것은 전 세계적으로 일어났던 화석화 과정이 오늘날에는 목격되지 않는 이유를 설명해 줄 수 있다. 오늘날 전 세계적으로 분포하는 막대한 수의 화석들은 한 독특한 지질학적 과정(노아 홍수)의 결과였던 것이다. 그리고 새롭게 발견된 베이징 이상은 그것을 확인하는 것처럼 보인다.

〈Emil Silvestru, http://www.kacr.or.kr/library/itemview.asp?no=4308〉

03 산맥들은 언제 솟아올랐는가?

　지질학에서 하나의 논쟁이 동일과정설과 격변설에 관련해서 일어나고 있다. 산맥들의 형성에 있어서, 동일과정설은 필요한 구조적 힘이 항상 동일하게 작용했다고 주장하기 때문에, 모든 시대에서 산들이 만들어졌어야만 한다. 그러나 격변론자/창조론자들은 산맥들은 주로 노아 홍수의 결과로서, 홍수 초기에는 지층들이 퇴적되었고, 그 다음 습곡이 일어났으며, 침식이 발생했고, 나중에 현대의 산맥들로 융기되었다고 간주하고 있다. 격렬한 지질학적 과정들이 오늘날 동일과정설적 기준을 훨씬 넘어서는 비율, 크기, 강도로 작동되었다는 것이다. 창조론자들은 일부 산맥들은 홍수 후기 동안에 융기되었을 수도 있지만(예를 들면 애팔래치아 산맥), 대부분의 산맥들(시에라네바다 산맥, 로키 산맥 등)은 홍수 최말기 또는 홍수 이후 초기에 융기되었다고 생각하고 있다. 따라서 창조론자들은 세계의 산맥들은 가장 최근의 지질학적 특성을 가지고 있을 것으로 기대하고 있는 것이다.

　아래의 수많은 연구자들로부터 수집된 데이터 목록과, 진화론자인 올리어와 페인에 의해서 쓰여진 '산맥들의 기원'에서 발췌한 요약

	산맥과 고원들	융기 시점 (진화론적 시간 틀로)
유럽	스위스 알프스(Swiss Alps)	< 2 백만 년
	아펜니노 산맥(Apennines Mtns.)	1~2 백만 년
	피레네 산맥(Pyrenees Mtns.)	2~5 백만 년
	배틱 산군(Baetic Cordillera)	2~5 백만 년
	카파티안 산맥(Carpathian Mtns.)	2~5 백만 년
	카프카스 산맥(Caucasus Mnts.)	< 2 백만 년
	우랄 산맥(Ural Mtns.)	1~2 백만 년
	주데이트 산맥(Sudeten Mtns.)	1~5 백만 년
아시아	티벳 고원(Tibetan Plateau)	< 3.4 백만 년
	히말라야 산맥(Himalaya Mtns.)	< 3.4 백만 년
	곤륜 산맥(Kunlun Mtns.)	< 4 백만 년
	천산 산맥(Tien Shan Mtns.)	< 2 백만 년
	산시 산맥(Shanxi Mtns.)	< 3 백만 년
	일본 산맥(Japanese Mtns.)	< 5 백만 년
	타이완 산맥(Taiwan Mtns.)	< 5 백만 년
북아메리카	시에라네바다 산맥(Sierra Nevada Mtns.)	< 2 백만 년
	콜로라도 고원(Main Colorado Plateau)	< 2 백만 년
	빅혼 산맥(Bighorn Mtns.)	< 3 백만 년
	로키 산맥(Rocky Mtns.)	< 5 백만 년
	캐나다 산군(Canadian Cordillera)	2~5 백만 년
	캐스케이드 산맥(Cascade Range)	4~5 백만 년
남아메리카	칠레 안데스(Chilean Andes)	< 5 백만 년
	볼리비아 안데스(Bolivian Andes)	< 5 백만 년
	에쿠아도르 안데스(Ecuadorian Andes)	< 5 백만 년
아프리카	에티오피아 리프트(Ethiopian Rift)	< 2.9 백만 년
	서부 리프트(Western Rift)	< 3 백만 년
	루웬조리 산맥(Ruwenzori Mtns.)	< 3 백만 년
기타	뉴기니아 산맥(New Guinea Mtns.)	2 백만 년
	뉴질랜드 산맥(New Zealand Mtns.)	< 5 백만 년

표에서 볼 수 있는 것처럼, 이러한 예상은 현실로 나타나고 있다. 명심해야 할 것은 수십억 년의 시간적 틀을 가지고 있는 진화론적 사고에서 몇 백만 년은 전혀 시간도 아니라는 것이다. 따라서 심지어 진화론자들까지도 거의 전 세계의 산맥들은 지구 역사에 있어서 단지 '어제'에 융기되었다는 것을 인정하고 있는 것이다(1백만 년은 진화론에서 주장하는 지구의 나이인 46억 년의 1/4600 이다. 지구의 나이를 1년이라고 할 때, 1백만 년은 2시간 정도의 기간이다).

분명히 이것은 '큰 그림'을 고려하게 한다. 사실상 전 세계의 모든 산들의 융기는 지구의 지질학적 역사에 있어서 어제 밤 사건으로 일어났던 것이다. 이것은 창조 모델에서 예상하고 있는 것이다. 몇몇 세부적인 부분은 해석을 필요로 하지만, 큰 그림은 창조론을 지지하고 있다.

⟨John Morris, http://www.creation.or.kr/library/itemview.asp?no=2848⟩

대륙은 물속으로 잠길 수 있다

유타 대학의 한 연구는 북아메리카의 여러 지역들이 어떻게 지구의 암석질 지각 내에서 열(heat)에 의해서 떠 있게 되는지, 그리고 암석 부양성을 갖도록 하는 열이 없다면, 얼마나 많은 대륙들이 해수면 아래로 가라앉을 수 있는지를 보여주었다(Science Daily. 2007. 6. 25).

1600m 고도의 미국 덴버 시는 해수면 아래 220m로 잠길 것이고, 해발 1270m의 솔트레이크 시는 물속 390m 아래에 위치할 것이다. 해안가의 모든 도시들이 물속 수천 피트 아래로 잠겨버릴 것은 말할 필요도 없다. 예를 들면 뉴욕 시는 대서양 물속 430m, 보스톤은 550m, 마이애미는 730m에 위치할 것이고, 로스앤젤레스는 태평양 물속 1130m에 위치할 것이다.

사람들은 대개 높은 고지들은 화산폭발, 산맥을 융기시킨 지각판들의 충돌, 내륙분지들의 침강과 확장, 오래된 해양저들의 침강 또는 섭입 등을 일으킨 지각판들의 판구조 운동에 의해서 생겨난 것으로 생각한다. 그러나 하스테록과 차프만은 그 구조적 힘들은 그들을 움직이는 암석들의 구성과 온도에 의해서 작용한다고 말하고 있다. 지각판들의 충돌은 히말라야와 같은 산맥을 형성했는데, 충돌은 덜 치밀한 지각암석을 더 두껍고 따뜻하도록 만들고, 따라서 더 부양성(부력)을 가지도록 했기 때문이다.

"우리들은 대륙들의 해발고도에 대한 하나의 좋은 설명을 발견했다" 하스테록은 말한다. "우리는 왜 어떤 지역이 다른 지역보다 높거나 낮은지를 이제 알게 되었다. 그것은 단지 그 암석들이 무엇으로 이루어져있는가 만이 아니라, 또한 얼마나 뜨거운 가에도 달려 있는 것이다"

성경은 노아의 홍수 동안에 천하에 높은 산이 다 덮였다고 말하고 있다

(창 7:19). 그 당시에는 아마도 로키산맥과 같은 높은 산들은 없었을 것이다. 홍수에 의해서 발생한 대륙판들의 격변적인 이동과 충돌에 의한 융기로 산들은 올라가고 골짜기(대양분지)는 내려갔다.(시 104:6~8).

사람들은 대륙은 언제나 대륙이었고, 과거에도 항상 동일했을 것이라고 생각한다. 그러나 이 지각 아래의 열과 힘들이 격변적 변화를 야기시킬 수도 있다는 것이다. 우리의 지구는 70%가 물로 뒤덮여 있다. 사람들은 종종 대륙들이 흔한 것이 아니라는 것을, 그리고 만약 하나님이 이 땅을 평탄하게 만드셨다면, 얼마나 많은 물들이 이 땅을 뒤덮을 것인지를 잊어버리곤 한다.

〈CEH. 2007. 6. 26. http://www.creation.or.kr/library/itemview.asp?no=3956〉

IX

맺는 글

01 성경을 죽기까지 사랑하기

진화론자이며 무신론자인 옥스퍼드 대학의 리처드 도킨스가 주장했던 것처럼, 찰스 다윈 이전의 시기에 지적인 사람으로서 완전한 무신론자가 되는 것은 불가능했다. 그러나 다윈의 진화론이 등장하고부터, 하나님 없이 생명체를 설명할 수 있는 방법이 제안되었다. 그리고 진화론을 손상시키는 것은 무신론자들의 신앙을 손상시키는 것이 되었다.

1800년경부터 반기독교도인들은 세계가 성경이 가르치는 것보다 훨씬 오래 되었다고 가르치기 시작했다. 1859년 찰스 다윈은 '종의 기원'을 통해 진화론을 주장했다. 진화론이 성립하기 위해서 가장 필요한 것은 장구한 시간이었다. 수많은 돌연변이와 자연선택이 일어나기 위해서 수억 수천만 년이라는 시간은 반드시 필요했던 것이다. 이 장구한 시간을 현대 지질학의 기초인 동일과정설이 가져다주었다. 진화론과 동일과정설의 등장으로 지구의 나이는 갑자기 수십억 년으로 늘어났고, 고생대 중생대 신생대라는 지질시대와 생물진화 도표가 생겨났다.

이에 대해 교회는 여러 가지 방법으로 반응했다. 다수의 자유주의 신학자들은 이 미숙한 새로운 과학을 받아들이는 것을 너무도 기뻐했다. 그래서 그들은 이전의 성경비판가들의 주장을 다시 꺼내들었고, 성경의 명백한 기록들을 과학에 의해서 오류로 판명난 것처럼 간주했다. 그리고 성경에 기록된 6일 창조와 전 지구적 홍수를 신화나 설화, 또는 사람들이 지어낸 과장된 이야기로 치부해 버렸다. 그러나 성경적 지질학자들은 성경을 사랑했다. 그들은 오래된 연대 지질학의 가정들에 도전했다. 그리고 성경의 기록 그대로 노아 홍수는 전 지구적 홍수였음을 믿었다.

기록된 그대로의 창세기

히브리어 학자들의 주장처럼, 창세기의 히브리어는 연속적이고 정상적인 길이의 6일 창조, 한 번의 전 지구적인 대홍수, 아담의 범죄와 함께 들어온 죽음과 고통을 분명하게 전하고 있다. 이것은 또한 초대 교회의 교부들과 종교개혁자들의 압도적인 시각이었다.

수십억 년의 지구 나이를 주장하는 진화론에 의해서 많은 기독교인들이 협박당했고, 진화론과 조화되기 위해서 또는 선의로 성경을 보호하기 위해서 성경의 기록을 재해석하는 방법을 발명해냈다. 이것은 유신론적 진화론, 날-시대이론, 간격이론, 골격가설, 다중격변설과 같은 타협적 이론들의 기원이 되었다.

교회 안에 있는 대부분의 사람들은 오래된 연대와 타협해버리는 것이 편안한 길이라는 것을 알았다. 진화론이 과학계와 교육계를 완전히 점령해버린 150여 년 동안 그것은 안정적인 직장과 경제적인 수입을 보장하며, 조롱을 피할 수 있는 길이었다.

타협의 결과

그러한 창세기 역사에 대한 타협이 성경의 신뢰성을 보호하기 위해서 이루어졌지만, 의도와는 다르게 반대 현상이 일어났다. 신앙과 도덕성을 비롯한 성경 전체가 공격을 받게 되었다. 비판론자들은 "만약 성경의 첫 번째 책이 과학과 조화되기 위해서 다르게 해석될 수 있다면, 왜 다른 부분들은 다르게 해석되어서는 안 되는가?"라며 지속적으로 주장해오고 있는 것이다. 예수님은 니고데모에게 말씀하셨다. "내가 땅의 일을 말하여도 너희가 믿지 아니하거든 하물며 하늘 일을 말하면 어떻게 믿겠느냐"(요 3:12).

만약 예수님이 최초의 사건(막 10:6~9)들과 전 지구적인 노아 홍수(눅 17:26~27)에 대해서 틀리게 말씀하셨다면, 예수님은 단지 네 구절 뒤에서 언급하신 천국의 일에 대해서도(요 3:16) 틀릴 수 있는 것이 아닌가? 예수님의 말씀이 틀릴 수 없다면, 왜 틀릴 수 없는가?

창세기 역사를 거부하기 시작한 교회와 단체들이 중대한 다른 기독교 교리들도 거부하려고 시도하는 것은 우연한 일이 아니다. 과학에 의해서 성경적 권위를 거부하기 시작했던 많은 교회들은 이제 그리스도의 부활과 동정녀 탄생을 믿지 않는 사역자들을 가지게 되었다. 결국 과학에 의거해서 죽은 사람은 다시 살아날 수 없으며, 처녀는 임신할 수 없다고 말하고 있는 것이다.

잃어버린 땅을 되찾아오기

창조과학은 다양한 방법으로 성경의 권위를 회복시키고자 노력하고 있다. 무엇보다 창세기에 기록된 6일 창조와 노아 홍수의 중요성을 보여주는 것이다. 6일 창조나 노아 홍수는 침례, 안식일, 교회법 등과 같은 끝없는 토론을 일으키는 영역의 것이 아니다. 이러한 토론들은 성경의 권위를 이미 인정하면서, 단지 그 의미에 대하여 논란을 벌이고 있는 것이다. 그러나 6일 창조나 노아 홍수 같은 이슈들은 성경이 더 권위가 있는지, 아니면 진화론이 더 권위가 있는지에 관한 것이다.

성경적 창조 운동은 기록된 그대로의 창세기를 주장한다. 성경의 권위를 고수하며, 교회나 세상의 반응에 상관하지 않고, 세속적인 학문과 타협하지 않는다. 그것이 많은 조롱과 비난을 받는다는 것을 알고 있다. 압도적으로 명백한 하나님의 말씀이 세속적인 이론(증거 없이 주장되는 진화론이나 수십억 년의 지구 나이와 같은 이론)에 근거하여 재해석되기 시작하면, 성경의 나머지 부분도 재해석하는 문이 열리게 되어, 궁극적으로 모든 진리가 상대적인 것처럼 보이게 될 것이다.

진정한 과학은 성경을 지지한다. 수많은 과학자들이 이것을 입증해 오고 있다. 동식물에서 발견되는 엄청난 유전정보들과 경이로운 디자인들은 진화론적 설명을 거부한다. 그리고 관측되는 광대한 퇴적지층과 격변적으로 매몰된 수많은 화석들은 점진적이고 느린 동일과정설 이론에서는 수수께끼지만, 성경적인 노아의 홍수와 완벽하게 일치한다.

노아의 홍수는 전 지구적 홍수였다. 이 대격변적 홍수는 동일과정설이 틀렸음을 입증하는 것이고, 수억 수천만 년이라는 장구한 시간을 쓸어버리는 것이고, 진화할 시간이 없는 진화론을 기초부터 붕괴시키는 것이며, 성경 기록의 정확성을 다시 한번 확증해주는 것이다. 하나님이 이 시대에 많은 사람들을 구원하시기 위해 창조과학을 사용하시는 것은 우연한 일이 아니다.

> "노아의 때와 같이 인자의 임함도 그러하리라 홍수 전에 노아가 방주에 들어가던 날까지 사람들이 먹고 마시고 장가 들고 시집 가고 있으면서 홍수가 나서 그들을 다 멸하기까지 깨닫지 못하였으니 인자의 임함도 이와 같으리라"(마 24:37~39)

⟨Jonathan Sarfati, http://www.creation.or.kr/library/itemview.asp?no=3055⟩

⟨Ken Ham, http://www.creation.or.kr/library/itemview.asp?no=548⟩

큰 깊음의 샘들이 터지며